THOMAS HARRIS

HANNIBAL
ÎN SPATELE MĂȘTII

rao

rao international publishing company

Descrierea CIP a Bibliotecii Naţionale a României
HARRIS, THOMAS
Hannibal în spatele măştii / Thomas Harris; trad.: Irina Tudor Dumitrescu. - Bucureşti: RAO International Publishing Company, 2007

ISBN 973-973-103-392-1

I. Tudor-Dumitrescu, Irina (trad.)

821.111-31=135.1

RAO International Publishing Company
Grupul Editorial RAO
Str. Turda 117-119, Bucureşti, ROMÂNIA
www.raobooks.com
www.rao.ro

THOMAS HARRIS
Hannibal Rising

Traducere din limba engleză
IRINA TUDOR DUMITRESCU

octombrie 2007

ISBN 978-973-103-392-1

PROLOG

Poarta către palatul central al memoriei doctorului Hannibal Lecter se află în întunecimea minții sale și are un zăvor ce poate fi găsit numai prin pipăit. Ciudata poartă se deschide către încăperi bine luminate, de un baroc timpuriu, iar culoarele și încăperile rivalizează ca număr cu cele din Muzeul Topkapi.

Peste tot se află exponate bine puse în valoare și luminate, fiecare fiind elemente cheie ale unor amintiri care te conduc la altele, în progresie geometrică.

Spațiul destinat anilor tinereții lui Hannibal Lecter diferă de celelalte, fiind incomplet. Unele încăperi sunt scene statice, fragmentare, ca niște cioburi de ceramică grecească pictată lipite cu ipsos alb. Alte încăperi sunt pline de sunet și mișcare, șerpi uriași se luptă în întuneric, luminați de spoturi de lumină. Urlete și rugăminți umplu într-atât de tare unele încăperi încât nici Hannibal însuși nu poate să intre. Dar pe coridoare nu se aud țipetele și poți asculta muzică, dacă vrei.

Construcția palatului a început în primii ani de școală ai lui Hannibal. În anii de recluziune, el a lărgit și îmbunătățit palatul, iar lucrurile de acolo l-au susținut în perioadele în care gardienii îi refuzau accesul la cărți.

Aici, în întunericul fierbinte al minții sale, să căutăm împreună zăvorul. Odată găsit, să alegem muzica pe care o vom asculta pe coridoare și, fără să ne mai uităm în stânga și în dreapta, să mergem în Sala Începuturilor, unde exponatele sunt, marea lor majoritate, fragmentare.

O să le întregim cu cele aflate de prin alte părţi, din arhivele armatei şi ale poliţiei, din interviuri şi de la medicii legişti şi din poziţiile în care stau încremeniţi cei morţi. Scrisorile lui Robert Lecter, de curând descoperite, ne pot ajuta să stabilim datele biografice ale lui Hannibal, pe care le-a mistificat pentru a deruta autorităţile şi cronicarii. După toate aceste eforturi pe care le facem, este posibil să vedem fiara cum se desparte de sânul mamei şi bagă frica în oasele celorlalţi.

I

„Acesta este primul lucru
pe care l-am înţeles:
Timpul este sunetul scos de topor
pe trunchiul copacului.“

PHILIP LARKIN

1

Hannibal cel Fioros (1365–1428) a ridicat castelul Lecter în cinci ani, folosind ca mână de lucru prizonierii făcuţi în Bătălia de la Tannenberg. În ziua în care flamura sa a fluturat în vârful turnurilor terminate, el i-a adunat pe prizonieri în faţa grajdurilor, a ridicat tonul ca să-i înspăimânte şi le-a spus că sunt liberi să plece acasă, aşa cum promisese. Mulţi au ales să rămână în solda lui, mulţumiţi de felul în care fuseseră trataţi.

Cinci sute de ani mai târziu, Hannibal Lecter, în vârstă de opt ani şi al optulea cu acest nume, stă în grădina de zarzavaturi împreună cu sora lui mai mică, Mischa, şi aruncă bucăţi de pâine lebedelor negre care plutesc pe apa întunecată din şanţul de apărare al cetăţii. Mischa se ţine de mâna lui Hannibal ca să fie mai sigură pe picioarele ei şi ratează de mai multe ori şanţul cu apă. Crapi enormi agită crinii de apă şi gonesc libelulele.

Lebăda care conducea cârdul ieşi din apă şi porni spre copii pe picioarele ei scurte, sâsâind ameninţător. Lebăda îl ştia dintotdeauna pe Hannibal şi se apropia ameninţătoare, aripile ei negre întunecând cerul.

– Oh, Anniba! spuse Mischa, ascunzându-se după piciorul lui Hannibal.

Hannibal îşi ridică braţele la înălţimea umerilor, aşa cum îl învăţase tătăl lui, ţinând în mâini crengi de salcie, ca deschiderea mâinilor sale să pară mai mare. Lebăda se opri şi evaluă anvergura aripilor lui Hannibal, apoi se întoarse în apă, să mănânce.

– Trecem prin asta în fiecare zi, îi spuse Hannibal păsării.

Dar azi nu era o zi ca oricare alta, iar el se întreba unde ar fi putut ea să zboare.

Emoţionată, Mischa lăsă să-i scape pâinea în mocirlă. Când Hannibal se aplecă să o ajute, ea îl stropi cu noroi pe nas. Apoi se mânji şi ea cu puţin noroi pe nas şi râseră amândoi uitându-se la imaginile lor reflectate în apă.

Copiii simţiră trei izbituri în pământ şi apa tremură, distorsionându-le imaginea. Sunetul unor explozii îndepărtate se rostogoli peste câmp. Hannibal o prinse de mână pe sora lui şi fugiră spre castel.

Trăsura de vânătoare se afla în curte, lângă Cesar, uriaşul cal de tracţiune. Berndt, cu şorţul lui de grăjdar, şi omul de serviciu, Lothar, încărcau trei cutii în cufărul trăsurii. Bucătarul aducea afară o gustare.

– Stăpâne Lecter, doamna vă aşteaptă în cameră, spuse bucătarul.

Hannibal o încredinţă pe Mischa dădacii şi o tuli la fugă pe treptele tocite.

Lui Hannibal îi plăcea încăperea mamei sale şi numeroasele ei arome, chipurile sculptate în lemn, tavanul pictat – doamna Lecter era atât o Sforza, cât şi o Visconti, iar mobila o adusese cu ea de la Milano.

Era emoţionată şi ochii ei căprui reflectau scântei de lumină. Hannibal ţinu caseta în timp ce mama lui apăsă buzele unui heruvim şi deschise un compartiment secret. Îşi îngrămădi apoi bijuteriile în casetă şi câteva scrisori; nici nu era loc pentru toate.

Hannibal se gândi că arăta exact ca bunica al cărei portret era încrustat pe cutie.

Norii pictaţi pe tavan. Pe când era alăptat, stătea cu ochii deschişi şi vedea sânii mamei înconjuraţi de nori. Senzaţia cutelor de la bluza ei, aşa cum o simţea pe faţă. Şi doica – crucea ei de aur strălucea ca soarele printre norii uriaşi atunci când îl ţinea la piept, iar urma lăsată de cruce pe pielea lui era ştearsă cu grijă înainte ca mama lui să o vadă.

Iar tatăl lui era acum în cadrul uşii, cu registrul cel mare în mâini.

– Simonetta, trebuie să plecăm.

Lucrurile lui Mischa erau puse în cada ei de baie din aramă, iar doamna strecură caseta printre ele. Se mai uită o dată prin cameră şi luă un mic tablou al Veneţiei de pe şevalet, îl cântări o vreme, apoi i-l dădu lui Hannibal.

– Du-l bucătarului. Scoate-l din ramă, zâmbi ea. Şi nu-i murdări spatele!

Lothar duse cada la trăsura din curte, pe lângă care se învârtea Mischa, neobişnuită cu agitaţia din jur. Hannibal o ridică pe Mischa să-l mângâie pe Cesar pe bot. Sărutându-l de câteva ori, aşteptă ca el să fornăie. Hannibal luă un pumn de grăunţe şi trasă în curte, pe jos, un „M". Stolul de porumbei se repezi la ele, alcătuind pe jos un „M" din păsări vii.

Hannibal desenă litera în palma lui Mischa – avea aproape trei ani, iar el nu credea că ea o să mai înveţe să citească vreodată.

– M, de la Mischa, spuse.

Ea fugi râzând printre păsări, iar ele începură să zboare în jurul ei, în jurul turnurilor, apoi în jurul clopotniţei.

Bucătarul, un om masiv, în haine albe, ieşise cu o gustare. Calul se uită cu un ochi la el, apoi ciuli şi o ureche în direcţia lui – pe când Cesar era un mânz, bucătarul îl gonise de mai multe ori din grădina de legume, acoperindu-l cu sudălmi şi aruncând cu mătura după el.

– Stau să te ajut până strângi din bucătărie, îi spuse domnul Jakov bucătarului.

– Mergi cu băiatul, îi răspunse acesta.

Contele Lecter o ridică pe Mischa în trăsură, iar Hannibal o strânse în braţe. Contele Lecter prinse faţa lui Hannibal în mâinile lui ţinute căuş. Surprins de cum tremurau palmele tatălui său, Hannibal se uită atent la chipul contelui Lecter.

– Trei avioane au bombardat calea ferată. Colonelul Timka spune că mai avem cel puţin două săptămâni şi, dacă vor reuşi până la urmă să ajungă, aici luptele se vor da în lungul şoselelor principale. O să ne fie bine la cabană.

Era a doua zi a Operaţiunii Barbarossa, marşul lui Hitler peste Europa de Est, către Rusia.

2

Berndt mergea înaintea trăsurii, pe poteca din pădure, atent la capul calului, tăind crăcile cu o baionetă elveţiană.

Jakov venea în urmă, călare pe o iapă, cu desagii plini de cărţi. Nu era obişnuit să călărească şi strângea prea tare gâtul calului când trecea pe sub crengi. Pe unde drumul era prea abrupt, descăleca şi împingea umăr la umăr cu Lothar şi Berndt, ba chiar şi cu contele Lecter însuşi. Crengile eliberate acopereau drumul în urma lor.

Hannibal mirosea verdeaţa zdrobită de roţi şi simţea pe faţă părul cald al lui Mischa, care stătea în braţele lui. Vedea bombardierele germane trecând la înălţime. Dârele de fum lăsate în urmă păreau un portativ, iar Hannibal fredona pentru sora lui notele scrise cu fum negru pe cerul albastru. Nu era o melodie frumoasă.

– Nu, îi spuse Mischa. Anniba, cântă-mi *Das Mannlein!*

Şi, împreună, au cântat despre misteriosul pitic din pădure, doica alăturându-li-se din trăsura legănată şi domnul Jakov de pe calul lui, deşi el prefera să nu cânte în germană.

Ein Mannlein steht im Walde ganz still und stumm,
Es hat von lauter Purpur ein Mantlein um,
Sagt, wer mag das Mannlein sein
Das da steht im Walde allein
Mit dem purporroten Mantelein...

După două ore grele au ajuns într-un luminiş în hăţişul pădurii.

Cabana de vânătoare evoluase timp de trei sute de ani de la un refugiu spartan la un loc comfortabil, acoperită fiind acum de un acoperiş din lemn, care să o apere de zăpadă. Mai era pe acolo un staul mic, cu două boxe şi un prici, iar în spatele cabanei o toaletă, al cărei acoperiş de abia se vedea deasupra tufişurilor.

La fundaţia cabanei încă se mai vedeau pietrele unui altar ridicat în Veacul Întunecat de oameni care se închinau şarpelui de casă.

Acum Hannibal văzu un şarpe de casă fugind din locul străvechi când Lothar tăie câteva viţe de vie sălbatică pentru ca doica să poată deschide fereastra.

Contele Lecter trecu cu palmele pe crupa calului în timp ce acesta golea găleata cu apă.

– Berndt, bucătarul are timp să-şi strângă lucrurile până când ne vom întoarce. Cesar se poate odihni în grajdul lui peste noapte. Plecaţi amândoi cum se va lumina de ziuă, nu mai târziu. Castelul să fie gol la prima oră a dimineţii.

Vladis Grutas intră în curtea castelului Lecter, având pe faţă cea mai plăcută expresie de care era capabil, şi începu să scruteze ferestrele. Către acestea făcu semne cu mâna şi strigă:

– Alo!

Grutas era zvelt, blond, purta haine civile, iar ochii lui erau de un albastru atât de palid încât păreau petice de cer fără nori.

– E cineva acasă? strigă el.

Cum nu primi nici un răspuns, se duse la uşa de la bucătărie şi descoperi merindele şi tacâmurile strânse pe podea. Imediat, îşi strecură în buzunare cafea şi zahăr. Uşa de la beci era deschisă şi ea. Se uită în josul scării şi văzu o lumină.

Să nu violezi cuibul altei fiinţe este un tabu de la începutul timpurilor. Dar, pentru unii, strecuratul oferă plăceri nemăsurate, aşa cum era şi cazul lui.

Grutas coborî scările, ajungând în aerul rece din subteranele boltite ale castelului. Trecu pe sub o arcadă şi văzu că poarta de fier a cramei era deschisă.

Un zgomot de mişcare. Grutas putea să vadă rafturi etichetate, pline cu sticle, şi umbra uriaşă a bucătarului mişcându-se de colo-colo, ca şi cum ar fi lucrat la lumina a două felinare. Pachete pătrăţoase erau înşirate pe masa de degustare din centrul încăperii şi, lângă ele, un tablou într-o ramă bogat ornamentată.

Grutas zâmbi când bucătarul ieşi la vedere. Acum spatele bucătarului era întors către uşă în timp ce trebăluia pe masă. Zgomot de hârtii.

Grutas se lipi de perete, în umbra scării.

Bucătarul înveli tabloul în hârtie şi îl legă cu sfoară, făcând un pachet ca toate celelalte. Cu un felinar într-o mână, prinse şi trase cu cealaltă un candelabru metalic aflat deasupra mesei de degustare. Un declic şi, în fundul pivniţei, un rând de rafturi sări câţiva centimetri de la perete. Bucătarul dădu la o parte etajera în zgomotul unor arcuri. În spate era o uşă.

Intră în tainiţa din beci şi agăţă acolo un felinar. Pe urmă duse pachetele înăuntru.

În timp ce punea la loc rafturile, cu spatele la uşă, Grutas pornise deja pe trepte, în sus. Auzi un foc de armă afară, apoi vocea bucătarului în urma lui.

– Cine-i acolo?

Bucătarul îl ajunse din urmă, mişcându-se repede pentru un om de talia lui.

– Stai! Nu ai voie să intri aici.

Grutas fugi în curte, prin bucătărie, dând din mâini şi fluierând.

Bucătarul luă o doagă dintr-un colţ şi fugi pe urmele lui, prin bucătărie, către curte, când văzu o siluetă în uşă, cu o cască inconfundabilă, şi trei paraşutişti germani cu arme automate pătrunseră în încăpere. Grutas era în spatele lor.

– Bună, bucătarule, spuse Grutas, luând o şuncă sărată şi afumată dintr-un coş de pe podea.

– Pune carnea la loc, spuse caporalul german, îndreptându-şi la fel de repede arma către Grutas şi vorbind cu bucătarul. Ieşi afară, mergi cu patrula.

Cum drumeagul era mai uşor de parcurs la coborâre, spre castel, Berndt mergea cu trăsura goală, cu frâiele în jurul braţului, trăgând din lulea. Când se apropie de liziera pădurii, crezu că vede o barză luându-şi zborul din copac. Când se apropie, văzu materialul alb, paraşuta, atârnând în copac, cu chingile tăiate. Lăsă luleaua şi opri în linişte trăsura. Îşi puse mâna pe botul lui Cesar şi şopti ceva în urechea calului. Pe urmă merse mai departe pe jos, cu mare grijă.

Atârnat de o cracă mai joasă, era un om în haine ponosite, cu ştreangul care îi pătrunsese adânc în gât, cu faţa vânătă, cu bocancii murdari de noroi, la jumătate de metru de pământ. Berndt se întoarse în grabă la trăsură, căutând un loc unde să întoarcă pe drumeagul îngust, propriile încălţări părându-i-se ciudate când călca pe pământul reavăn.

Atunci apărură printre copaci cei trei soldaţi germani, conduşi de un sergent, şi cei şase civili. Sergentul trase piedica armei. Berndt îl recunoscu pe unul dintre civili.

– Grutas, spuse el.

– Berndt, bunul Berndt, cel cu capul pe umeri, răspunse Grutas. Se apropie apoi de Berndt cu un zâmbet suficient de prietenos. Ar putea avea grijă de cal, spuse Grutas sergentului german.

– Poate că şi el este prietenul tău, zise sergentul.

– Poate că nu, răspunse Grutas şi-l scuipă pe Berndt drept în faţă. L-am spânzurat pe celălalt, nu? Şi pe acela îl cunoşteam. De ce trebuie să mergem mai departe? Apoi, ceva mai în şoaptă: Îl împuşc la castel, dacă vrei, numai să-mi dai puşca înapoi.

3

Blietzkrieg-ul, războiul fulger dus de Hitler, fusese mai rapid decât şi-ar fi imaginat oricine altcineva. La castel, Berndt descoperi că se afla deja o companie Waffen SS, Totenkopf. Două tancuri Panzer erau oprite lângă şanţul de apărare, alături de un distrugător de tancuri şi câteva autoşenile.

Ernst, grădinarul, zăcea cu faţa în jos, în bucătărie, cu capul acoperit de muşte.

Berndt văzuse asta de pe capra trăsurii. Numai germanii se urcaseră. Grutas şi cu ceilalţi merseseră în urma lor. Erau *Hilfswillige,* sau Hiwis, localnici care se oferiseră voluntari să-i ajute pe naziştii invadatori.

Berndt mai putu să vadă doi soldaţi, sus pe unul din turnurile castelului, dând jos steagul cu blazonul familiei Lecter şi punând în loc o antenă de radio şi un steag cu svastică.

Un maior în uniformă neagră SS şi purtând însemnul Totenkopf ieşi din castel să se uite la Cesar.

– Frumos, dar prea înalt pentru a fi călărit, spuse acesta plin de regret – îşi adusese echipamentul de călărie pentru momentele libere.

Celălalt cal i se păru mai potrivit. În spatele lui apărură doi soldaţi, ducându-l pe bucătar cu ei.

– Unde este familia?

– La Londra, domnule, răspunse Berndt. Pot să acopăr trupul lui Ernst?

Maiorul se întoarse către sergent, care îl împunse în bărbie pe Berndt cu țeava pistolului mitralieră Schmeisser.

– Și cine o să-l acopere pe al tău? Miroase țeava armei. Încă miroase a fum. Poate să-ți zboare și ție creierii, amenință maiorul. Unde este familia?

Berndt înghiți cu greu.

– Plecată la Londra, domnule.

– Ești evreu?

– Nu, domnule.

– Țigan?

– Nu, domnule.

Acesta se uită la teancul de scrisori de pe masă.

– Sunt scrisori pentru un oarecare Jakov. Tu ești evreul Jakov?

– Un preceptor, domnule. A plecat cu mult timp în urmă.

Maiorul cercetă lobii urechilor lui Berndt, să vadă dacă nu cumva erau găuriți.

– Arată-i sergentului scula ta. Pe urmă: Să te ucid sau să te păstrez la muncă?

– Domnule, oamenii aceștia se cunosc cu toții între ei, spuse sergentul.

– Așa? Poate se și plac unii pe alții. Se întoarse la Grutas. Poate că dragostea pentru vecini este mai mare decât aceea pentru noi, ei, Hiwis? Apoi maiorul se întoarse către sergent. Chiar crezi că avem nevoie de toți?

Sergentul îndreptă arma către Grutas și oamenii săi.

– Bucătarul este evreu, spuse Grutas. Aici suntem și noi buni la ceva cu ceea ce știm – îl lăsați să vă gătească și o să muriți în câteva ore de o otravă evreiască. Arătă apoi către unul dintre oamenii săi. Fluierici știe să gătească și o poate face și pentru soldați. Grutas se duse în mijlocul curții, mișcându-se încet, cu țeava armei sergentului urmărindu-l. Domnule maior, purtați însemnele și inelul celor din Heidelberg. Aici este un loc încărcat de istorie militară, așa cum încercați să faceți și dumneavoastră acum. Aici este sălaşul lui Hannibal cel Fioros. Unii dintre cei mai valoroşi cavaleri teutoni au murit aici. Nu este momentul să spălaţi pietrele acestea cu sânge de evreu?

Maiorul îşi înălţă sprâncenele.

– Dacă vrei să faci parte din SS, arată-mi că o meriţi!

Făcu un semn sergentului. Sergentul SS îşi luă pistolul din toc, scoase din el toate gloanţele, mai puţin unul, apoi îl dădu lui Grutas. Doi soldaţi îl târâră pe bucătar la Piatra Judecăţii.

Maiorul părea mai interesat să studieze calul. Grutas puse pistolul la tâmpla bucătarului, aşteptând ca maiorul să-l privească. Bucătarul îl scuipă.

Un stol de rândunici se ridică din turn când se auzi împuşcătura.

Berndt fusese pus să mute mobila ca ofiţerii să poată fi încartiruiţi la etaj. Se uită să vadă dacă nu cumva făcuse pe el. Putea să audă cum transmitea radiotelegrafistul dintr-o mică încăpere din pod, atât în cod, cât şi vorbit. Operatorul fugi în josul scărilor, cu căştile în mâini, apoi se întoarse peste câteva clipe ca să stingă echipamentele. Porneau către răsărit.

De la o fereastră de la etaj, Berndt văzu unitatea SS şi cum era scoasă dintr-un Panzer o staţie radio portabilă, ca să fie lăsată micii garnizoane ce rămânea în urmă. Grutas şi oamenii lui jegoşi, înarmaţi acum, cărau tot ce găseau în bucătărie şi încărcau merindele într-o autoşeniletă pentru trupele auxiliare. Soldaţii se urcară în maşini. Grutas ieşi în fugă din castel ca să-i prindă. Unitatea pornea spre Rusia, luându-i pe Grutas şi pe ceilalţi Hiwis. Păreau să fi uitat de Berndt.

O grupă de soldaţi cu arme automate şi staţia radio rămăseseră pe loc, la castel. Berndt aşteptă în toaleta veche din turn până se lăsă întunericul. Mica garnizoană germană mânca în bucătărie, cu o santinelă postată în curte. Descoperiseră şi ceva rachiu într-o cămară. Berndt coborî din turn, recunoscător că treptele din piatră nu scârţâie.

Se uită în camera stației radio. Radioul era în budoarul doamnei, iar sticlele de parfum fuseseră împrăștiate pe jos. Berndt se uită la el. Se gândi la Ernst, mort în bucătărie, și la bucătar, scuipându-l pe Grutas cu ultima lui răsuflare. Berndt se strecură în cameră. Simți că trebuie să-i ceară scuze doamnei pentru intruziune. Coborî apoi scările de serviciu, ținându-și în mâini încălțările lui butucănoase, cele două piese ale stației radio și acumulatorul, și se furișă afară pe o ușă din lemn. Radioul și generatorul manual erau o povară grea, de peste douăzeci de kilograme. Berndt se strecură în pădure și le ascunse. Îi păru rău că nu poate să ia cu el și calul.

Luminile amurgului și ale lumânărilor străluceau pe pereții din lemn vopsit ai cabanei de vânătoare și luceau în ochii prăfuiți ai trofeelor atunci când familia se adună în jurul șemineului. Capetele de animale erau vechi, chelite de generațiile de copii care se agățaseră de balustradă.

Doica puse lângă vatră cada de baie din aramă a lui Mischa. Adăugă apă dintr-un ceainic ca să potrivească temperatura, apoi făcu clăbuci și o cufundă pe Mischa în apă. Copila se jucă încântată cu spuma. Doica întinse prosoapele în fața focului, să se încălzească. Hannibal luă brățara de copil a lui Mischa de pe mâna ei, o cufundă în spumă, apoi suflă baloane de săpun prin ea. Baloanele, în scurtul lor zbor, reflectau fețele strălucitoare înainte să plesnească deasupra focului. Lui Mischa îi plăcea să prindă baloane, dar își dorea brățara înapoi și nu se liniști până când aceasta nu fu din nou pe brațul ei.

Mama lui Hannibal cânta o piesă barocă în contrapunct, la o pianină.

Muzica delicată, ferestrele acoperite cu pături la coborârea serii și aripile întunecate ale pădurii în jurul lor. Berndt sosi epuizat și muzica încetă. Lacrimi apărură în ochii contelui Lecter în timp ce-l asculta pe Berndt. Mama lui Hannibal prinse mâna lui Berndt, ca să-l liniștească.

*

Germanii începură imedat să se refere la Lituania ca la Ostland, o colonie germană fără însemnătate, care putea fi repopulată în timp cu arieni, după ce elementele inferioare slave erau lichidate. Coloanele germane mărşăluiau mai departe, pe şosele, trenurile germane purtau şi ele artileria către răsărit.

Avioanele ruseşti bombardau şi destrămau coloanele. Enormele bombardiere Ilyushin pisau mărunt coloanele, trecând prin focul intens al bateriilor antiaeriene montate pe trenuri.

La mijirea zorilor, lebedele negre zburară cât de sus puteau, în formaţie, cu gâturile întinse, îndreptându-se către sud, cu huruitul avioanelor deasupra lor.

O explozie, şi lebăda din frunte se chirci, apoi începu să plonjeze spre pământ, cu celelalte păsări învârtindu-se în jurul ei, pierzând altitudine în spirală. Lebăda rănită căzu greu în câmp deschis şi nu se mai mişcă. Colegele ei aterizară alături şi o împinseră cu ciocurile, scoţând sunete disperate.

Nu se mişca. O altă explozie pe câmp şi infanteria rusească fu zărită deplasându-se la liziera pădurii. Un Panzer german sări peste o movilă şi porni de-a latul câmpului, trăgând cu mitraliera în copaci şi apropiindu-se to mai mult. Lebăda îşi desfăcu larg aripile şi rămase la sol lângă tovarăşa ei, chiar dacă tancul era mai lat decât aripile sale, iar motorul lui se auzea mai tare decât inima ei sălbatică. Sâsâi la tanc, îl lovi cu aripile, dar tancul trecu peste ele, orb, transformându-le, cu şenilele, în resturi de carne şi pene.

4

Familia Lecter a supraviețuit în pădure în acei îngrozitori trei ani şi jumătate cât a durat campania lui Hitler către răsărit. Drumeagul către cabană a fost acoperit de zăpadă iarna, iar în primăvară a fost năpădit de ierburi, mlaştina fiind prea moale pentru tancuri vara.

Cabana avusese suficiente provizii de făină şi zahăr pentru prima iarnă, dar cea mai importantă a fost sarea din butoaie. În a doua iarnă, au dat peste un cal mort şi îngheţat. Au reuşit să-l taie în bucăţi cu topoarele şi să săreze carnea. Au mai pus la sare păstrăvi şi potârnichi de munte.

Uneori, civili apăreau noaptea din pădure, tăcuţi ca umbrele. Contele Lecter şi Berndt vorbeau cu ei în lituaniană, iar o dată au adus cu ei un om cu cămaşa îmbibată de sânge, care a murit pe patul din colţ în timp ce dădaca îl ştergea pe faţă.

În zilele în care zăpada era prea mare ca să iasă să caute câte ceva de mâncare, Jakov le ţinea lecţii. Îi învăţa engleza, o franceză improvizată, le preda istoria romană, punând un accent deosebit pe asediul Ierusalimului, şi toţi îl ascultau. Făcea adevărate poveşti din evenimentele istorice şi din istoriile Vechiului Testament, uneori înfrumuseţându-le, de dragul audienţei, dincolo de uzanţele şcolare.

Tot el îl pregătea în particular pe Hannibal la matematici, după ce lecţiile ajunseseră la un nivel inaccesibil celorlalţi.

Printre cărţile domnului Jakov se afla un exemplar legat în piele al *Tratatului despre lumină*, de Christiaan Huyghens, iar

Hannibal era fascinat de carte şi, urmărind traseul parcurs de mintea lui Huyghens, se simţea şi el împins spre descoperiri. Asocia *Tratatul despre lumină* cu strălucirea zăpezii şi curcubeul distorsionat din vechile ferestre. Eleganţa gândirii lui Huyghens era la fel de limpede şi simplă precum liniile iernii, precum structura crengilor. O cutie care se deschidea cu un clic şi, înăuntru, se afla un principiu care funcţiona de fiecare dată. Era o senzaţie de care depindea şi pe care o simţise de cum învăţase să citească.

Hannibal Lecter ştiuse dintotdeauna să citească, sau aşa i se părea doicii. Ea îi citise o scurtă perioadă, pe când avea doi ani, cel mai des dintr-o ediţie ilustrată a fraţilor Grimm, către ale cărei xilogravuri toţi arătau cu degetul. O asculta pe doică citind, stând cu capul rezemat de ea în timp ce se uita la cuvintele de pe pagini, apoi ea îl descoperise lipindu-şi fruntea de carte, pe urmă depărtându-se la distanţa potrivită şi citind cu accentul dădacii.

Tatăl lui Hannibal era dominat de un singur lucru – curiozitatea. Curios de ceea ce putea fiul lui, contele Lecter îl pusese pe majordom să coboare din biblioteca castelului dicţionarele cele grele – cel englez, cel german şi cele douăzeci şi trei de volume în lituaniană –, aşa că Hannibal era pe cont propriu în lumea cărţilor.

La vârsta de şase ani, trei lucruri importante i se întâmplaseră.

Mai întâi, descoperise *Elementele* lui Euclid, o ediţie veche, cu desenele făcute de mână. Putea să urmărească desenele cu degetele şi să-şi lipească fruntea de ele.

Tot atunci i-a fost prezentată sora lui, Mischa. I-a trecut prin cap că arată ca o veveriţă roşie, zbârcită. Stând pe gânduri, a ajuns la concluzia că era păcat că nu semăna cu mama lor.

Uzurpat din drepturi pe toate fronturile, s-a gândit cât de convenabil ar fi ca vulturul care plutea uneori pe deasupra castelului să o răpească pe surioara lui şi să o ducă în curtea unui ţăran, într-o ţară îndepărtată, unde toţi seamănă cu veveriţele, şi ea s-ar simţi ca acasă. În acelaşi timp, a descoperit că o iubea, iar când ea a crescut suficient ca să se minuneze de lumea din jur a simţit îndemnul de a-i arăta lucrurile, de a-i trezi curiozitatea descoperirii.

Tot pe când Hannibal avea şase ani, contele Lecter şi-a descoperit fiul calculând înălţimea turnurilor castelului pornind de la umbra acestora, pe baza instrucţiunilor lui Euclid. Contele Lecter a ridicat atunci nivelul preceptorilor săi – în şase săptămâni a sosit acolo domnul Jakov, un cărturar sărac din Leipzig.

Contele Lecter l-a prezentat pe domnul Jakov fiului său în bibliotecă, pe urmă i-a lăsat singuri. Când era cald, biblioteca avea izul de fum impregnat în pietrele castelului.

– Tatăl meu spune că o să mă înveţi multe lucruri.

– Dacă vrei să înveţi multe lucruri, pot să te ajut.

– Mi-a spus că eşti un mare cărturar.

– Sunt student.

– I-a spus mamei că ai fost dat afară din universitate.

– Da.

– De ce?

– Pentru că sunt evreu, un evreu aşkenazi, ca să fiu mai exact.

– Văd. Eşti nefericit?

– Că sunt evreu? Nu, sunt fericit.

– Adică eşti nefericit că te-au dat afară din şcoală?

– Mă bucur să mă aflu aici.

– Crezi că merită să-ţi pierzi timpul cu mine?

– Orice om merită să pierzi timpul cu el. Dacă la prima vedere cineva pare mai tont, trebuie să te uiţi mai adânc în sufletul lui.

– Te-au instalat în camera cu gratii de fier peste uşă?

– Da.

– Acum nu se mai încuie.

– Mă bucur să aud asta.

– Acolo îl ţineau pe unchiul Elgar, spuse Hannibal aliniindu-şi creioanele în faţa sa. Era prin anii 1880, înainte să mă nasc eu. Uită-te la ferestrele din cameră. Pe sticlă, este scrisă o dată cu diamantul. Astea sunt cărţile lui.

Un şir întreg de cărţi legate în piele ocupa raftul. Ultima era în parte carbonizată.

– Camera mirosea a fum când ploua. Pe lângă pereţi erau înşiraţi baloţi de paie crea să-i înăbuşească ţipetele.

– Ţipetele?

– Ceva legat de religie, dar înţelegi ce-s alea „obscenităţi"?

– Da.

– Mie nu-mi este limpede, dar cred că sunt nişte lucruri pe care nu le spui în faţa mamei.

– Aşa văd şi eu lucrurile, spuse domnul Jakov.

– Dacă te uiţi la data de pe sticlă, este exact data la care, în fiecare an, razele soarelui ajung la fereastra aceea.

– Aştepta sosirea soarelui.

– Da, şi era ziua în care dădea foc la tot ce era acolo. Imediat ce avea soare, aprindea fânul cu monoclul pe care îl purta în timp ce scria cărţile astea.

Hannibal l-a familiarizat apoi pe preceptor cu castelul Lecter, făcând un tur al subteranelor. Au trecut prin curtea în care se afla un bloc de piatră. Un inel era încastrat în piatră, iar pe faţa superioară se vedeau urmele unui topor.

– Tatăl tău mi-a spus că ai măsurat înălţimea turnurilor.

– Da.

– Cât de înalte sunt?

– Patruzeci de metri cel din sud, iar celălalt este cu jumătate de metru mai scund.

– Ce ai utilizat drept gnomon[1]?

– Piatra. Măsurând piatra şi umbra ei şi măsurând umbra castelului la aceeaşi oră.

– Faţa laterală a pietrei nu este perfect verticală.

– Am folosit un yoyo drept fir cu plumb.

---

[1] Instrument antic pentru determinarea meridianului locului. Cel mai vechi tip de cadran solar. (n.tr.)

– Şi ai făcut măsurătorile în acelaşi moment?

– Nu, domnule Jakov.

– Ce eroare ai avut între cele două măsurători?

– Un grad la fiecare patru minute, în timp ce Pământul se roteşte. Se numeşte Piatra Judecăţii. Doica îi spune *Rabenstein*. Mi-a interzis să stau pe ea.

– Am înţeles, spuse Jakov. Are o umbră mai lungă decât credeam.

Au căpătat obiceiul de a discuta în timp ce se plimbau, iar Hannibal, ţopăind pe lângă el, vedea cum preceptorul lui se chinuie să vorbească unei persoane mult mai scunde. Adeseori, Jakov îşi întorcea capul într-o parte şi vorbea undeva în gol, deasupra lui Hannibal, de te-ai fi gândit că a uitat că vorbeşte unui copil. Hannibal se întreba dacă nu va uita să vorbească cuiva de vârsta lui.

Hannibal era curios şi să vadă cum domnul Jakov urma să se înţeleagă cu majordomul, Lothar, şi cu Berndt, grăjdarul. Erau oameni dintr-o bucată, destul de şireţi şi foarte pricepuţi la treburile lor. Dar se aflau la alt nivel. Hannibal a văzut că domnul Jakov nu a făcut nici un efort să-şi ascundă inteligenţa, sau să o expună făţiş, numai că nu şi-a îndreptat direct atenţia asupra cuiva. Domnul Jakov lua masa cu bucătarul, de la care reuşise, spre surprinderea întregii familii, să scoată câteva vorbe într-un idiş demodat.

Bucăţi din vechile catapulte utilizate de Hannibal cel Fioros împotriva cavalerilor teutoni erau adăpostite într-un hambar şi, de ziua lui Hannibal, domnul Jakov, Lothar şi Berndt au asamblat o catapultă, înlocuind cu un lemn nou, solid, braţul aruncător. Cu ea, au aruncat un butoi cu apă la o înălţime mai mare decât aceea a castelului, iar la căderea acestuia au obţinut o superbă explozie de apă la capătul şanţului de apărare, care a gonit toate păsările de acolo.

În acea săptămână, Hannibal a trăit cea mai mare plăcere a copilăriei sale. Drept cadou de ziua lui, domnul Jakov i-a arătat o demonstraţie nonmatematică a teoremei lui Pitagora, utilizând câteva ţigle şi urmele lor pe nisip. Hannibal s-a uitat, s-a plimbat în jurul lor. Jakov a luat una dintre ţigle şi a ridicat privirea, întrebându-l pe Hannibal dacă vrea să vadă încă o dată demonstraţia. Hannibal voia asta. Şi era atât de grăbit, de parcă ar fi fost lansat cu catapulta.

Domnul Jakov arareori aducea cărţi la discuţiile lor şi foarte rar facea trimitere la ele. La opt ani, Hannibal l-a întrebat de ce.

– Îţi place să ţii minte totul? spuse Jakov.

– Da.

– Să-ţi aminteşti nu este întotdeauna o binecuvântare.

– Vreau să-mi amintesc totul.

– Atunci ai nevoie de un palat al minţii, în care să adăposteşti lucrurile. Un palat în mintea ta.

– Trebuie să fie un palat?

– O să crească enorm, ca un palat, spuse Jakov. Şi ar putea fi la fel de frumos. Care este cea mai frumoasă încăpere pe care o ştii, un loc pe care să-l cunoşti foarte bine?

– Camera mamei, spuse Hannibal.

– Atunci, de acolo o să începem.

De două ori, Hannibal şi domnul Jakov au privit soarele care ajungea primăvara la fereastra camerei unchiului Elgar, dar în al treilea an erau ascunşi în pădure.

5

Iarna, 1944–1945

Când frontul de răsărit s-a prăbuşit, armata rusească s-a întins ca o lavă peste Europa Răsăriteană, lăsând în urmă un peisaj de fum şi cenuşă, populat de flămânzi şi morţi.

Dinspre est şi dinspre sud, ruşii au venit către Marea Baltică din Belarus, împingând în faţa lor unităţi Waffen SS în retragere, disperate să ajungă mai repede pe coastă, cu speranţa că vor fi evacuate pe mare, în Danemarca.

Era sfârşitul oricărei ambiţii pentru Hiwis. După ce uciseseră şi prădaseră pentru stăpânii lor nazişti, după ce uciseseră evrei şi ţigani, nici unul nu fusese primit în SS. Purtau numele de Osttruppen şi de abia erau consideraţi soldaţi. Mii dintre ei ajunseseră în batalioane de muncă forţată şi munciseră până la moarte.

Dar câţiva dezertaseră şi începuseră acţiuni pe cont propriu...

O vilă lituaniană aflată în apropierea graniţei cu Polonia era deschisă pe o latură ca o casă de păpuşi acolo unde proiectilele de artilerie îi aruncaseră zidurile în aer. Familia, gonită din pivniţă de prima salvă şi ucisă de a doua era moartă pe podeaua bucătăriei. Soldaţi morţi, germani şi ruşi, zăceau în grădină. O maşină a statului-major german era răsturnată pe o parte, ruptă în două de o explozie.

Un maior SS stătea proptit pe un divan în faţa şemineului din camera de zi, cu pantalonii şiroind de sânge. Sergentul lui luase o pătură de pe un pat şi-l învelise, aprinsese şi focul, dar camera era deschisă către cer. Scosese şi cizmele maiorului, iar tălpile acestuia erau negre. Sergentul auzi un zgomot afară. Trase siguranţa armei şi se duse la fereastră.

O ambulanţă, un Zis-44 rusesc, dar purtând însemnele Crucii Roşii Internaţionale, hodorogea pe drumul pietruit.

Grutas coborî primul din ambulanţă, îmbrăcat în haine albe.

– Suntem elveţieni. Aveţi răniţi? Câţi sunteţi?

Sergentul privi peste umăr.

– Sanitarii, domnule maior. Doriţi să mergeţi cu ei, domnule?

Maiorul aprobă din cap.

Grutas şi Dortlich, cu un cap mai înalt, scoaseră o targă din cabină.

Sergentul se apropie să le vorbească.

– Uşor cu el, este lovit la picioare. Tălpile i-au degerat. Posibil să fie cangrenate. Aveţi un spital de campanie?

– Da, desigur, dar pot să-l operez şi aici, spuse Grutas sergentului în timp ce-l împuşca de două ori în piept, scuturând praful de pe uniforma acestuia.

Picioarele omului se înmuiară şi Grutas păşi peste el, spre uşă, şi-l împuşcă pe maior prin pătură.

Milko, Kolnas şi Grentz ieşiră din spatele dubei. Purtau o amestecătură de uniforme – poliţia lituaniană, sanitarii lituanieni, corpul sanitar estonian, Crucea Roşie Internaţională –, dar toţi purtau brasarde cu însemne sanitare mari pe braţ.

Este destul de obositor să jefuieşti cadavrele; cei care făceau asta înjurau din cauza efortului, în timp ce scotoceau prin hârtiile şi fotografiile din portofele. Maiorul încă trăia şi îşi ridică mâna la Milko. Milko luă ceasul de pe mâna rănitului şi şi-l puse în buzunar.

Grutas şi Dortlich scoaseră din casă un covor rulat şi-l aruncară în dubă.

Puseră o prelată pe jos şi aruncară acolo ceasuri, rame de ochelari din aur şi inele.

Un tanc ieşi din pădure, un T-34 rusesc, cu camuflaj de iarnă, cu tunul trecând peste câmp şi servantul acestuia stând pe jumătate afară din trapă.

Un om ascuns într-un staul din spatele casei renunţă la ascunzătoarea lui şi fugi peste câmp, spre pădure, ducând în braţe un ceas de masă din bronz şi călcând în picioare cadavrele.

Mitraliera tancului răpăi şi jefuitorul care fugea căzu în faţă, zdrobindu-şi faţa de ceas şi spărgând cadranul acestuia; inima lui şi ceasul mai bătură o dată şi se opriră.

– Ridicaţi un corp! strigă Grutas.

Aruncară un cadavru pe targă. Turela tancului se rotea către ei. Grutas flutură steagul alb şi arătă către însemnele sanitare de pe maşină. Tancul trecu mai departe.

O ultimă privire prin casă. Maiorul încă trăia. Se prinse de pantalonii lui Grutas când acesta trecu pe lângă el. Prinsese piciorul lui Grutas şi nu-l mai lăsă să plece. Grutas se aplecă şi-l prinse de însemnele de armă de pe gulerul uniformei.

– Se zice că trebuia să primim şi noi capetele de mort, spuse. Poate că viermii se vor ocupa de asta.

Îl împuşcă pe maior în piept. Bărbatul dădu drumul pantalonului lui Grutas şi, în timp ce murea, se uită mirat la pumnul său gol.

Duba săltă iar peste câmp, urmele ei trecând peste cadavre terciuite, şi, de cum intrară în pădure, prelata din spate fu ridicată şi Grentz aruncă afară cadavrul.

Din înalturi, bomba şuierătoare a unui Stuka plonjă după tancul rusesc care scuipa foc pe ţeava tunului. Sub acoperirea boltei pădurii, înghesuiţi în tanc, cei din echipaj auziră cum bomba rupe crăcile copacilor şi explodează, şrapnelele şi schijele lovind învelişul blindat.

6

– Ştii ce zi este azi? întrebă Hannibal peste terciul care constituia micul dejun în cabana de vânătoare. Este ziua în care soarele ajunge la fereastra unchiului Elgar.

– La ce oră apare? întrebă Jakov, ca şi cum n-ar fi ştiut.

– O să apară de după turn, la zece şi jumătate, răspunse Hannibal.

– Asta era în 1941, spuse domnul Jakov. Crezi că momentul apariţiei va fi acelaşi?

– Da.

– Dar anul este mai lung decât cele 365 de zile.

– Dar, domnule Jakov, anul ăsta este primul după un an bisect. Aşa a fost şi 1941, ultima dată când am urmărit fenomenul.

– Şi atunci se ajustează perfect calendarul, sau se fac doar nişte corecţii grosiere?

O creangă de salcâm pocni în foc.

– Cred că sunt două întrebări separate, spuse Hannibal.

Domnul Jakov era mulţumit, dar răspunse printr-o altă întrebare:

– Va fi anul 2000 an bisect?

– Nu... da, da, va fi an bisect.

– Dar este divizibil cu o sută, spuse domnul Jakov.

– Şi este divizibil şi cu patru sute, spuse Hannibal.

– Exact. Va fi prima dată când se aplică regula calendarului gregorian. Poate că, în acea zi, supravieţuind atâtor ajustări grosolane, o să-ţi aminteşti discuţia noastră. Din acest loc. Ridică paharul. La anul, în castelul Lecter.

Lothar auzi primul, în timp ce lua apă, zgomotul motorului şi crengile rupte. Lăsă găleţile la izvor şi, grăbit să se întoarcă la cabană, nu-şi şterse urmele.

Tancul sovietic, un T-34 în camuflaj de iarnă, cu zăpadă şi paie, trecu peste drumeag şi intră în luminiş. Pe turelă, în rusă, avea scrise cuvintele „Să răzbunăm fetele sovietice“ şi „Să nimicim inamicul fascist“. Doi soldaţi în alb călăreau pe radiatoare. Turela se roti, ca tunul să aibă în linia de ochire casa. O trapă se deschise şi un mitralior în uniformă albă apăru în spatele mitralierei. Comandantul tancului apăru din cealaltă trapă, cu un megafon. Îşi repetă mesajul în rusă şi în germană, urlând ca să acopere uruitul motorului diesel al tancului.

– Avem nevoie de apă, nu o să vă facem nici un rău şi nu o să vă rechiziţionăm proviziile, dacă nu se trage asupra noastră. Dacă se trage şi un singur foc, veţi muri cu toţii. Ieşiţi afară! Mitralior, încarcă şi armează. Dacă nu le vezi mutrele până ajung cu numărătoarea la zece, deschizi focul!

Se auzi clănţănitul mitralierei, când fu armată.

Contele Lecter ieşi afară, direct în lumina soarelui, cu mâinile la vedere.

– Luaţi apă. Nu vă facem nici un rău.

Comandantul tancului lăsă megafonul.

– Ieşiţi cu toţii afară, să vă văd!

Contele şi comandantul tancului se studiară un moment mai lung. Comandantul îşi arătă palmele goale. Contele îşi arătă palmele goale. Contele se întoarse către casă.

– Veniţi.

Când comandantul văzu familia, spuse:

– Copiii pot să rămână înăuntru, unde este cald. Apoi spuse mitraliorului şi celorlalţi din echipaj: Supraveghează-i. Atenţie la ferestrele de sus. Porniţi pompa. Puteţi fuma.

Mitraliorul îşi ridică ochelarii de protecţie şi îşi aprinse o ţigară. Era un puşti, cu pielea din jurul ochilor mai palidă decât în rest. O văzu pe Mischa trăgând cu ochiul de după uşă şi îi zâmbi.

În afară de canistrele cu carburant şi cu apă, de tanc era atârnată o pompă cu motor, cu demaror cu sfoară.

Pilotul tancului întinse un furtun cu filtru în capăt până la izvor şi, după ce trase de mai multe ori de sfoara pompei, aceasta începu să clănţăne şi porni.

Zgomotul acoperi şuieratul bombardierului Stuka, aflat în picaj, până când acesta fu aproape deasupra lor, mitraliorul rotind ţeava armei, luptându-se cu ea, trăgând când tunul avionului lovea deja pământul. Schijele şuierară pe învelişul blindat al tancului, îl loviră pe mitralior, dar acesta continuă să tragă cu mâna sănătoasă.

Parbrizul avionului se făcu ţăndări, ochelarii pilotului se umplură de sânge, iar bombardierul, încă având o bombă la bord, lovi vârfurile copacilor, se prăbuşi în grădină, benzina explodă, în timp ce tunul de sub aripi continua să tragă şi după impact.

Hannibal, pe podeaua cabanei, acoperind-o parţial pe Mischa, îşi văzu mama zăcând în curte, însângerată, cu rochia în flăcări.

– Stai aici, îi spuse lui Mischa şi fugi la mama lui în timp ce muniţia din avion se încingea, din ce în ce mai repede, proiectilele lovind zăpada iar flăcările lingând bomba rămasă sub aripă.

Pilotul mai era în cabină, mort, cu faţa arsă transformată într-o hârcă, cu ochitorul mort în spatele lui.

Numai Lothar supravieţuise în curte şi ridica o mână însângerată către băiat. Apoi Mischa alergă spre mama ei şi Lothar încercă să o prindă când trecea pe lângă el, dar un proiectil de tun din avionul în flăcări îl străpunse, sângele împroşcând copila, iar Mischa îşi ridică braţele spre cer, ţipând. Hannibal aruncă zăpadă pe hainele în flăcări ale mamei sale, se ridică şi fugi la Mischa printre proiectilele pornite la întâmplare şi o duse în beciul cabanei. Detunăturile de afară se răriră şi încetară când proiectilele se topiră. Cerul se întunecă şi începu să ningă pe metalul încins.

Întuneric şi zăpadă. Hannibal, printre cadavre, nu ştia cât timp trecuse; zăpada acoperise ochii şi părul mamei sale. Hannibal o smuci, dar trupul era bocnă pe pământ. Îşi lipi faţa de a ei. Sânii erau îngheţaţi şi tari, inima tăcea. Puse o învelitoare pe faţa ei şi o acoperi cu zăpadă. Umbre întunecate se mişcau la liziera pădurii. Torţa lui se reflecta în ochii lupilor. Strigă la ei şi agită o lopată. Mischa ţinea morţiş să iasă până la mama ei – trebuia să aleagă. O luă pe Mischa înăuntru şi-i lăsă pe morţi în întuneric. Cartea domnului Jakov rămase neatinsă lângă mâna lui vânătă până când un lup mâncă învelitoarea din piele, iar paginile desprinse din *Tratatul asupra luminii* al lui Huyghens acoperiră creierii domnului Jakov, întinşi în zăpadă.

Hannibal şi Mischa auzeau mârâiturile de afară. Hannibal întări focul. Pentru a acoperi zgomotul, încercă să o convingă pe Mischa să cânte; îi cântă el. Ea se agăţă de hainele lui.

– *Ein Mannlein...*

Fulgi de zăpadă la ferestre. Într-un ochi de geam apăru un cerc întunecat, făcut cu o mânuşă. Pe urmă, în cercul întunecat apăru un ochi albastru-spălăcit.

7

Uşa fu dată de pereţi atunci şi Grutas intră, însoţit de Milko şi Dortlich. Hannibal luă o suliţă de pe perete şi Grutas, sigur pe gesturile sale, întoarse arma către fetiţă.

– Arunc-o, sau o împuşc. Mă înţelegi?

Jefuitorii se repeziră apoi la Hannibal şi Mischa.

Cu jefuitorii în casă, Grentz făcu semn dubei să se apropie şi maşina îşi făcu drum, luminile de camuflaj prinzând ochii lupilor aflaţi la marginea poienii, unul dintre lupi târând ceva.

Oamenii se strânseră în jurul lui Hannibal şi al surorii sale, lângă foc, focul stârnind o putoare dulceagă din hainele jefuitorilor aflaţi de atâtea săptămâni pe front, sângele din fibrele hainelor încingându-se şi lipindu-le. Fluierici prinse o insectă care ieşea de prin hainele sale şi îi zdrobi capul cu degetele.

Tuşiră către copii. Respiraţia de animale de pradă, putrefacţia ce însoţeşte o alimentaţie bazată aproape exclusiv pe carne o făcu pe Mischa să-şi îngroape faţa în hainele lui Hannibal. El o acoperi cu haina şi simţi cât de tare îi bate inima. Dortlich luă strachina cu terci a lui Mischa şi o hăpăi, luând ultimele resturi cu degetele crăpate şi pline de cicatrice. Kolnas întinsese strachina lui, dar Dortlich nu-i dădu nimic.

Kolnas era îndesat, iar ochii lui căpătau o lucire aparte când priveau metalele preţioase. Trase brăţara lui Mischa de pe mâna ei şi şi-o îndesă în buzunar. Când Hannibal se repezi la mâna lui, Grentz îi strânse ca într-un cleşte încheietura şi întregul braţ îi amorţi.

Se auzi zgomotul îndepărtat al artileriei.

– Dacă apare o patrulă, indiferent a cui, aici urmează să ridicăm un spital de campanie. I-am salvat pe ăştia mici, iar bunurile familiei sunt puse bine în dubă. Luaţi crucea roşie de pe camion şi puneţi-o pe uşă. Chiar acum.

– Ceilalţi doi o să îngheţe dacă-i mai laşi în maşină, spuse Fluierici. Ne-au scăpat de o patrulă, ar putea să mai fie de folos.

– Pune-i în grajd, spuse Grutas. Închide-i acolo.

– Unde ar putea să fugă? răspunse Grentz. Ce ar putea să spună?

– Ar putea să-ţi spună ceva despre vieţile lor nenorocite, în albaneză, Grentz. Mişcă-ţi fundul acolo şi fă ceea ce-ţi spun.

În zăpada spulberată, Grentz luă cele două siluete firave din maşină şi le împinse către grajd.

8

Lanţul subţire îngheţă pielea copiilor atunci când Grutas îl puse pe după gâtul lor. Kolnas închise cu un pocnet lacătul greu. Grutas şi Dortlich îi înlănţuiră pe Hannibal şi Mischa în capul scărilor, de stâlpul balustradei, unde nu le stăteau în drum, dar erau la vedere. Cel numit Fluierici le aduse o oală de noapte şi o pătură dintr-un dormitor.

Printre zăbrelele balustradei, Hannibal îi văzu cum aruncă taburetul pianinei pe foc. Aranjă gulerul lui Mischa pe sub lanţ, ca să-l ţină mai departe de pielea ei.

Zăpada se depusese pe lângă cabană, doar prin ferestrele de sus mai pătrunzând o lumină cenuşie. Cu zăpada spulberată peste ferestre şi vântul şuierând, cabana părea un tren în mers. Hannibal se înfăşurase împreună cu sora lui în pătură şi în covorul de pe jos. Tusea lui Mischa era înăbuşită. Capul ei era fierbinte pe obrazul lui Hannibal. De undeva, de sub haine, el luă o coajă de pâine uscată şi o băgă în gură. Când fu mai moale, i-o dădu ei.

La câteva ore, Grutas trimitea pe unul dintre oamenii lui să dea zăpada cu lopata, ca să ţină deschis drumul către izvor. Fluierici duse un castron cu resturi în grajd.

Prinşi în zăpadă, timpul trecea dureros de încet. La început nu era nimic de mâncare; pe urmă făcură şi mâncare, Kolnas şi Milko punând cada de baie din aramă a lui Mischa pe focul din butuci de molid, Fluierici aţâţând focul cu cărţi şi castronaşe de lemn pentru salată. Cu un ochi la sobă, Fluierici îşi luă jurnalul şi făcu socoteli. Puse micile furtişaguri pe masă ca să le sorteze şi să le împartă. Cu mâna lui ca o labă de gâscă scrise numele fiecărui om în capul unei pagini.

Vladis Grutas
Zigmas Milko
Bronys Grentz
Enrikas Dortlich
Petras Kolnas

Şi la sfârşit scrise numele său, *Kazys Porvik*.

Sub numele fiecăruia, scrise partea lui din pradă – ochelari cu rame din aur, inele şi cercei, şi dinţi din aur, pe care le cântări cu o lingură de argint furată.

Grutas şi Grentz scotoceau ca obsedaţi cabana, trăgând toate sertarele afară, smulgând spatele birourilor.

După cinci zile, vremea se linişti. Cu toţii îşi puseră parazăpezile şi-i duseră pe Hannibal şi Mischa în grajd. Hannibal văzu un fir de fum ieşind prin coşul grajdului. Se uită la potcoavele uriaşe ale lui Cesar, atârnate deasupra uşii, să aducă noroc, şi se întrebă dacă o mai fi viu. Grutas şi Dortlich îi aruncară pe copii în grajd şi încuiară uşa. Prin crăpătura dintre uşile duble, Hannibal îi văzu răspândindu-se în pădure. Era foarte frig în grajd. Hainele copiilor zăceau mototolite prin fân. Uşa către grajd era închisă, dar nu era şi încuiată. Hannibal o împinse ca să o deschidă. Învelit cu toate păturile la dispoziţie şi cât se putea de aproape de sobă stătea un băiat cel mult de opt ani. Era negru în jurul ochilor. Purta o adunătură de haine, unele peste altele, ba chiar şi haine de fată. Hannibal o adăposti pe Mischa în spatele lui. Băiatul se trase departe de el.

Hannibal spuse: „Salut". O spuse în lituaniană, germană, engleză şi poloneză. Băiatul nu răspunse. Pe degetele şi urechile lui se vedeau degerături roşii, inflamate. Dură aproape toată acea zi friguroasă ca să afle că este din Albania şi nu vorbeşte decât limba de acolo. Numele lui era Agon. Hannibal îl lăsă să-i caute prin buzunare, după mâncare. Nu-l lăsă să se atingă de Mischa. Când Hannibal arătă că el şi sora lui vor jumătate din pături, băiatul nu se opuse. Tânărul albanian tresărea la orice zgomot, ochii lui se îndreptau către uşă şi mâinile luau o poziţie de apărare.

Jefuitorii se întoarseră chiar înainte de apus. Hannibal îi auzi şi îi urmări prin crăpătura dintre uşile duble ale grajdului.

Duceau o căprioară pe jumătate moartă de foame, încă vie şi legată cu o sfoară luată de pe la o casă pe care o prădaseră, încolăcită în jurul gâtului şi atârnând pe jos. Milko ridică toporul.

– Nu risipi sângele, spuse Fluierici cu autoritatea bucătarului.

Kolnas se apropie în fugă cu strachina lui, ochii strălucindu-i. Un strigăt din grajd şi Hannibal acoperi urechile lui Mischa, să nu audă zgomotul toporului. Puştiul albanez urla şi se ruga.

Mai târziu, după ce toţi ceilalţi mâncaseră, Fluierici le dădu copiilor un os de ros, cu resturi de carne şi ceva tendoane. Hannibal mâncă puţin, dar mestecă pentru Mischa. Zeama se scurgea când îi dădea bucăţile cu mâna, aşa că i le-a dat gură la gură. Hannibal şi Mischa fură mutaţi înapoi în cabană şi legaţi de stâlpul balustradei, iar puştiul albanez rămase singur în grajd. Mischa frigea din cauza febrei, iar Hannibal o ţinu strâns în mirosul rece şi prăfos al carpetei.

Gripa îi doborî pe toţi; oamenii zăceau cât mai aproape de foc, înghesuindu-se unii în alţii, Milko sugând grăsimea din pieptenul lui Kolnas. Tigva căprioarei rămăsese în cazanul de baie, fiartă până la ultima bucăţică.

Pe urmă apăru din nou carnea şi oamenii mâncau grohăind, fără să se uite unul la altul. Fluierici le dădu nişte zgârciuri şi pâine lui Hannibal şi lui Mischa. Nu a dus nimic în grajd.

Vremea nu se schimba, cerul era la fel de cenuşiu, zgomotele pădurii îngheţaseră şi ele, cu excepţia celui al crăcilor rupte sub greutatea gheţii.

Mâncarea se terminase cu mai multe zile înainte ca cerul să se limpezească. Tusea părea mai grea în după-amiaza strălucitoare, când vântul se opri. Grutas şi Milko ieşiră afară cu parazăpezile.

După somnul provocat de febră, Hannibal îi auzit întorcându-se. Ceartă şi încăierare. Printre zăbrelele balustradei, îl văzu pe Grutas dându-le peste bot celorlalţi cu o pasăre însângerată, aceştia repezindu-se la ea precum câinii. Faţa lui Grutas era mânjită cu pene şi sânge. Îşi întoarse chipul sângeros către copii şi spuse:

– Mâncăm sau murim!

Asta era ultima amintire conştientă păstrată de Hannibal din cabană.

Din cauza penuriei de cauciuc, tancul mergea direct pe şenilele din oţel şi vibra din toate încheieturile, imaginea prin vizor fiind neclară. Era un uriaş KV-1, care se grăbea pe lângă liziera pădurii, în aerul îngheţat, frontul avansând zilnic mai mulţi kilometri către vest, pe măsură ce trupele germane se retrăgeau. Doi infanterişti în uniforme de camuflaj călăreau pe radiatoarele din spate ale tancului, încercând să descopere vreun vânător de tancuri german, un fanatic rămas în urmă cu un aruncător de grenade Panzerfaust, cu care să încerce să mai distrugă un tanc. Văzură mişcare în tufişuri. Comandantul tancului îi auzi pe soldaţii lui de afară deschizând focul şi roti turela spre ţinta acestora ca să-i ajute cu mitraliera jumelată. În lunetă, văzu un băiat ieşind din tufişuri, gloanţele ridicând nori de zăpadă în jurul lui atunci când trăgeau în el cei de pe tanc. Comandantul ieşi prin trapă şi dădu ordin de încetare a focului. Mai uciseseră din greşeală câţiva copii, se mai întâmplă, şi era bine dacă putea să nu-l omoare şi pe acesta.

Soldaţii văzură un băiat, slab şi palid, cu un lanţ în jurul gâtului, iar la celălalt capăt al lanţului se vedea un laţ gol. Când îl aşezară lângă radiatoare şi îi tăiară lanţul, bucăţi de piele rămaseră pe verigile acestuia. Ducea cu el un binoclu în bună stare într-un sac pe care îl strângea cu mândrie la piept. Îl zgâlţâiră, îi puseră întrebări în rusă, poloneză şi o lituaniană improvizată, până când realizară că nu poate să vorbească deloc.

Soldaţilor le fu ruşine unul de celălalt, aşa că nu îi luară binoclul băiatului. Îi dădură o jumătate de măr şi îl lăsară să stea în spatele turelei, în aerul cald de lângă radiatoare, până când urmau să ajungă în următorul sat.

9

O unitate sovietică motorizată, cu un distrugător de tancuri şi un aruncător de rachete, se adăpostise peste noapte la abandonatul castel Lecter. Plecaseră de acolo înainte de ivirea zorilor, lăsând în urmă bălţi de zăpadă topită pe care pluteau pete de ulei. Numai un camion rămăsese la intrarea în castel, cu motorul pornit.

Grutas şi cei patru tovarăşi ai lui care supravieţuiseră, încă în uniformele lor de sanitari, priveau totul din pădure. Trecuseră patru ani de când Grutas îl împuşcase pe bucătar în curtea castelului şi paisprezece ore de când jefuitorii de cadavre părăsiseră cabana în flăcări, lăsându-şi morţii în urmă.

Bombe se auzeau în depărtare, iar orizontul era luminat de antiaeriene.

Ultimul soldat ieşi derulând firul de pe un tambur.

– Hei, spuse Milko. O să plouă pe aici cu pietre cât vagonul.

– Oricum nu mergem acolo, răspunse Grutas.

Soldatul derulă firul până la picioarele scării, îl tăie şi îl curăţă la capăt.

– Locul fusese jefuit oricum, spuse Grentz. *C'est foutu.*

– *Tu débandes?* întrebă Dortlich.

– *Va te faire enculer,* răspunse Grentz.

Se lipise de ei ceva franceză când unitatea Totenkopf fusese încartiruită lângă Marsilia, şi le făcea plăcere să se înjure în franceză înainte de a trece la acţiune. Înjurăturile le aminteau de vremurile plăcute din Franţa.

Soldatul sovietic de pe trepte tăie capsa la zece centimetri de capăt şi introduse capătul firului în ea.

– Ce culoare are capsa? se interesă Milko.

Grutas privea prin binoclu.

– Negru, nu ştiu...

Din pădure, putură vedea cum flacăra lumină o clipă faţa soldatului când acesta aprinse detonatorul.

– Este portocaliu sau verde? întrebă Milko. Are dungi pe el?

Grutas nu răspunse. Soldatul porni agale către camion, glumind cu tovarăşii săi din cabină, care îi strigau să se grăbească, iar capsa ardea în urma lui pe zăpadă.

Milko număra ţinându-şi respiraţia.

Imediat ce vehiculul ieşi din raza lor de vedere, Grutas şi Milko fugiră la detonator. Focul aproape ajunsese la fir. Nu putură să citească ce scria pe fitil decât atunci când ajunseră aproape. *Arde douăminutelametru douăminutelametru douăminutelametru.* Grutas tăie firul cu briceagul.

Milko bombăni „tu-i ferma" şi urcă scările, intră în casă, urmări fitilul, căutând alte capse, alte încărcături. Traversă sala cea mare spre turn, urmărind firul, şi descoperi ceea ce căuta – fitilul era legat de un colac de fir detonator. Se întoarse în sala mare şi strigă:

– E un inel legat de firul principal. Este singurul fitil. Am pus mâna pe el.

Încărcăturile erau puse la baza turnului, pentru a-l distruge, declanşate fiind de inelul de fir detonator.

Soldaţii sovietici nu se obosiseră să închidă uşa din faţă, iar focul încă mai ardea în cămin. Mâzgăliseră toţi pereţii, iar podeaua din apropierea căminului era acoperită de resturi de la şederea lor în relativa căldură a castelului.

Milko, Grentz şi Kolnas scotociră etajele superioare.

Grutas îi făcu semn lui Dortlich să-l urmeze şi coborî scările către subsol. Uşa din gratii de la cramă era dată de perete, cu broasca spartă.

Grutas şi Dortlich aveau o singură lanternă. Lumina gălbuie făcea cioburile de pe jos să strălucească. Podeaua cramei era acoperită cu sticle goale de băuturi fine, cu gâturile sticlelor sparte de băutorii înrăiţi. Masa de degustare, dată la o parte de jefuitori, zăcea lipită de peretele din spate.

– Măi să fie, spuse Dortlich. N-au lăsat nici o picătură.

– Ajută-mă, ordonă Grutas.

Trascră masa de la perete, zdrobind cioburile sub picioare. Găsiră felinarul în spatele mesei şi-l aprinseră.

– Acum, trage de candelabru, îi spuse Grutas mult mai înaltului Dortlich. Doar trage-l în jos.

Rafturile săriră de la perete. Dortlich îşi căută pistolul când intrară. Grutas intră în ascunzătoarea din cramă. Dortlich îl urmă.

– Dumnezeule! exclamă Dortlich.

– Adu camionul, spuse Grutas.

10

Lituania, 1946

Hannibal Lecter, de treisprezece ani, stătea singur pe malul şanţului de apărare, lângă ruinele a ceea ce fusese castelul Lecter, şi arunca bucăţi de pâine în apa neagră. Grădina de legume, acum un hăţiş, era Grădina Cooperativei Populare a Copiilor Orfani şi se cultivau acolo mai ales napi. Şanţul de apărare era important pentru el. Apa era mereu la acelaşi nivel; suprafaţa neagră reflecta norii trecând peste turnurile crenelate ale castelului Lecter, aşa cum o făcuse întotdeauna.

Peste uniforma lui de orfan, Hannibal purta acum tricoul celor pedepsiţi, pe care erau scrise cuvintele: „Fără jocuri". Îi era interzis fotbalul pe câmpul din afara zidurilor, dar nu-i păsa de asta. Meciul fu întrerupt când Cesar, calul de povară, şi îngrijitorul lui rus trecură peste câmp cu căruţa plină cu lemne de foc. Lui Cesar îi făcea plăcere să-l vadă pe Hannibal atunci când ajungea la grajd, dar nu se uita la napi.

Hannibal privea lebedele înotând peste şanţul cu apă, perechea de lebede negre care supravieţuise războiului. Doi pui de lebădă le însoţeau, având încă puf pe ei, unul cocoţat pe spinarea mamei, celălalt înotând în urmă. Trei băieţi mai în vârstă se înghesuiau dincolo de gardul viu ca să-i vadă pe Hannibal şi pe lebede. Masculul se urcă pe mal să-l înfrunte pe Hannibal.

Un băiat blond, Feodor, şuieră către ceilalţi:

– Să vedeţi cum nemernicul negru o să-l alunge pe prost... O să-i tragă ciocuri în cap cum a făcut atunci când ai vrut să-i iei ouăle. Să-l vedem pe idiot cum plânge.

Hannibal îşi ridică aripile din crengi de salcie şi lebăda fugi înapoi în apă.

Dezamăgit, Feodor îşi luă praştia din cameră de cauciuc şi se căută prin buzunare după o piatră. Piatra lovi noroiul la capătul şanţului, stropind cu noroi picioarele lui Hannibal. Hannibal se uită la Feodor fără nici o expresie pe faţă şi clătină din cap. A doua piatră izbi apa lângă puiul care înota, iar Hannibal îşi ridică aripile din crengi de salcie şi izgoni păsările în afara razei de acţiune a praştiei.

Din castel se auzi un clopot.

Feodor şi colegii se întoarseră să plece, râzând, iar Hannibal trecu prin gardul viu cu o creangă pe care se adunase o bilă de noroi. Bila de noroi îl lovi pe Feodor drept în faţă şi Hannibal, cu un cap mai scund, îl atacă şi-l împinse pe râpa către şanţul cu apă, târându-se şi el după băiatul uluit şi împingându-l în apa neagră, ţinându-l sub apă, strângându-i tot mai tare praştia în jurul gâtului, chipul lui Hannibal fiind ciudat de inert, numai ochii părându-i vii, cu albul ochilor injectat. Hannibal fu nevoit să-l întoarcă pe Feodor ca să-l privească în faţă. Colegii lui Feodor se târâseră şi ei acolo, dar nu voiau să se bată în apă, aşa că urlau după ajutorul unui supraveghetor. Supraveghetorul-şef Petrov îi lăsă pe ceilalţi, înjurând, şi se repezi pe mal, murdărindu-şi bocancii lucioşi şi agitându-şi bâta.

Seara, în sala mare a castelului Lecter, golită acum de toate podoabele şi dominată de portretul uriaş al lui Iosif Stalin. O sută de băieţi în uniformă, care îşi terminaseră cina, stăteau pe lângă mesele din lemn şi cântau *Internaţionala*. Directorul, uşor băut, dirija cu furculiţa.

Supraveghetorul-şef Petrov, de curând numit, şi un al doilea supraveghetor, în pantaloni de călărie şi cizme, treceau printre mese ca să se asigure că toată lumea cântă. Hannibal nu cânta. Obrazul îi era vânăt şi un ochi pe jumătate închis. De la o altă masă, Feodor pândea cu un bandaj în jurul gâtului şi cu zgârieturi pe faţă. Unul dintre degete îi era prins în atele.

Supraveghetorii se opriră în faţa lui Hannibal. Hannibal palmă o furculiţă.

– Eşti prea bun ca să cânţi cu noi, Tinere Stăpân? Supraveghetorul-şef Petrov ridică glasul, ca să fie auzit peste cântec. Nu mai eşti Tânărul Stăpân, nu eşti decât un orfan oarecare şi, în numele Domnului, o să faci bine să cânţi!

Supraveghetorul-şef îl plezni pe Hannibal cu registrul peste faţă. Hannibal nu-şi schimbă expresia. Nici nu cântă. Un firicel de sânge îi curse pe la colţul gurii

– E mut, spuse celălalt supraveghetor. Nu are sens să-l baţi.

Cântecul se termină şi vocea supraveghetorului-şef sparse tăcerea.

– Pentru un mut, urlă destul de bine noaptea, spuse şi îl plezni cu cealaltă mână.

Hannibal blocă lovitura cu furculiţa în mână, dinţii acesteia înfigându-se în pumnul supraveghetorului-şef. Acesta sări peste masă la el.

– Stop! Nu-l mai lovi. Nu trebuie să aibă semne. Directorul poate că era el beat, dar era şeful. Hannibal Lecter, în biroul meu, la raport.

Biroul directorului conţinea un birou, mai multe dosare şi două paturi de campanie. Aici simţea cel mai puternic Hannibal schimbarea mirosului din castel. În loc de lacul mobilei cu miros de lămâie şi parfum, din şemineu mirosea a urină. Ferestrele erau goale, singurele ornamentaţii rămase fiind cele ale ramelor sculptate.

– Hannibal, asta este camera mamei tale? Are un nu ştiu ce feminin.

Directorul era capricios. Putea fi blând, sau crud când eşua. Ochii lui mici şi roşii aşteptau răspunsul.

Hannibal aprobă din cap.

– Trebuie să fi fost greu pentru tine să trăieşti în casa asta.

Nici un răspuns.

Directorul luă un scaun de la birou.

– Ei bine, nu o să mai stai mult pe aici. Unchiul tău soseşte să te ia în Franţa.

11

Focul din vatra bucătăriei este singura sursă de lumină. Din umbră, Hannibal îl priveşte pe ajutorul de bucătar cum doarme într-un scaun în apropierea focului şi-i curge saliva pe la colţul gurii, cu un pahar gol lângă el. Hannibal îşi dorea lampa de pe raftul de lângă el. Putea să vadă sticla lămpii lucind în lumina focului.

Respiraţia omului era adâncă şi regulată, sforăind uşor. Hannibal păşi pe podeaua din piatră şi intră în aura de votcă şi ceapă a ajutorului de bucătar, apoi ajunse în spatele lui.

Agăţătoarea lămpii ar fi scârţâit, aşa că mai bine să o apuce de jos şi de sus, ca sticla lămpii să nu se clatine. O ridică drept în sus. O ţine acum cu ambele mâini.

Un pocnet când o bucată de lemn din foc scoase aburi şi se rostogoli în vatră aruncând scântei şi cenuşă, o bucată de cărbune încins sărind până lângă piciorul ajutorului de bucătar.

Ce unealtă era mai aproape? Pe tejghea erau o canistră şi o cutie de muniţie de 150 mm plină cu linguri din lemn şi spatule. Hannibal lăsă lampa jos şi, cu o lingură, lovi uşor şi trimise cărbunele în centrul camerei.

Uşa către scările pivniţei era în colţul bucătăriei. Atinsă de Hannibal, închizătoarea se deschise imediat, iar el pătrunse în beznă, rememorând locurile şi închizând uşa în urma lui. Scăpără un băţ de chibrit pe zidul din piatră, aprinse lampa şi coborî scara atât de familiară, aerul răcorindu-se pe măsură ce înainta. Lumina lămpii sări de la o arcadă la alta pe măsură ce mergea pe sub bolta arcuită către crama subterană. Poarta de fier era deschisă.

Vinul, de mult jefuit, fusese înlocuit pe rafturi de rădăcinoase, mai ales napi. Hannibal nu uită să-şi îndese în buzunar câteva bucăţi de sfeclă de zahăr – Cesar le va mânca în lipsa merelor, chit că-i făceau buzele roşii ca şi cum le-ar fi avut date cu ruj.

În tot timpul petrecut în orfelinat, îşi văzuse casa profanată, toate lucrurile furate, confiscate, maltratate, dar nu mai ajunsese aici. Hannibal puse lampa pe un raft de mai sus şi trase câţiva saci cu ceapă şi cartofi din faţa rafturilor din spate. Se căţără pe masă, prinse candelabrul şi trase. Nimic. Îl prinse şi smuci. Se atârnă de el cu toată greutatea lui. Candelabrul coborî câţiva centimetri, cu un huruit care stârni praful în jur, iar el auzi un hârâit venit de la rafturile din spate. Sări jos. Îşi puse degetele în crăpătură şi trase.

Rafturile se dădură la o parte scârţâind din balamale. Se întoarse, îşi luă lampa, gata să o spargă în caz că auzea un zgomot. Nimic.

Acolo, în acea încăpere, îl văzuse ultima dată pe bucătar, iar pentru o clipă faţa lui rubicondă îi apăru limpede, fără vălul pe care timpul îl pune peste imaginea celor morţi.

Hannibal luă lampa şi intră în încăperea ascunsă din spatele cramei. Era goală.

Rămăsese numai o ramă aurită, cu fire de pânză atârnând acolo unde pictura fusese tăiată din ramă. Fusese cel mai mare tablou din casă, o variantă romantică a Bătăliei de la Tannenberg, în care erau subliniate meritele lui Hannibal cel Fioros.

Hannibal Lecter, ultimul din neamul său, stătea în castelul prădat al copilăriei sale uitându-se la rama goală, ştiind că asta era, de fapt, moştenirea sa. Amintirile lui erau mai degrabă ale unui Sforza, plus cele ale bucătarului şi ale domnului Jakov, care veneau dintr-o altă tradiţie decât a lui. Putea să-i vadă în cadrul gol, strânşi lângă focul din cabană.

Nu era în nici un fel Hannibal cel Fioros. Viaţa lui trebuia să se desfăşoare sub amprenta cerului pictat de pe tavanul copilăriei sale. Dar era la fel de nesigur precum raiul şi cam la fel de inutil. Aşa credea el.

Dispăruseră toate acele chipuri pictate care-i erau la fel de cunoscute precum restul membrilor familiei.

În centrul încăperii, era săpat în piatră un puţ, o carceră în care Hannibal cel Fioros putea să-şi arunce duşmanii şi să-i uite acolo. Fusese îngrădit cu o balustradă, pentru evitarea accidentelor. Hannibal ţinu lampa deasupra lui şi lumina pătrunse până la jumătatea puţului. Tatăl lui îi spusese că, în copilăria lui, încă mai erau câteva schelete pe fundul puţului.

Odată, în glumă, Hannibal fusese coborât acolo într-un coş. Aproape de fund, un cuvânt era scrijelit pe perete. Nu-l putea zări acum la lumina lămpii, dar ştia că se află acolo, cu literele inegale zgâriate în întuneric de un muribund: „De ce?“

12

Orfanii dormeau în dormitorul lung. Erau aşezaţi în ordinea vârstei. Cel mai mic, de la capătul dormitorului, încă mai simţea mirosul grădiniţei. Cei mai tineri se strângeau în braţe în somn şi unii dintre ei strigau după cei dragi şi dispăruţi, văzând pe chipurile din vis o grijă şi o tandreţe pe care nu aveau să le mai găsească

Ceva mai încolo, alţii se masturbau sub pături.

Fiecare copil avea un cufăr, iar pe perete, lângă fiecare pat, era un loc unde îşi puteau pune desene sau, mai rar, fotografii de familie.

Un şir întreg de desene neîndemânatice se afla la capul paturilor următoare. Deasupra patului lui Hannibal Lecter este desenul foarte bine realizat în peniţă şi cărbune al braţului unui copil, care te cheamă şi te opreşte, braţul grăsuţ fiind ceva mai scurt spre capăt. La încheietura mâinii se află o brăţară. Sub desen, Hannibal doarme, iar ochii i se agită pe sub pleoape. Scrâşneşte din dinţi, iar nările îi freamătă la miasma cadavrului din vis.

Cabana de vânătoare din pădure. Hannibal şi Mischa în mirosul rece-prăfos al carpetei înfăşurate în jurul lor, cu gheaţa de pe sticla ferestrelor refractând lumina în roşu şi verde. Vântul bate în rafale şi, pe moment, coşurile sobelor nu trag. Fumul albăstrui pluteşte sub acoperişul înclinat, pe lângă zăbrelele balustradei, iar Hannibal aude uşa de la intrare lovindu-se de pereți, deschisă de vânt, și privește printre zăbrele. Cazanul de baie al lui Mischa este deasupra vetrei, acolo unde bucătarul fiersese căpățâna căprioarei cu ceva rădăcini veștejite. Apa clocotește ca și cum căprioara ar fi încercat, cu un ultim efort, să se urce pe pereții de aramă. Ochi-albaștri și Mână-de-păianjen intră aducând cu ei un val de aer rece, scuturându-și parazăpezile și punându-le lângă perete. Ceilalți se îmbulzesc și ei, Omul-strachină aducând dintr-un colț o pulpă înghețată. Ochi-albaștri scoate din buzunar trupurile lihnite de foame a trei păsărclc. Pune o pasăre în apă, cu pene cu tot, până când aceasta se înmoaie suficient ca să fie jupuită. Linge pielea însângerată a păsării, plin de sânge și pene pe față, cu ceilalți înghesuiți în jurul lui. Le aruncă pielea ca la câini, iar ei se reped la ea ca niște câini.

El se întoarce către scară, cu fața mânjită de sânge, scuipă o pană și vorbește.

– Mâncăm sau murim.

Puseseră pe foc albumul familiei Lecter și jucăriile lui Mischa, castelul, păpușile. Hannibal stă acum lângă vatră, deodată, fără să fi simțit când a coborât, apoi este în grajd, unde hainele sunt îngrămădite în paie, hainele unui copil, străine lui și pline de sânge. Oamenii se strâng tot mai aproape, simțind mirosul cărnii lui și a lui Mischa.

– Luați-o pe ea, oricum o să moară. Hai la joacă, hai la joacă!

Cântând, o iau cu ei.

– Ein Mannlein steht im walde ganz still und stumm...

O apucă de mână pe Mischa, sunt târâți către ușă. Nu vrea să-i dea drumul surorii sale, iar Ochi-albaștri trântește ușa grea a grajdului peste mâna lui, oasele pârâie, ușa se deschide iar și vine către Hannibal agitând un băț în mână, îl lovește peste cap, primește lovituri groaznice, fulgere în ochi, Mischa strigând:

– Anniba!

Şi sunetul devine cel al băţului supraveghetorului-şef lovind marginea patului în timp ce Hannibal strigă în somn: „Mischa, Mischa!“

– Taci! Taci! Scoală-te, nenorocit mic!

Supraveghetorul-şef smulse pătura de pe pat şi i-o aruncă în faţă. Stătea acum pe podeaua rece, împuns cu băţul. Supraveghetorul-şef îl îmbrânci până în magazie. Magazia era plină cu unelte de grădinărit, sfori, câteva unelte de zidărie. Supraveghetorul puse lampa pe un butoi şi ridică băţul. Îi arătă mâna bandajată.

– A sosit vremea să plăteşti pentru asta!

Hannibal păru că se retrage, încercând să iasă din conul de lumină, simţind ceva ce nu mai simţise până atunci. Supraveghetorul-şef interpretă totul ca fiind expresia fricii şi porni după el prin întuneric. Şi îi reuşi o lovitură sănătoasă peste coapsele lui Hannibal. Acum băiatul se afla lângă lampă. Hannibal puse mâna pe o seceră şi spulberă lampa. Stătea întins pe podea, în întuneric, ţinând secera cu amândouă mâinile, deasupra capului, ascultând sunetul paşilor care îl căutau, apoi tăie întunericul cu secera, fără să atingă ceva, şi auzi uşa închizându-se şi zgomotul unui lanţ.

– Când pocneşti un mut, ai marele avantaj că nu poate spune nimic despre tine, spuse supraveghetorul-şef.

El şi celălalt supraveghetor se uitau la autoturimul Delahaye parcat în curtea pavată a castelului, o mostră de tehnică franceză, albastru, cu steaguri diplomatice pe aripile din faţă, sovietic şi est-german. Maşina era ciudată, aşa cum erau maşinile franţuzeşti antebelice, voluptoase pentru ochii celor obişnuiţi numai cu tancuri şi maşini de teren. Supraveghetorul-şef ar fi vrut să zgârie cu cuţitul un cuvânt obscen pe caroserie, dar şoferul era mătăhălos şi vigilent.

Din grajd, Hannibal văzuse sosirea maşinii. Nu fugise către ea. Aşteptase ca unchiul său să intre în castel însoţit de ofiţerul sovietic.

Hannibal îşi puse mâinile pe după gâtul lui Cesar. Acesta îşi întoarse capul către el, în timp ce ronţăia ovăz. Grăjdarul avea grijă de el. Hannibal mângâie coama calului şi îşi apropie faţa de urechea lui, dar nu se auzi nici un sunet. Sărută calul între ochi. În spatele podului pentru fân, atârnat în interiorul peretului dublu, se afla binoclul tatălui său. Şi-l puse de gât şi porni în pas de defilare.

De pe trepte, supraveghetorul îl căuta din priviri. Puţinele lucruri ale lui Hannibal erau înghesuite într-o valiză.

13

De la fereastra directorului, Robert Lecter îşi văzu şoferul făcând rost de la bucătar de un cârnat şi o bucată de pâine în schimbul unui pachet de ţigări. Robert Lecter era acum contele Lecter, fratele lui fiind probabil mort. Era obişnuit cu titlul, deoarece îl utiliza deja de ani de zile, fără să fi avut dreptul.

Directorul nu numără banii, ci îi ascunse în buzunarul de la piept, aruncând o scurtă privire colonelului Timka.

– Domnule conte, hm, tovarăşe Lecter, trebuie să vă spun că, înainte de război, am văzut două dintre picturile dumneavoastră la Palatul Ecaterina, ca şi câteva fotografii publicate în *Gorn.* Vă admir enorm opera.

Contele Lecter încuviinţă dând din cap.

– Îţi mulţumesc, directore. Despre sora lui Hannibal, ce ştii?

– Fotografia unui copil nu este de mare ajutor, răspunse directorul.

– Va fi dată în toate orfelinatele, spuse colonelul Timka. Purta uniforma miliţiei de frontieră sovietice, iar ramele de oţel ale ochelarilor se asortau cu dinţii lui de oţel. Ia mult timp. Sunt atât de multe.

– Şi trebuie să vă spun, tovarăşe Lecter, pădurea este plină de... rămăşiţe neidentificate, adăugă directorul.

– Hannibal nu a scos nici un cuvânt? întrebă contele Lecter.

– Mie, nu. Ar putea să vorbească, noaptea strigă în somn numele surorii sale, Mischa, Mischa. Apoi directorul se opri, neştiind cum să spună ce avea de spus. Tovarăşe Lecter, aş fi...

aş avea mare grijă cu Hannibal până când l-aş cunoaşte mai bine. Poate că ar fi mai bine să nu se joace cu alţi copii până când îşi revine. Mereu este rănit cineva.

– Nu-i un bătăuş?

– Bătăuşii sunt cei care sunt răniţi. Hannibal nu ţine seama de dimensiune. Ceilalţi sunt mereu mai mari decât el şi îi loveşte iute şi, uneori, foarte rău. Hannibal poate fi periculos pentru persoane mult mai mari decât el. Dar este bun cu cei mai mici. Chiar îi lasă să-l necăjească un pic. Unii cred că este şi surd dacă este mut şi-i spun în faţă că este nebun. Le dă şi suplimentul, în rarele ocazii când există aşa ceva.

Colonelul Timka se uită la ceas.

– Trebuie să mergem. Mă aşteptaţi în maşină, tovarăşe Lecter?

Colonelul Timka aşteptă până când contele Lecter ieşi din încăpere. Întinse mâna. Directorul oftă şi-i dădu banii.

Cu o strălucire în spatele ochelarilor şi un licăr al dinţilor săi, colonelul Timka îşi linse degetul şi începu să numere.

14

O ploaie torenţială aşeza praful în timp ce parcurgeau ultimii kilometri până la castel; pietrişul zvârlit de roţi lovea pe dedesubt caroseria murdară de noroi a maşinii Delahaye, iar mirosul de iarbă şi pământ proaspăt arat inundase maşina. Pe urmă ploaia se opri şi lumina înserării căpătă o nuanţă portocalie.

Castelul era mai degrabă graţios, decât impozant, în ciudata lumină portocalie. Stâlpii ferestrelor erau curbaţi ca o pânză de păianjen îngreunată de rouă. Pentru Hannibal, predispus să caute peste tot semne, loggia curbată a castelului părea o volută din lumea lui Huyghens.

Patru cai de povară, din care ieşeau aburi după ploaie, erau înhămaţi la un tanc german dezafectat care ieşea din foaier. Cai mari, aşa cum era Cesar. Hannibal era fericit să-i vadă, sperând că vor fi de bun augur. Tancul era târât pe role. Încetul cu încetul, caii îl scoteau din holul de la intrare ca şi cum ar fi extras un dinte, vizitiul dirijând caii, iar aceştia ciulind urechile atunci când li se vorbea.

– Nemţii au aruncat în aer uşa de la intrare, cu tunul, apoi au intrat cu tancul aici, ca să fie la adăpost de avioane, îi spuse contele lui Hannibal în timp ce maşina se oprea. Se obişnuise să-i vorbească băiatului fără să aştepte un răspuns. L-au lăsat aici când s-au retras. Nu l-am putut urni din loc, aşa că l-am înconjurat cu paravane şi l-am ocolit timp de cinci ani. Acum, că pot să vând iar picturile mele „subversive“, am cu ce să plătesc scoaterea lui de aici. Vino, Hannibal!

Un om de serviciu pândea sosirea maşinii şi, împreună cu menajera, avea pregătită o umbrelă în caz că ar fi fost nevoie de aşa ceva. Un uriaş câine mastiff îi aştepta şi el.

Lui Hannibal îi plăcu felul cum a fost prezentat personalului, la intrare, în loc să intre direct în casă şi să le vorbească peste umăr.

– Este nepotul meu, Hannibal. Este de-al nostru acum şi ne bucurăm să se afle aici. Madame Brigitte, menajera. Şi Pascal, cel care se pricepe la toate.

Madame Brigitte fusese cândva o fată în casă foarte arătoasă. Ştia care este locul ei şi îl studie rapid pe Hannibal.

Mastifful îl întâmpină cu entuziasm pe conte şi îl cântări mai rezervat pe Hannibal. Căţeaua pufni. Hannibal întinse mâna către ea, iar ea îl mirosi, privindu-l pe sub sprâncene.

– Trebuie să-i găsim nişte haine, îi spuse contele lui Brigitte. Pentru început, uită-te prin hainele mele de şcoală vechi, din pod, apoi o să îmbunătăţim lucrurile, pe parcurs.

– Şi fetiţa, domnule?

– Încă nimic, Brigitte, spuse el şi închise subiectul clătinând din cap.

Imagini cu Hannibal apropiindu-se de casă: strălucirea pietrişului ud din curte, luciul cailor după ploaie, negrul lucios al unei ciori care bea apă din burlanul de la colţul acoperişului; mişcarea unei perdele la o fereastră de sus: luciul părului doamnei Murasaki, apoi întreaga ei siluetă.

Lady Murasaki deschise fereastra. Lumina înserării ajunse pe faţa ei, şi Hannibal, ieşit dintr-un lung coşmar, făcu primul pas pe tărâmul viselor...

Să treci dintr-un dormitor comun într-o casă particulară este o uşurare. Mobila din tot castelul era ciudată şi primitoare, un amestec de stiluri, aşa cum fusese găsită prin pod de contele Lecter şi de Lady Murasaki după ce jefuitorii nazişti fuseseră izgoniţi. În timpul ocupaţiei, mobilierul mai important fusese dus cu trenul din Franţa în Germania.

Hermann Goering şi Führerul însuşi râvniseră lucrările lui Robert Lecter şi ale altor artişti francezi. După ce fusese instaurată ocupaţia nazistă, unul dintre primele lucruri făcute de Goering fusese arestarea lui Robert Lecter ca „artist slav subversiv“ şi adunarea a cât mai multor picturi „decadente“, pentru a „proteja cetăţenii“ de ele. Tablourile au fost sechestrate în colecţiile particulare ale lui Goering şi Hitler.

Când contele a fost eliberat din închisoare de Aliaţi, el şi Lady Murasaki s-au descurcat cum au putut, iar personalul a muncit numai pentru casă şi masă până când contele Lecter s-a pus iar pe picioare.

Contele Lecter îşi văzu nepotul instalat în camera lui. Generoasă ca mărime şi luminoasă, camera fusese pregătită pentru Hannibal cu draperii şi afişe care să acopere piatra şi să înveselească atmosfera. O mască kendo şi săbii de bambus erau puse pe o panoplie pe perete. Dacă ar fi vorbit, Hannibal ar fi întrebat de stăpâna casei.

15

Hannibal rămase singur mai puţin de un minut, înainte să audă un ciocănit în uşă.

Era camerista lui Lady Murasaki, Chiyoh, o japoneză cam de vârsta lui Hannibal, cu părul scurt, deasupra urechilor. Chiyoh îl cântări o clipă, apoi un văl se ridică de pe privirea ei, care avea ceva din aceea a unui şoim.

– Lady Murasaki îţi urază bine ai venit, spuse ea. Dacă vrei să mă urmezi...

Îndatoritoare şi strictă, Chiyoh îl conduse la baia din fosta cramă, într-o aripă a castelului.

Pentru a-i face plăcere soţiei sale, contele Lecter transformase încăperea în care fuseseră teascurile într-o baie japoneză, cuvele teascurilor fiind acum umplute cu apă încălzită de un boiler făcut din cazanul de cupru pentru distilat coniac. Camera mirosea a fum de lemn şi rozmarin. Candelabre de argint, îngropate în grădină pe timpul războiului, fuseseră atârnate deasupra cuvelor. Chiyoh nu aprinse lumânările. Un bec electric era suficient pentru Hannibal până când se lămurea care era poziţia lui.

Chiyoh îi dădu prosoape şi un halat şi-i arătă duşul din colţ.

– Mai întâi spală-te acolo, freacă-te bine înainte să intri în bazin, spuse ea. La bucătărie ţi se pregăteşte o omletă, după baie, pe urmă să te odihneşti.

Grimasa ei putea să pară un zâmbet, apoi aruncă o portocală în apă şi aşteptă hainele lui lângă cabina duşului. Când el i le dădu prin crăpătura uşii, ea le luă prudentă cu numai două degete, le puse pe bățul pe care îl avea în cealaltă mână, apoi dispăru cu ele.

Era seară când Hannibal se trezi brusc, așa cum i se întâmpla în dormitorul comun. Numai ochii i se mișcară până realiză unde se află. Se simțea curat în patul curat. Prin ferestre se vedeau ultimele raze ale lungului amurg francez. Un chimono de bumbac se afla pe scaun lângă el. Îl puse pe el. Podeaua de piatră de pe coridor era plăcut răcoroasă, iar treptele de piatră ale scărilor erau scobite precum cele de la castelul Lecter. Afară, sub cerul violet, putu auzi zgomotele bucătăriei, pregătirea cinei.

Mastifful îl zări și dădu de două ori din coadă, fără să se ridice.

Din baie se auzea sunetul unei lăute japoneze. Hannibal porni către muzică. O fereastră prăfuită era luminată pe dinăuntru de lumina lumânărilor. Hannibal privi înăuntru. Chiyoh stătea lângă bazin, ciupind corzile unui lung și elegant koto. De această dată aprinsese și lumânările. Boilerul gâfâia. Focul sub el era ațâțat și scânteile săreau peste tot. Lady Murasaki se afla în apă. În apă, Lady Murasaki semăna cu florile din șanțul de apărare al castelului, acolo unde lebedele înotau, dar nu cântau. Hannibal privi, tăcut precum o lebădă, și își ridică brațele asemenea aripilor.

Se îndepărtă de fereastră și se întoarse în camera lui scăldată în lumina crepusculului, lucru ciudat pentru el, și se sui din nou în pat.

În dormitorul stăpânului rămăseseră suficienți cărbuni aprinși cât să arunce o pată de lumină pe tavan. Contele Lecter, în semiîntuneric, se bucura de mângâierile și de cuvintele lui Lady Murasaki.

– Mi-ai lipsit, mă simt ca atunci când ai fost la închisoare, spuse ea. Îmi amintesc de poemul unei străbunici, Ono no Komachi, de acum o mie de ani.

– Hm...

– Era foarte pasională.

– Sunt curios să aflu ce spunea.

– Poem: *Hito ni awan tsuki no naki yo wa/omoiokite/mune hashiribi ni/kokoro yaki ori*. Auzi muzicalitatea lor interioară?

Urechea de occidental a lui Robert Lecter nu putea sesiza muzica ascunsă, dar ştiind unde se află ea, se arătă entuziast:

– Da, sigur că da. Spune-mi ce înseamnă.

– Nici o şansă de a-l vedea/în noaptea fără lună/sânii mei stau/înfierbântaţi, iar inima e-n flăcări.

– Doamne, Sheba.

Ea avu grijă ca el să fie răsplătit pentru străduinţele sale.

În sala cea mare a castelului, ceasul înalt bătea ora târzie, iar ticăitul lui răsuna pe coridoare. Căţeaua mastiff, din coteţul ei, răspunse ceasului cu treisprezece lătrături scurte. Hannibal, în aşternuturile lui curate, adormi. Şi începu să viseze.

În grajd, aerul este rece, copiii sunt dezbrăcaţi de haine până la brâu iar Ochi-albaştri şi Mână-de-păianjen le pipăie braţele. Ceilalţi, în spatele lor, se foiesc precum hienele obligate să aştepte. Şi este acolo şi cel care îşi duce peste tot gamela după el. Mischa tuşeşte şi este fierbinte, îşi întoarce faţa să nu le mai simtă duhoarea respiraţiei. Ochi-albaştri strânge lanţul în jurul gâturilor lor. Pe faţa lui mai sunt urme de sânge şi pene de la pasărea pe care a hăpăit-o.

Glasul distorsionat al Omului-strachină: „Luaţi-o pe ea, oricum o să moarăăă. El o să stea proaspăăăt încă o vreme“.

Ochi-albaştri către Mischa: „Hai la joacă, hai la joacă!“

Ochi-albaştri începe să cânte şi Mână-de-păianjen i se alătură:

Ein Mannlein steht im Walde ganz still und stumm,
Es hat vonlauter Purpur ein Mantlein um

Omul-strachină își aduce gamela. Mână-de-păianjen ridică toporul, Ochi-albaștri o ține strâns pe Mischa, Hannibal urlă și se repede la el, înfigându-și dinții în obrazul lui Ochi-albaștri, Mischa, ridicată în aer, se zbate să-l vadă.

– Mischa, Mischa!

Urletele răsună pe culoarele de piatră și contele Lecter și Lady Murasaki se năpustesc în camera lui Hannibal. Sfâșiase plapuma cu dinții și penele pluteau prin aer, iar Hannibal mormăia și urla, lovind, luptând, scrâșnind din dinți. Contele Lecter îl stăpânește cu toată greutatea lui și reușește să-i bage mâinile și picioarele sub pătură.

– Ușor, ușor...

Temându-se pentru limba lui Hannibal, Lady Murasaki își smulge cordonul, îl apucă de nas până când este obligat să respire pe gură, apoi îi pune cordonul între dinți.

Tremură pe loc, asemenea unei păsări care moare. Halatul lui Lady Murasaki i se desface și ea îl strânge pe Hannibal la piept, fața lui plină de lacrimi de furie îngropată între sâni, penele înțepând-o în piept.

Dar ea pe conte îl întrebă:

– Ești bine?

16

Hannibal se sculă devreme şi se spălă în lavoar. O pană plutea în apă. Îşi amintea foarte vag cele întâmplate peste noapte.

În spatele lui auzi fâşâitul unei hârtii pe podeaua din piatră, un plic împins pe sub uşă. De bilet era legată o crenguţă de salcie. Hannibal ţinu biletul în mâini, la înălţimea ochilor, înainte de a-l citi.

Hannibal,

Aş fi deosebit de bucuroasă dacă m-ai vizita în salon la Ora Şarpelui. (Adică 10 dimineaţa, în Franţa.)

Murasaki Shikibu

Hannibal Lecter, în vârstă de treisprezece ani, cu părul lucind de la apă, stă în faţa uşii închise de la salon. Aude lăuta. Nu-i acelaşi cântec pe care îl auzise venind din baie. Bate la uşă.

– Intră.

Şi intră într-o combinaţie de cameră de lucru şi salon, cu o masă de lucru lângă fereastră şi un şevalet pentru caligrafie.

Lady Murasaki era aşezată la măsuţa joasă pentru ceai. Părul era ridicat, susţinut de agrafe din abanos. Cutele chimonoului şuierau în timp ce aranja florile.

Bunele maniere din orice cultură se suprapun, având un scop comun. Lady Murasaki îl întâmpină cu o uşoară şi graţioasă înclinare a capului.

Hannibal se înclină din talie, aşa cum îl învăţase tatăl lui. Văzu un firicel de fum albăstrui ieşind pe fereastră precum zborul îndepărtat al unei păsări şi vena albăstruie de pe antebraţul lui Lady Murasaki, aşa cum ţinea o floare, cu soarele luminându-i urechea. Lăuta lui Chiyoh se auzea încetişor din spatele unui paravan.

Lady Murasaki îl invită să stea în faţa ei. Vocea ei era de un alto plăcut, cu câteva note răzleţe care nu se găseau în gama occidentală. Lui Hannibal, graiul ei i se părea o melodie adusă de vânt.

– Dacă nu vrei să vorbim în franceză, engleză sau italiană, putem folosi cuvinte din japoneză, cum ar fi *kieuseru*. Înseamnă „a dispărea". Aranjă o tulpină, îşi ridică privirea de la flori şi se uită la el. Lumea mea din Hiroshima a dispărut într-o clipă. Şi lumea ta a fost făcută praf. Acum, tu şi cu mine avem lumea pe care ne-o facem împreună. În acest moment. În această încăpere.

Ridică florile de pe preşul de lângă ea şi le puse pe masă, lângă vază. Hannibal auzi foşnetul frunzelor şi al faldurilor mânecii ei atunci când îi întinse câteva flori.

– Hannibal, unde le-ai pune ca să aibă cel mai bun efect? Unde vrei tu.

Hannibal se uită la flori.

– Pe când erai mic, tatăl tău ne-a trimis din desenele tale. Aveai un ochi promiţător. Dacă preferi să desenezi aranjamentul, foloseşte foile de lângă tine.

Hannibal chibzui. Luă două flori şi cuţitul. Văzu arcadele ferestrelor, curbura şemineului unde ceaiul atârna deasupra focului. Tăie tulpinile florilor şi le puse în vază, dând o direcţie armonioasă aranjamentului floral şi încăperii. Puse tulpinile tăiate pe masă.

Lady Murasaki păru încântată.

– Ah, putem numi asta *moribana*, stilul direct. Ridică un bujor mătăsos. Pe unde l-ai pune? De fapt, l-ai folosi şi pe el?

În şemineu, apa din ceainic începu să clocotească. Hannibal o auzi, auzi apa clocotind, privi suprafaţa apei şi se schimbă la faţă, iar camera din jurul lui dispăru.

Cazanul de baie al lui Mischa pe plita din cabana de vânătoare, ţeasta căprioarei rostogolindu-se în apa clocotindă ca şi cum ar fi vrut să iasă afară. Oasele în apa clocotită.

Îşi reveni, înapoi în camera lui Lady Murasaki, iar bujorul, însângerat acum, era căzut pe tăblia mesei, cu cuţitul zăngănind lângă el. Hannibal se stăpâni, se sculă în picioare ascunzând la spate mâna însângerată. Se înclină către Lady Murasaki şi dădu să plece din cameră.

– Hannibal.

El deschise uşa.

– Hannibal.

Într-o clipă, ea era în picioare, lângă el. Îl ţinea de mână, îi susţinea privirea cu privirea ei şi nu-l atingea decât cu vârfurile degetelor. Îi atingea mâna însângerată şi atingerea ei produse o tresărire, o schimbare a deschiderii pupilelor lui.

– Trebuie cusută rana. Serge ne poate duce până în oraş.

Hannibal clătină din cap şi indică cu vârful bărbiei masa de lucru. Lady Murasaki îl privi drept în ochi, ca să se asigure.

– Chiyoh, fierbe acul şi aţa.

La fereastră, la lumină, Chiyoh îi aduse lui Lady Murasaki un ac şi aţa înfăşurată pe o agrafă din abanos, încă fierbinţi de la fiert. Lady Murasaki îi prinse cu fermitate mâna şi cusu în şase puncte degetul. Picături de sânge ajunseră pe chimonoul ei alb. Hannibal o privi liniştit în timp ce-l îngrijea. Nu dădu nici un semn că l-ar durea. Părea să se gândească la altceva.

Se uită cum se desfăşoară aţa de pe agrafă. Curbura acului depinde de diametrul agrafei, se gândi. Paginile din Huyghens risipite pe zăpadă, împreună cu creierul.

Chiyoh mai puse o frunză de aloe și Lady Murasaki îi bandajă mâna. Când i-o eliberă, Hannibal se duse la masa de ceai, ridică un bujor și îi tăie tija. Puse bujorul în vază, întregind aranjamentul elegant. Se întoarse către Lady Murasaki și Chiyoh.

Pe chipul lui trecu un tremur ușor, ca pe suprafața apei, și încercă să spună: „Mulțumesc". Ea îi răsplăti efortul cu cel mai delicat și mai bun zâmbet, dar nu-l lăsă să-și prelungească efortul.

– Vrei să vii cu mine, Hannibal? Mă ajuți să duc florile?

Urcară împreună scările către mansardă.

Ușa mansardei fusese cândva montată în altă parte a casei; un chip era sculptat pe ea, o mască grecească, de teatru. Lady Murasaki, ținând o lampă, deschise drumul prin mansarda enormă, printre lucrurile adunate acolo timp de trei secole, cufere, ornamente de pom, mobilier de grădină, din nuiele, costume de teatru Kabuki și Nô și un șir de marionete atârnate de o stinghie.

O lumină slabă venea de la o lucarnă mai îndepărtată de ușă. Lampa ei lumină un mic altar aflat în partea opusă a ferestrei. Pe altar se aflau imagini ale rudelor lui Hannibal. Deasupra imaginilor erau cocori din hârtie, tip origami, mulți cocori. Era acolo și o fotografie din ziua nunții părinților lui Hannibal. Hannibal se uită de aproape la mama și tatăl lui în lumina lumânării. Mama lui arăta foarte fericită. Singura flăcără era aceea a lumânării – hainele ei nu erau în flăcări.

Hannibal simți o prezență nedeslușită lângă el, apoi deasupra lui, care dispăru în întuneric. Când Lady Murasaki ridică oblonul lucarnei, lumina dimineții căzu asupra lui Hannibal și a prezenței întunecate de lângă el, străluci pe apărătorile de picioare, pe stindardul ținut în mânușile armurii, pe platoșa pentru piept, apoi pe masca de metal și coiful unui comandant de samurai. Armura se afla pe o platformă. Armele samuraiului, katana lungă și aceea scurtă, pumnalul și securea de luptă erau așezate pe un suport în fața armurii.

– Să punem florile aici, Hannibal, spuse Lady Murasaki curățând locul în fața altarului unde se aflau fotografiile părinților săi. Aici m-am rugat pentru tine și te sfătuiesc din tot sufletul să te rogi pentru tine, să consulți spiritele celor din familie pentru a căpăta înțelepciune și putere.

Fără prea multă politețe, el își înclină pentru o clipă capul către altar, dar îl furnica prezența armurii pe care o simțea lângă el. Merse la suportul pe care erau puse armele. Lady Murasaki îl opri să le atingă.

– Armura asta a stat în ambasada din Paris pe când tatăl meu era ambasador în Franța, înainte de război. Am ascuns-o de germani. O ating o singură dată pe an. De ziua stră-stră-străbunicului meu mă simt onorată să-i curăț armura și armele și să le ung cu ulei de camelii și ulei de cuișoare, care dau aroma asta încântătoare.

Ridică dopul unei sticluțe și-i dădu să miroasă.

Pe podium, înaintea armurii, se afla un pergament. Era derulat cât să se vadă prima lui parte, samuraiul purtând armura în fruntea alaiului său. Cum Lady Murasaki aranja lucrurile pe altar, Hannibal desfășură pergamentul până la următoarea imagine, în care samuraiul prezenta capetele învinșilor, fiecare inamic având prins numele de păr, sau de ureche, atunci când era chel.

Lady Murasaki îi luă cu blândețe pergamentul din mână și-l rulă atât cât să se vadă numai imaginea strămoșului în armură.

– Este după bătălia pentru castelul Osaka, spuse ea. Există și alte pergamente care te-ar putea interesa. Hannibal, pe unchiul tău, ca și pe mine, ne-ar bucura dacă ai deveni un om așa cum a fost tatăl tău, așa cum este unchiul tău.

Hannibal se uită întrebător la armură. Ea îi citi întrebarea pe chip.

– Și ca el? În unele lucruri, dar cu mai multă compasiune. Se uită la armură, apoi îi șopti lui Hannibal, zâmbind: Dar nu aș spune asta în fața lui, în japoneză. Se apropie de el cu lampa în mână. Hannibal, poți să ieși de pe tărâmul coșmarului. Poți să fii orice îți dorești. Vino pe tărâmul viselor. Vrei să vii împreună cu mine?

Era cu totul diferită de mama lui. Nu era mama lui, dar simțea în piept ceva pentru ea. Privirea lui pătrunzătoare o neliniști; alese să rupă vraja.

– Puntea către lumea viselor se află peste tot, dar trece mai întâi prin cabinetul doctorului, apoi prin sala de clasă, spuse ea. Vrei să vii?

Hannibal o urmă, dar căută mai întâi bujorul însângerat, pierdut printre celelalte flori, și îl puse pe podiumul din fața armurii.

17

Doctorul J. Rufin avea cabinetul într-o casă din oraş cu o mică grădină în faţă. Firma discretă de deasupra intrării avea trecute numele şi titlurile: *Docteur en Médecine, Ph.D., Psychiatre.*

Contele Lecter şi Lady Murasaki stau pe scaunele incomode din sala de aşteptare, printre pacienţii doctorului Rufin, dintre care unii au mari dificultăţi în a sta locului.

Cabinetul doctorului este în stil greoi, victorian, cu două fotolii în faţa şemineului, un şezlong cu o cuvertură cu ciucuri pe el şi, în apropierea ferestrei, o masă de laborator şi un sterilizator din oţel.

Doctorul Rufin, de vârstă mijlocie şi purtând barbă, şi Hannibal stau în fotolii, doctorul vorbindu-i cu o voce gravă şi plăcută.

– Hannibal, priveşte cum se balansează metronomul şi ascultă glasul meu, vei intra într-o stare pe care o numesc somn cu ochii deschişi. Nu-ţi cer să-mi vorbeşti, dar aş vrea să scoţi un sunet pentru da şi nu. Eşti liniştit, simţi cum aluneci.

Între ei, pe o masă, pendulul metronomului merge înainte şi înapoi. Un ceas cu semnele zodiacului şi heruvimi ticăie pe poliţa şemineului. În timp ce doctorul Rufin vorbeşte, Hannibal compară ritmul bătăilor metronomului cu acelea ale ceasului. Intră şi ies din fază. Hannibal se întreabă dacă, numărând intervalele între două momente în care se află în aceeaşi fază şi măsurând lungimea pendulului metronomului ar putea calcula lungimea pendulului nevăzut din ceas. Ajunge la concluzia că ar putea. Doctorul Rufin vorbeşte în tot acest timp.

– Un sunet scos din gura ta, Hannibal, orice sunet e bun.

Hannibal, cu ochii fixaţi la metronom, ascultător, scoase un fâsâit, suflând aer printre limbă şi buza de jos.

– Foarte bine, spuse doctorul Rufin. Rămâi calm în această stare de somn cu ochii deschişi. Şi ce sunet folosim pentru nu? Nu, Hannibal. Nu.

Hannibal scoase un sunet mai înalt, prinzându-şi între dinţi buza de jos şi suflând aerul din obraji printre dinţii de sus.

– Asta înseamnă comunicare, Hannibal, şi poţi să o faci. Crezi că putem merge mai departe, împreună?

Sunetul afirmativ al lui Hannibal fu destul de sonor ca să fie auzit din sala de aşteptare, unde pacienţii schimbară priviri temătoare. Contele Lecter puse picior peste picior şi îşi drese glasul, iar Lady Murasaki îşi roti cu graţie privirea către tavan.

Un om cu mutră de veveriţă spuse:

– Nu am fost eu.

– Hannibal, ştiu că somnul îţi este adeseori tulburat, spuse doctorul Rufin. Rămâi calm în starea de somn cu ochii deschişi; poţi să-mi spui lucrurile pe care le vezi în vis?

Hannibal, numărând bătăile, îi oferi doctorului Rufin un şuierat negativ.

Pe cadranul ceasului era gravată cifra romană IV, în loc de IIII, pentru a păstra simetria cu VIII din cealaltă parte. Hannibal se întrebă dacă ceasul bătea după numărul cifrelor romane – o bătaie care să însemne „cinci“ şi alta care să însemne „unu“.

Doctorul îi oferi o coală de hârtie.

– Poţi să scrii câteva dintre lucrurile pe care le-ai văzut? Strigi numele surorii tale, pe ea o vezi?

Hannibal încuviinţă cu o mişcare a capului.

În castelul Lecter, unele ceasuri aveau cadranul marcat cu cifre romane, altele nu, dar toate aveau IV în loc de IIII. Când domnul Jakov deschisese un ceas şi-i explicase mecanismul, îi povestise şi despre Knibb şi ceasurile lui cu inscripţii romane – ar fi interesant de vizitat Sala Ceasurilor pentru a vedea mecanismele. Se gândi să meargă imediat acolo, dar ar fi fost o întrerupere mult prea mare pentru doctorul Rufin.

– Hannibal. Hannibal. Vrei să scrii ce vezi când te gândeşti la ultima dată când ai văzut-o pe sora ta? Vrei să scrii ce imagine vezi?

Hannibal scrie fără să se uite la coala de hârtie, numărând în acelaşi timp bătăile metronomului şi pe acelea ale ceasului.

Uitându-se la foaia de hârtie, doctorul Rufin căpătă o speranţă.

– Îi vezi dinţii de lapte? Numai dinţii de lapte? Unde îi vezi, Hannibal?

Hannibal se întinse şi opri pendulul, aprecie lungimea acestuia şi poziţia greutăţii pe scala metronomului. Scrise pe hârtie: „Într-o căcăstoare, doctore. Pot să deschid ceasul?“

Hannibal aşteaptă afară, printre ceilalţi pacienţi.

– Era al tău, nu al meu, se oferi pacientul cu mutră de veveriţă. Trebuie să recunoşti asta. Ai o gumă?

– Am încercat să-l întreb mai multe despre sora lui, dar s-a închis în el, spuse doctorul Rufin.

În cabinetul de consultaţii, contele stătea în spatele scaunului lui Lady Murasaki.

– Ca să fiu sincer, este de neînţeles pentru mine. L-am examinat şi este întreg din punct de vedere fizic. Am descoperit cicatrice pe capul lui, dar nici o urmă de fractură. Bănui că emisferele lui cerebrale lucrează independent, aşa cum se întâmplă în urma unor traumatisme la cap, atunci când comunicarea între cele două emisfere este distrusă. Reuşeşte să urmeze simultan mai multe fire de gândire, fără ca unul să fie distras de celelalte, iar unul dintre fire este întotdeauna dedicat distracţiei.

Cicatricea de pe gât este urma lăsată pe piele de un lanț înghețat. Am mai văzut așa ceva imediat după război, după ce au fost deschise lagărele de concentrare. Nu va spune ce s-a întâmplat cu sora lui. Cred că știe, chiar dacă nu își dă seama, și în asta constă pericolul: mintea își amintește ceea ce-și permite să-și amintească în ritmul ei. Își va aminti atunci când va putea rezista amintirii.

Nu o să-l forțez și este inutil să-l hipnotizez. Dacă își amintește prea devreme, s-ar putea închide în el pentru totdeauna ca să fugă de durere. O să-l țineți acasă?

– Da, răspunseră imediat cei doi.

Rufin încuviință.

– Implicați-l cât puteți de mult în viața de familie. Când va ieși din coșmar, va fi mult mai atașat de dumneavoastră decât vă puteți imagina.

18

Începutul verii, cu nori de polen peste Essonne şi raţe prin stufăriş. Hannibal tot nu vorbeşte, dar doarme fără vise şi are poftele unui băiat de treisprezece ani.

Unchiul lui, Robert Lecter, este mai sentimental şi mai puţin sobru decât era tatăl lui Hannibal. Are un soi de nepăsare a artistului care s-a adăugat nepăsării datorate vârstei.

Exista o galerie pe acoperiş pe care se putea merge. Polenul se adunase în grămezi în locurile mai joase ale acoperişului, aurind muşchiul, iar păianjeni purtaţi de vânt se găseau peste tot. Printre copaci, se putea vedea şi cotul argintiu al râului.

Contele era înalt şi avea un aer păsăresc. Pielea îi era cenuşie în lumina puternică de pe acoperiş. Mâinile puse pe balustradă erau subţiratice, dar semănau cu mâinile tatălui lui Hannibal.

– Neamul nostru, noi suntem cumva altfel, Hannibal, spuse el. O învăţăm de timpuriu, bănuiesc că ştii deja asta. În timp, o să te obişnuieşti cu asta, dacă acum te stânjeneşte. Ţi-ai pierdut familia şi casa, dar acum ne ai pe mine şi pe Sheba. Nu-i o încântare? Tatăl ei a adus-o la o expoziţie de-a mea la Tokyo Metropolitan, acum douăzeci şi cinci de ani. Niciodată nu am văzut un copil mai frumos. Cincisprezece ani mai târziu, când el a devenit ambasador în Franţa, a venit şi ea. Nu-mi venea să cred ce noroc am şi m-am prezentat imediat la ambasadă, declarând că doresc să mă convertesc la şintoism. Mi-a spus că religia mea nu-i treaba lui. Niciodată nu a fost de acord cu mine, dar îi plăceau tablourile mele. Tablourile! Vino. Ăsta este atelierul meu.

Era o încăpere vastă la primul etaj al castelului. Pânze în diverse stadii de lucru stăteau pe şevalete sau erau înşirate pe lângă ziduri. Un şezlong se afla pe un podium şi, lângă el, într-un cuier, un chimono. O pânză acoperită se afla pe un şevalet din apropiere.

Trecură în camera alăturată, unde era un şevalet mai mare, acoperit cu hârtie albă de ziar, pe marginea căruia se aflau tuburi de culori şi bucăţi de cărbune.

– Am amenajat spaţiul ăsta pentru tine, atelierul tău, spuse contele. Aici poţi găsi salvarea, Hannibal. Când simţi că eşti gata să explodezi, desenează! Pictează! Cu mişcări ample, cu multă culoare. Nu încerca să te gândeşti la ce o să iasă, nu încerca să fii delicat. O să ai parte de suficientă delicateţe de la Sheba. Privi peste pomi, către râu. Ne vedem la masă. Roag-o pe Madame Brigitte să-ţi găsească o pălărie. O să ieşim la plimbare pe după-masă, după ce termini lecţiile.

După ce contele îl lăsă singur, Hannibal nu se duse imediat la şevalet; era curios ce se întâmpla în atelier, voia să ştie ce-i cu pânza în lucru. Puse mâna pe şezlong, atinse chimonoul şi-l duse la obraz. Ajunse în faţa şevaletului şi ridică acoperământul. Contele o picta pe Lady Murasaki, nud pe şezlong. Imaginea ajunse la ochii largi deschişi ai lui Hannibal, pupilele îi străluciră, licurici sclipiră în întuneric.

Se apropia înserarea şi Lady Murasaki organizase o cină la iarbă verde, de unde puteau vedea luna plină şi puteau auzi insectele. Aşteptau răsăritul lunii, Chiyoh cântând în întuneric la lăută, acompaniată de greieri. Un foşnet de mătase sau o urmă de parfum şi Hannibal ştia întotdeauna unde se afla Lady Murasaki.

Greierii din Franţa nu se puteau compara cu cei din Japonia, *suzumushi*, i-a explicat contele, dar mergea şi aşa. Contele încercase de mai multe ori, înainte de război, să aducă *suzumushi* din Japonia, pentru Lady Murasaki, dar nici unul nu supravieţuise drumului şi ei nu-i spusese niciodată asta.

În noaptea liniştită, în aerul ud după ploaie, se jucau de-a identificarea aromelor, Hannibal arzând beţigaşe parfumate, iar Chiyoh încercând să le identifice. Lady Murasaki cânta la koto în astfel de ocazii, pentru ca Chiyoh să se poată concentra, oferindu-i uneori indicii muzicale dintr-un repertoriu pe care Hannibal nu-l cunoştea.

A fost trimis să asiste la ore, la şcoala din sat, devenind ţinta curiozităţii celorlalţi deoarece nu scotea un cuvânt. În a doua zi, un bădăran mai mare scuipă în capul unui elev din clasa întâi, iar Hannibal îi rupse coccisul şi nasul. A fost trimis acasă, dar expresia de pe chipul său nu se schimbă nici un moment.

S-a ajuns să facă lecţii împreună cu Chiyoh, acasă. Chiyoh era logodită de mai mulţi ani cu fiul unui diplomat din Japonia, iar acum învăţa de la Lady Murasaki lucrurile pe care trebuia să le cunoască.

Modul de învăţare era foarte diferit de acela al domnului Jakov, dar temele abordate aveau o frumuseţe aparte, aşa cum era matematica domnului Jakov, şi Hannibal le considera fascinante.

Stând în lumina bună de la fereastra salonului ei, Lady Murasaki îl învăţă caligrafia, pictând pe hârtie de ziar, şi reuşi să obţină efecte deosebit de delicate cu o pensulă mare. Avea în faţă simbolul eternităţii, o formă triunghiulară, plăcută vederii. Lângă el, se afla cel al graţiei, titlul principal din ziarul pe care fusese pictat fiind „Doctor condamnat la Nürnberg".

– Acest exerciţiu se numeşte „Eternitatea din opt trăsături de penel", spuse ea. Încearcă.

La sfârşitul lecţiilor, Lady Murasaki şi Chiyoh făcură fiecare câte un cocor origami, cu intenţia de a-i pune pe altarul din mansardă.

Hannibal luă şi el o foaie de hârtie pentru origami ca să facă un cocor. Privirea întrebătoare aruncată de Chiyoh către Lady

Murasaki îl făcu să se simtă pentru o clipă ca un nechemat. Lady Murasaki îi întinse foarfeca. (Mai târziu avea să o mustre pe Chiyoh pentru scăpare, care nu era permisă în mediul diplomatic.)

– Chiyoh are o verişoară în Hiroshima, pe care o cheamă Sadako, interveni Lady Murasaki. Este pe moarte din cauza radiaţiilor. Sadako crede că, dacă va reuşi să facă o mie de cocori din hârtie, va supravieţui. Este slăbită şi fără putere, aşa că o ajutăm în fiecare zi făcând cocori de hârtie. Indiferent dacă ei sunt de folos sau nu, cât timp facem aceşti cocori ea este prezentă în gândurile noastre, împreună cu toţi ceilalţi care suferă de pe urma războiului. Tu o să faci cocori pentru noi, Hannibal, iar noi o să-i facem pentru tine. Să facem împreună cocorii pentru Sadako.

19

Joia, în sat era zi de târg şi umbrelele înconjurau fântâna şi statuia mareşalului Foch. Vântul aducea un miros de sărat şi acru de la negustorii de castraveţi muraţi, iar fructele de mare şi peştii, expuşi pe un pat de alge, aduceau mirosul oceanului.

Câteva radiouri se întreceau cu muzica lor. Flaşnetarul şi maimuţa, eliberaţi după micul dejun din obişnuita lor trecere prin închisoare, cântau la nesfârşit *Sous les Ponts de Paris*, până când primeau un pahar cu vin şi o prăjitură cu alune. Flaşnetarul sorbea dintr-o dată vinul şi oprea pentru el jumătate de prăjitură, maimuţa sesizând cu privirea ei ageră în care buzunar o ascundea stăpânul ei. Doi jandarmi îi dădeau flaşnetarului obişnuitul şi inutilul avertisment şi treceau către patiserie.

Lady Murasaki venea aici pentru Legumes Bulot, cea mai bună tarabă cu legume, lăptucile erau preferatele contelui şi se terminau devreme.

Hannibal o urmărea ducând coşul. Se opri să vadă cum un negustor de brânzeturi ungea cu ulei o coardă de pian şi tăia cu ea o roată de Grana. Negustorul îi oferi o înghiţitură şi-l rugă să recomande brânza doamnei.

Lady Murasaki nu zări lăptucile pe tarabă, dar, înainte să apuce să întrebe, Bulot scoase un coş cu lăptuci de sub tejghea.

– Doamnă, sunt cele mai bune, n-am vrut ca soarele să le ofilească. Aşteptându-vă, le-am acoperit cu o cârpă şi nu le-am stropit cu apă, ci cu roua din grădină.

În fața zarzavagiilor, Paul Momund stătea cu șorțul lui însângerat în spatele unui butuc de măcelar, curățând păsările și aruncând resturile într-o găleată, separând pipotele și ficații în două lighene. Măcelarul era un om solid, musculos, cu un tatuaj pe antebraț – o vișină și textul: *„Voici la Mienne, ou este la Tienne?"* Roșul cireșii era mai puțin aprins decât acela al sângelui de pe mâinile sale. Fratele măcelarului, mai îndemânatic la negustorie, se afla la tejghea sub firma „Măcelăria Momund".

Fratele lui Paul îi aduse o gâscă la tranșat. Paul trase o dușcă din sticla de rachiu de lângă el și se șterse pe față cu mâinile însângerate, lăsându-și urme de pene și de sânge pe obraji.

– Ia-o ușor, Paul, îi spuse fratele său. Avem o zi lungă în față.

– De ce nu ți-o bagi undeva? Mai bine ți-o bagi decât să i-o bagi, râse Paul distrându-se de unul singur.

Hannibal se uita la o căpățână de porc din galantar, când auzi glasul lui Paul:

– Hei, japonezo!

Și glasul lui Bulot, cel cu zarzavaturile:

– Vă rog, domnule! Nu se poate așa ceva!

Și Paul, din nou:

– Hei, japonezo, spune-mi, este adevărat că o aveți pusă de-a latul? Și puțin păr, ca un pămătuf?

Hannibal îl văzu atunci pe Paul, cu fața plină de sânge și pene, *exact ca Ochi-albaștri, ca Ochi-albaștri jumulind o pasăre.*

Paul se întoarse către fratele său.

– Îți spun eu, am avut una în Marsilia, care putea să-ți...

Pulpa de miel care lovi zdravăn moaca lui Paul îl răsturnă peste măruntaiele păsărilor, iar Hannibal fu imediat călare pe el, lovindu-l cu pulpa de miel până când îi alunecă din mână, apoi băiatul pipăi în spatele lui după cuțitul de măcelar, nu-l găsi, găsi măruntaiele de pasăre și i le aruncă în fața lui Paul, în timp ce măcelarul îl lovea cu mâinile însângerate. Fratele lui Paul îl lovi pe băiat după ceafă, ridică ciocanul de zdrobit oase de pe tejghea, iar Lady Murasaki aproape că zbură în mijlocul dughenii, i-l aruncă cât colo, apoi strigă:

– *Kiai!*

Lady Murasaki ţine cuţitul la gâtul fratelui măcelarului, aşa cum îl ţii când iei gâtul unui porc, şi spune:

– Staţi nemişcat, domnule.

Rămaseră aşa câteva momente lungi, cât se apropie fluieratul poliţiştilor, mâinile mari ale lui Paul în jurul gâtului lui Hannibal, iar ochii fratelui său ţintă la locul în care oţelul îi atingea gâtul, senzaţiile lui Hannibal, prezenţa tejghelei în spatele lui. Cei doi jandarmi trecând peste măruntaiele răsturnate, trăgându-i într-o parte şi în alta pe Paul şi pe Hannibal, unul din ei luându-l pe băiat de pe măcelar, ridicându-l de la pământ şi punându-l de cealaltă parte a tejghelei.

Vocea lui Hannibal era aspră din cauza lipsei exerciţiului, dar măcelarul îl înţelese. Spunea: „Bestie“, foarte calm. Suna mai degrabă ca o descriere, decât ca o înjurătură.

Secţia de poliţie din piaţă, cu un sergent în spatele ghişeului.

Comandantul jandarmilor era în civil, un costum şifonat de colonist. Avea aproape cincizeci de ani şi se vedeau pe el urmele războiului. În biroul lui, le oferi scaune lui Lady Murasaki şi lui Hannibal şi se aşeză şi el. Biroul era gol, cu excepţia unei sticle de Cinzano şi a unui flacon de Clanzoflat, pentru stomac. Îi oferi o ţigară lui Lady Murasaki. Ea refuză.

Cei doi jandarmi din piaţă bătură la uşă şi intrară. Stăteau aliniaţi la perete, studiind-o pe Lady Murasaki cu coada ochiului.

– S-a opus cineva, v-a lovit cineva? îi întrebă comandantul.

– Nu, domnule comandant.

Şi le ceru cu un semn restul mărturiei.

Jandarmul mai în vârstă îşi consultă carnetul.

– Bulot, de la zarzavaturi, declară că măcelarul s-a enervat şi a încercat să apuce cuţitul, urlând că-i va ucide pe toţi, chiar şi pe măicuţele de la biserică.

Comandantul își dădu ochii peste cap, privind tavanul, ca să se calmeze.

– Măcelarul a ținut partea celor de la Vichy și este urât de toți, după cum știți, spuse. O să vorbesc cu el. Îmi pare rău pentru ofensa suferită, Lady Murasaki. Tinere, dacă se va mai întâmpla ca această doamnă să fie jignită, să vii direct la mine. Înțelegi?

Hannibal aprobă.

– Vreau ca nimeni din această localitate să nu fie lovit, cu excepția cazului în care sunt eu obligat să fac asta. Comandantul se ridică și se proțăpi în fața băiatului. Scuzați-mă, doamnă. Hannibal, vino cu mine!

Lady Murasaki îl privi pe polițist. Acesta îi făcu un semn discret cu capul.

Comandantul îl duse pe băiat în partea din spate a secției de poliție, unde erau două celule, una ocupată de un bețiv adormit, cealaltă de abia eliberată de flașnetar și de maimuța lui, al cărei bol cu apă rămăsese pe podea.

– Intră acolo.

Hannibal se opri în mijlocul celulei. Comandantul închise ușa celulei cu un zăngănit care-l opri din sforăit pe bețiv.

– Uită-te pe jos. Vezi cât de lustruite sunt dalele? Sunt îmbibate cu lacrimi. Încearcă ușa. Hai. Ca să vezi că nu se deschide din partea aia. Temperamentul este un dar minunat, dar periculos. Folosește-ți judecata și nu o să stai niciodată într-o celulă ca asta. O singură dată sunt îngăduitor. Acum o fac cu tine. Dar să nu se mai întâmple așa ceva. Nu mai lovi pe nimeni cu hălci de carne.

Comandantul îi conduse pe Lady Murasaki și pe Hannibal la mașină. După ce Hannibal se urcă în mașină, Lady Murasaki mai rămase o clipă cu polițistul.

– Comandante, aș dori ca soțul meu să nu afle. Doctorul Rufin vă poate spune de ce.

El aprobă.

– Dacă o să afle din altă parte, o să-i spun contelui că a fost o bătaie între beţivi şi băiatul a ajuns la mijloc. Îmi pare rău că nu se simte bine contele. Altfel, este unul dintre cei mai fericiţi bărbaţi.

Ar fi fost posibil să nu afle nimic de incident, aşa cum lucra în izolarea castelului. Dar pe înserat, în timp ce fuma o ţigară, şoferul Serge se întoarse din târg cu ziarul de seară şi i-l puse alături.

Târgul de vinerea se ţinea în Viliers, la cincisprezece kilometri distanţă. Contele, cenuşiu la faţă şi nedormit, coborî din maşină când Paul Măcelarul ducea carcasa unui miel în dugheana lui. Bastonul contelui lovi buza de sus a lui Paul, apoi contele se repezi la el atacându-l cu bastonul.

– Jegule, mi-ai insultat soţia!

Paul aruncă halca de carne şi-l îmbrânci pe conte, care zbură peste tejghea, apoi acesta se întoarse ca să-l lovească iar, oprindu-se cu o privire mirată pe chip. Ridică mâna pe jumătate, apoi căzu cu faţa în jos pe podeaua măcelăriei.

20

Scârbit de bocete şi de ritmul imnurilor, şi de zgomotul de fond al funeraliilor, Hannibal Lecter, de treisprezece ani şi ultimul din neamul său, stătea în uşa bisericii lângă Lady Murasaki şi Chiyoh, dând mâna absent cu rudele îndoliate, femeile descoperindu-şi capul imediat ce ieşeau din biserică din cauza prejudecăţilor legate de baticuri, apărute după război.

Lady Murasaki asculta atentă şi dădea cu graţie răspunsurile potrivite.

Simţindu-i oboseala, Hannibal ieşi din ale lui şi se trezi că vorbeşte, ca ea să nu mai fie nevoită să facă asta, vocea lui recent recâştigată degenerând rapid într-un fel de croncănit. Dacă Lady Murasaki era surprinsă să-l audă, nu o arătă, ci-l luă de mână şi-l strânse delicat în timp ce întindea cealaltă mână următorului îndoliat.

Un cârd de ziarişti din Paris sosise să relateze despre decesul unui artist de marcă ce-i evitase pe tot parcursul vieţii lui. Lady Murasaki nu avea nimic să le spună.

În după-amiaza acelei zile nesfârşite, avocatul contelui sosi la castel însoţit de un reprezentant al Biroului de Taxe. Lady Murasaki le oferi un ceai.

– Doamnă, ezit să tulbur supărarea dumneavoastră, spuse funcţionarul de la taxe, dar dorim să fim siguri că aveţi suficient timp să faceţi alte aranjamente înainte ca acest castel să fie scos la licitaţie pentru datorii. Aş fi acceptat garanţia dumneavoastră pentru plata datoriilor, dar, dat fiind statutul dumneavoastră în Franța, este imposibil.

Până la urmă, sosi și noaptea. Hannibal o conduse pe Lady Murasaki până la ușa camerei, iar Chiyoh își așternu să doarmă în cameră cu ea.

Stătu mult timp treaz în camera lui, iar când adormi sosiră și visele.

Chipul rânjit și mânjit cu sânge și pene al lui Ochi-albaștri se transformă în chipul lui Paul Măcelarul, apoi se transformă la loc.

Hannibal se trezi în miezul nopții, dar visul nu încetă, chipurile apăreau ca niște holograme pe tavan. Acum, că putea să vorbească, nu mai țipa.

Se sculă și merse în atelierul contelui. Aprinse candelabrele din stânga și din dreapta șevaletului. Portretele de pe pereți, terminate sau încă în lucru, căpătaseră un alt statut acum, când creatorul lor dispăruse. Hannibal se simți cuprins de spiritul contelui, gândindu-se că s-ar putea să-i simtă respirația.

Pensulele curățate ale unchiului său se aflau într-o cutie de tablă, iar creta și cărbunele în cutiile lor. Portretul lui Lady Murasaki dispăruse, iar ea își luase și chimonoul din cuier.

Hannibal începu să deseneze cu mișcări ample, așa cum îl sfătuise contele, încercând să lase lucrurile să curgă, trasând dungi diagonale peste foaia de ziar, pete de culoare. Nu mergea. Încetă să se forțeze și urmări, pur și simplu, ce-i dezvăluia propria mână.

21

Hannibal stă pe o buturugă într-un luminiş de lângă râu, ciupind corzile lăutei şi privind o pânză de păianjen. Păianjenul este un păianjen negru de grădină, care îşi vede de ale lui. Pânza tremură în timp ce el lucrează la ea. Păianjenul pare incitat de lăută, alergând în diverse puncte ale pânzei ca să caute ce s-a prins acolo atunci când Hannibal ciupeşte corzile. Aproximează o melodie japoneză, dar ia şi note false. Se gândeşte la vocea plăcută, de alto, a lui Lady Murasaki, atunci când vorbeşte engleza, cu note ocazionale care nu ţin de gama occidentală. Păşi peste pânză şi merse mai departe. O gâză care zbura prea încet se prinse în plasa păianjenului şi acesta se repezi să o înfăşoare.

Aerul era cald şi liniştit, râul era ca o oglindă. Aproape de mal, gândaci de apă şi libelule zburau peste stufăriş. Paul Măcelarul vâslea cu o singură mână şi se lăsa să alunece în derivă către sălciile de pe ţărm. Greierii se auziră din cutia cu momeală a lui Paul, atrăgând o muscă roşie, care fugi când Paul prinse un greiere şi-l înfipse în cârlig. Aruncă undiţa sub sălcii şi pluta prinse viaţă imediat.

Paul trase afară peştele şi-l puse lângă ceilalţi, înşirat pe cârligele legate de lanţul atârnat peste bordul bărcii. Ocupat cu peştele, nu auzi zăngănitul din aer. Supse sângele peştelui de pe deget şi vâsli către stâlpul cheiului lângă care era parcată maşina lui. Folosi zidul de piatră ca să cureţe de solzi peştele şi-l aruncă într-o traistă, cu ceva gheaţă. Ceilalţi încă erau vii în apă şi trăgeau de sârmă, să se ascundă.

Un zbârnâit prin aer, o armonie străină Franţei. Paul se uită la maşina lui ca şi cum ar fi fost un zgomot mecanic. Urcă pe mal, încă având în mână cuţitul de pescar, şi îşi examină maşina, verifică antena de la radio şi cauciucurile. Se asigură că uşile sunt închise. Alt zbârnâit, acum sub forma unei suite de note.

Paul urmări sunetul, călcând în picioare nişte tufişuri, până în luminişul în care îl descoperi pe Hannibal, aşezat pe buturugă şi cântând la lăuta japoneză, a cărei cutie era proptită de o motoretă. Lângă el, era un caiet de desen. Paul se întoarse imediat la maşină şi cercetă filtrul de benzină, să vadă dacă nu cumva era înfundat cu făină sau zahăr. Hannibal nu-l privi până când măcelarul nu se întoarse în poiană şi ajunse în faţa lui.

– Paul Momund, măcelar, spuse Hannibal.

I se tulburase vederea de o lumină roşie, ca reflectată de gheaţă pe marginile unei lentile.

– Ai început să vorbeşti, fiu de curvă. Dacă te-ai jucat cu radiatorul meu, îţi iau gâtul. Nici un curcan pe aici ca să te ajute.

– Şi nici pe tine. Hannibal mai cântă câteva note. Ce ai făcut este de neiertat.

Hannibal aşeză lăuta şi luă creionul pentru schiţe. Uitându-se la Paul, îşi folosi degetul mic ca pe o gumă ca să facă o mică corectură schiţei.

Întoarse pagina şi se ridică, întinzându-i lui Paul foaia albă.

– Trebuie să-ţi ceri iertare în scris de la o anumită doamnă.

Mirosul lui Paul ajunsese la el – mătreaţă şi păr murdar.

– Băiete, eşti nebun să vii aici.

– Scrie că îţi pare rău, că eşti vrednic de dispreţ şi că nu vei mai ridica ochii la ea şi nu-i vei mai vorbi în piaţă.

– Să-mi cer iertare japonezei? râse Paul. Mai degrabă te arunc în râu să te spăl niţel. Puse mâna pe cuţit. Pe urmă îţi spintec pantalonii şi-ţi bag ceva unde nu ţi-ai dori.

Se apropie de Hannibal, iar acesta dădu înapoi către motoretă şi cutia lăutei. Se opri.

– Ai întrebat cum o are, cred. Cum spuneai că trebuie să fie?

– E maică-ta? Ale japonezelor sunt invers! Trebuie să te culci cu una şi o să vezi.

Paul se repezi, mâinile lui fiind gata să-l spulbere, dar Hannibal scoase dintr-o singură mişcare katana din cutia lăutei şi-l tăie pe Paul de-a latul burţii.

– Invers, aşa?

Urletul măcelarului răsună printre copaci şi păsările zburară în grabă. Paul îşi puse mâinile pe burtă şi ele i se acoperiră imediat de sânge. Privi în jos, la tăietură, şi încercă să ţină marginile ei lipite, dar intestinele i se scurgeau printre degete. Hannibal păşi într-o parte şi, rotindu-se, îl tăie pe Paul în zona rinichilor.

– Sau tangenţial la coloană?

Tăindu-l pe Paul în X, ochii şocaţi ai acestuia, încercarea măcelarului de a fugi, atins lângă claviculă, jetul de sânge arterial împroşcându-l în faţă pe Hannibal. Următoarele două lovituri îi taie tendonul lui Ahile şi cade schilodit, zbierând ca un juncan.

Paul Măcelarul stă proptit de buturugă. Nu-şi poate ridica mâinile.

Hannibal îl priveşte în ochi.

– Vrei să-mi vezi schiţele?

Îi arată caietul de desen. Capul lui Paul Măcelarul pe un platou, cu o etichetă legată de păr. Pe ea scrie *Paul Momund, măcelărie.* Vederea lui Paul se întunecă. Sabia lui Hannibal tresare şi Paul o vede o clipă pieziş, apoi sângele i se scurge şi rămâne în întuneric.

În propria întunecare, Hannibal aude glasul lui Mischa, la apropiera lebedei, spunând: „Oh, Anniba!“

Amiaza se termină. Hannibal stă în amurg, cu ochii închişi, lângă buturuga pe care este capul măcelarului. Deschide ochii şi se uită lung la el. Într-un târziu se ridică şi porneşte către chei.

Lanţul pe care sunt cârligele cu peştii prinşi îl face să se scarpine pe cicatricele de la gât. Peştii sunt încă vii. Îşi udă mâna înainte de a-i atinge şi-i eliberează unul câte unul.

– Fugiţi, spune, fugiţi, şi aruncă lanţul departe, în apă. Eliberează şi greierii. Fugiţi! le spune. Se uită în coş şi vede peştele curăţat de solzi şi simte o urmă de foame. Miam, spune.

22

Pentru majoritatea sătenilor, moartea violentă a lui Paul Măcelarul nu a fost o tragedie, primarul şi mai mulţi consilieri de-ai lor fiind împuşcaţi de nazişti pentru legături cu Rezistenţa, în timpul Ocupaţiei.

Cea mai mare parte din Paul zăcea pe masa de zinc din camera de îmbălsămare de la Pompes Funèbres Roget, unde îi luase locul contelui Lecter. În amurg, un Citroën Traction Avant, negru, trase în faţa firmei de servicii funerare. Un jandarm postat la uşă se grăbi să deschidă portiera maşinii.

– Bună seara, domnule inspector.

Bărbatul care coborî avea cam patruzeci de ani şi era extrem de îngrijit. Întorcând jandarmului salutul, cu un semn prietenesc, se întoarse către maşină şi le spuse şoferului şi unui alt ofiţer aflat în ea:

– Duceţi probele la secţia de poliţie.

Inspectorul îi descoperi pe proprietarul firmei de servicii funerare, Monsieur Roget, şi pe comandantul poliţiei în camera de îmbălsămare, plină de robinete, furtunuri şi vase emailate în dulapuri cu uşi de sticlă.

Comandantul se lumină la vederea poliţistului din Paris.

– Inspectore Popil! Mă bucur că aţi venit. Nu vă amintiţi de mine, dar...

Inspectorul îl cântări pe comandant.

– Ba da, desigur. Comandantul Balmain. L-ai predat pe De Rais la Nürnberg şi ai stat în spatele lui în timpul procesului.

– V-am văzut prezentând dovezile. Este o onoare pentru mine, domnule.

– Ce avem aici?

Asistentul directorului firmei de servicii funerare, Laurent, ridică acoperământul.

Trupul lui Paul Măcelarul încă mai era îmbrăcat, dungi roşii, în diagonală, acoperindu-l acolo unde se îmbibase sângele. Nu avea cap.

– Paul Momund, sau ce a mai rămas din el, spuse comandantul. Acesta este dosarul lui?

– Scurt şi urât, încuviinţă Popil. S-a ocupat de evreii din Orléans. Inspectorul cântări din ochi cadavrul, dădu roată, apucă braţul lui Paul, cu tatuajul mai evident acum pe pielea lipsită de culoare. Vorbi absent, ca şi cum ar fi vorbit de unul singur: Are urme pe mâini, cum s-a apărat, dar vânătăile de pe articulaţii sunt de câteva zile. S-a bătut de curând.

– Şi foarte des, spuse antreprenorul de pompe funebre.

– Sâmbăta trecută s-a bătut într-o cârciumă, se băgă şi Laurent, şi a rupt dinţii unui bărbat şi ai unei femei.

Laurent smuci din cap ca să ilustreze forţa loviturilor, şuviţa de păr din cap descoperindu-i chelia.

– O listă cu adversarii lui mai recenţi, ceru inspectorul. Se aplecă peste cadavru, mirosind. Nu aţi făcut nimic acestui corp, domnule Roget?

– Nu, domnule. Comandantul mi-a atras atenţia în mod special...

Inspectorul Popil arătă cu capul spre masă. Laurent se apropie şi el.

– Se simte mirosul unei substanţe pe care o folosiţi pe aici?

– Se simte miros de cianură, spuse antreprenorul de pompe funebre, Roget. A fost mai întâi otrăvit!

– Cianura miroase a migdale, spuse Popil.

– Miroase a pansament stomatologic, spuse Laurent, frecându-şi nervos fălcile.

Antreprenorul se întoarse către asistentul lui.

– Cretinule! Unde-i vezi tu dinţii?

– Da. Ulei de cuişoare, spuse inspectorul Popil. Comandante, pot să-l văd pe farmacist şi registrul de reţete?

Sub îndrumarea bucătarului, Hannibal găti peştele pe pat de ierburi, cu sare de mare, şi-l scoase acum de la cuptor. Arsura cedă sub cuţitul bucătarului şi fu îndepărtată, cu tot cu crusta de ierburi, iar bucătăria se umple de aroma minunată.

– Priveşte, Hannibal, spuse bucătarul. Cele mai bune bucăţi de la un peşte sunt fălcile. Ceea ce-i valabil la multe alte animale. Când serveşti la masă, oferă o bucată doamnei şi asta oaspetelui de onoare. Dacă mănânci singur, în bucătărie, păstrează-le pe amândouă pentru tine.

Serge intră aducând cumpărăturile de la băcănia din piaţă. Începu să descarce sacoşele şi puse deoparte lucrurile de mâncare.

În spatele lui Serge, Lady Murasaki apăru tăcută în bucătărie.

– L-am văzut pe Laurent la Petit Zinc, spuse Serge. Încă n-au găsit capul blestematului de măcelar. Spunea că a fost uns, închipuiţi-vă, cu ulei de cuişoare, de la dentist. Spunea...

Hannibal o zări pe Lady Murasaki şi-i tăie vorba lui Serge.

– Doamnă, trebuie să mănânci ceva. A ieşit aici ceva foarte bun, foarte bun.

– Şi am luat îngheţată de piersici şi piersici proaspete, spuse Serge.

Lady Murasaki îl privi lung pe Hannibal, drept în ochi.

El îi zâmbi, perfect calm.

– Piersici, spuse.

23

Miezul nopţii, Lady Murasaki stă în pat. Fereastra este deschisă şi adierea vântului aduce din curte mirosul unei mimoze înflorite. Se dezveli pentru a simţi curentul de aer pe mâini şi pe picioare. Ochii îi erau larg deschişi, privea la tavanul întunecat şi putea auzi chiar şi când clipea din ochi.

Jos, în curte, bătrâna căţea mastiff se agita în somn, nările i se deschideau larg ca să tragă mai mult aer. Îi apărură câteva cute pe frunte, apoi se relaxă iar visând plăcut la vânătoare şi la gustul sângelui în gura ei.

Deasupra camerei lui Lady Murasaki, în mansardă, podeaua trosni. Ceva greu, nu de la un şoarece. Lady Murasaki luă o gură de aer şi se ridică în picioarele goale pe podeaua rece, din piatră, a dormitorului. Îşi puse un chimonou uşor, îşi aranjă părul, adună câteva flori din vaza de pe hol şi, ţinând în mâini un sfeşnic, urcă scările către mansardă.

Masca sculpatată pe uşa mansardei îi zâmbi. Se îndreptă, puse mâna pe chipul sculptat şi apăsă. Simţi cum curentul de aer îi lipeşte chimonoul pe spate, o apăsare uşoară, iar departe, în mansarda întunecată, zări o lumină pâlpâitoare. Lady Murasaki merse direct către lumină, flacăra sfeşnicului ei făcând să strălucească masca Nô care o supraveghea, iar şirul de marionete tremurând la trecerea ei. Merse printre coşuri vechi de răchită şi cufere, în care se adunaseră anii petrecuţi cu Robert, spre altarul familiei şi armura lângă care ardeau lumânările.

Un obiect întunecat zăcea în fața armurii. Îi zări conturul în lumina lumânărilor. Își puse sfeșnicul pe lada din apropierea altarului și privi țintă căpățâna lui Paul Măcelarul pusă pe un platou înflorat din ceramică. Fața lui Paul era curată și palidă, buzele erau intacte, dar obrajii îi lipseau și din gură îi cursese puțin sânge în vas, care părea să fi făcut parte din decorațiunea florală. O etichetă era prinsă de părul lui Paul. Pe ea era scris de mână: *Momund, Măcelărie de lux.*

Capul lui Paul era orientat către armură, cu ochii ridicați către masca de samurai. Lady Murasaki își ridică și ea privirea și vorbi în japoneză.

– Bună seara, onorate strămoș. Iartă-mi nepotrivirea. Cu tot respectul, nu acesta era ajutorul la care mă gândeam.

Cu un gest automat, ridică o floare ofilită și un șiret de pe jos și le băgă în mânecă, în timp ce ochii ei priveau de jur împrejur. Katana lungă era la locul ei, la fel și securea de război. Sabia scurtă lipsea de la locul ei, de pe piedestal.

Făcu un pas înapoi, merse până la lucarnă și o deschise. Luă o gură de aer. Pulsul îi răsuna în urechi. Vântul îi flutura hainele și flăcările lumânărilor.

Un zăngănit în spatele costumelor Nô. O mască avea ochi care o priveau.

Spuse în japoneză:

– Bună seara, Hannibal.

Din întuneric, veni răspunsul tot în japoneză:

– Bună seara, doamnă.

– Putem continua în engleză, Hannibal? Sunt lucruri pe care nu aș dori să le afle strămoșii mei.

– Cum dorești, doamnă. Oricum, cunoștințele mele de japoneză s-au epuizat.

Ieși la lumina sfeșnicului, ducând cu el katana scurtă și o cârpă de curățat. Ea porni direct către el. Sabia cea lungă se afla în teacă, în fața armurii. Ar fi ajuns la ea, dacă ar fi fost nevoie.

– Ar fi trebuit să folosesc un cuţit de măcelărie, spuse Hannibal. Am luat katana lui Masamune-dono din cauză că mi se părea potrivită. Sper să nu te superi. Nu am ciobit lama. Măcelarul a fost moale ca untul.

– Mi-e teamă pentru tine.

– Te rog, nu fi îngrijorată. O să arunc... asta.

– Nu trebuia să faci asta pentru mine.

– Am făcut-o pentru mine, din cauză că te apreciez atât de mult, Lady Murasaki. Nu ai nici o răspundere pentru asta. Mă gândesc la faptul că Masamune-dono mi-ar fi permis să-i folosesc sabia. Este, într-adevăr, o unealtă uluitoare.

Hannibal puse katana scurtă la loc în teaca ei şi cu un gest plin de respect în faţa armurii o puse la loc pe piedestal.

– Tremuri, spuse el. Eşti perfect stăpână pe tine, dar tremuri ca o pasăre. Nu te-am atins decât cu o floare. Te iubesc, Lady Murasaki.

Jos, în curte, răsunară numai o dată cele două note ale sirenei de poliţie tipic franţuzeşti. Câinele mastiff se trezi şi începu să latre.

Lady Murasaki se grăbi către Hannibal, îi prinse mâinile, şi le lipi de faţă. Îl sărută pe frunte, apoi se auzi glasul ei viguros:

– Repede! Spală-ţi mâinile! Chiyoh are lămâi în camera ei.

Undeva, departe, în casă, se auzi cum cineva bate la uşă.

24

Lady Murasaki îl lăsă pe inspectorul Popil să aştepte o sută de bătăi de inimă înainte să apară în capul scărilor. El stătea în centrul foaierului, cu ajutorul alături, şi o privea cum coboară. Sesiză că este atent şi calm, ca un păianjen superb ce-şi priveşte pânza întinsă peste ochiul ferestrei, dincolo de care domneşte întunericul.

Respiraţia lui Popil se acceleră uşor la vederea lui Lady Murasaki. Sunetul fu amplificat în spaţiul foaierului, iar ea îl observă.

Coborî treptele ca şi cum ar fi făcut o singură mişcare, fără să poţi sesiza paşii făcuţi. Mâinile îi erau ascunse în mânecile largi.

Serge, cu ochii roşii, stătea într-o parte.

– Lady Murasaki, aceşti domni sunt de la poliţie.

– Bună seara.

– Bună seara, doamnă. Scuze că vă deranjez atât de târziu. Doresc să vă pun o întrebare referitoare la... nepotul dumneavoastră?

– Nepotul. Pot să văd legitimaţiile dumneavoastră? şi mâna îi ieşi lent din mânecă. Citi textul din legitimaţie şi examină fotografia. Inspectorul POP-il?

– Po-PIL, doamnă.

– Purtaţi Legiunea de onoare în fotografie, domnule inspector.

– Da, doamnă.

– Vă mulţumesc că aţi venit dumneavoastră personal.

Un parfum proaspăt şi delicat ajunse la Popil când îi întinse legitimaţia înapoi. Ea îl privi drept în faţă, ca să prindă momentul, şi obseră cum adulmecă şi cum i se schimbă privirea.

– Doamna...?

– Murasaki Shikibu.

– Doamna este contesa Lecter, şi ne adresăm dumneaei cu Lady Murasaki, titlul japonez, spuse Serge, mândru că vorbeşte astfel unui poliţist.

– Lady Murasaki, aş dori să vorbim între patru ochi, apoi să discut cu nepotul în aceleaşi condiţii.

– Cu tot respectul datorat funcţiei dumneavoastră, mă tem că este imposibil, domnule inspector, spuse Lady Murasaki.

– O, doamnă, ba este perfect posibil, răspunse inspectorul Popil.

– Sunteţi bine-venit în casa noastră şi puteţi vorbi oricând cu noi toţi.

– Bună seara, domnule inspector! se auzi glasul lui Hannibal din capul scărilor.

– Tinere domn, aş dori să mă însoţeşti, se întoarse inspectorul către Hannibal.

– Desigur, domnule inspector.

Lady Murasaki îi spuse lui Serge:

– Îmi aduci mantia?

– Nu este nevoie, doamnă, interveni Popil. Dumneavoastră nu veniţi cu noi. O să vă interoghez aici, mâine-dimineaţă, doamnă. Şi nu-i voi face nici un rău nepotului dumneavoastră.

– Este bine aşa, doamnă, spuse Hannibal.

În interiorul mânecilor, pumnii încordaţi ai lui Lady Murasaki se relaxară puţin.

25

Camera pentru îmbălsămare era întunecată şi cufundată în linişte, cu excepţia unor picături rare în chiuvetă. Inspectorul stă în uşă cu Hannibal, iar pe umerii şi pe încălţările lor se văd picături de ploaie.

Momund era deja acolo. Hannibal îi simţea mirosul. Aşteptă ca Popil să aprindă lumina, curios să vadă ce considera inspectorul a fi o imagine şocantă.

– Crezi că ai putea să-l recunoşti pe Paul Momund dacă l-ai vedea din nou?

– O să fac tot ce pot, domnule inspector.

Popil aprinse lumina. Cei de la pompele funebre scoseseră hainele lui Momund şi le puseseră în saci de hârtie, aşa cum primiseră instrucţiuni. Îi închiseseră abdomenul, acoperindu-l cu o bucată de impermeabil, şi-i puseseră un prosop peste gâtul retezat.

– Îţi aminteşti tatuajul măcelarului?

Hannibal dădu un ocol cadavrului.

– Da. Nu am citit ce scrie.

Băiatul se uită peste cadavru la inspectorul Popil. Şi zări strălucirea inteligentă din ochii acestuia.

– Ce scrie acolo? întrebă inspectorul.

– „Ăsta-i al meu, unde-i al tău?“

– Poate ar fi fost mai bine să scrie „Ăsta-i al tău, unde-i al meu?“ Asta este prima ta crimă, unde este capul meu? Ce crezi?

– Cred că toate astea nu sunt demne de dumneavoastră. Aşa sper. Vă aşteptaţi să sângereze în prezenţa mea?

– Ce a spus măcelarul doamnei de te-a înnebunit în aşa hal?

– Nu m-a înnebunit, domnule inspector. Ce scotea pe gură ofensa pe toţi cei din jur, inclusiv pe mine. Era un bădăran.

– Ce a spus, Hannibal?

– A întrebat dacă este adevărat că organul sexual feminin al japonezelor este pus de-a curmezişul, domnule inspector. Şi i s-a adresat cu „Hei, japonezo!“

– De-a curmezişul. Inspectorul Popil indică linia cusăturii de pe burdihanul lui Paul Momund. De-a curmezişul, adică aşa? Inspectorul îl scrută pe Hannibal. Dar nu descoperi nimic. Cum nu primise nici un indiciu, continuă cu o altă întrebare. Cum te simţi văzându-l mort?

Hannibal se uită la prosopul care acoperea gâtul.

– Detaşat, spuse el.

Poligraful instalat în secţia de poliţie era primul pe care îl vedeau poliţiştii de provincie şi le stârnise curiozitatea. Operatorul, care sosise de la Paris împreună cu inspectorul Popil, făcea tot felul de reglaje, unele numai ca să-i impresioneze, pe măsură ce tuburile electronice se încălzeau şi izolaţia adăugă mirosul ei de bumbac încins în atmosfera încărcată de mirosul transpiraţiei şi al ţigărilor. Atunci, inspectorul, privindu-l pe Hannibal cum urmăreşte aparatul, îi goni pe toţi ceilalţi din încăpere, cu excepţia băiatului şi a operatorului. Operatorul poligrafului ataşă captorii de Hannibal.

– Numele tău, spuse operatorul.

– Hannibal Lecter. Vocea băiatului era aspră.

– Vârsta?

– Treisprezece ani.

Acul indicator trecea liniştit peste hârtia aparatului.

– De cât timp te afli în Franţa?

– De şase luni.

Acul indicator trecea liniştit peste hârtie.

– Unde l-ai cunoscut pe măcelarul Paul Momund?

– Nu mi-a fost prezentat.

Acul nu se mişcă.

– Dar ştii cine era.

– Da.

– Te-ai certat, te-ai bătut cu Paul Momund în piaţă, în ziua de joi?

– Da.

– Mergi la şcoală?

– Da.

– Trebuie să mergi în uniformă la şcoală?

– Nu.

– Ştii ceva prin care te faci vinovat de moartea lui Paul Momund?

– Să ştiu?

– Limitează-te la răspunsuri cu da şi nu.

– Nu.

Liniile trasate pe tamburul poligrafului erau liniştite. Nici o creştere a tensiunii, nici o modificare în ritmul bătăilor inimii, respiraţia la fel de calmă şi egală.

– Ştii că măcelarul este mort.

– Da.

Operatorul făcu unele reglaje în măruntaiele maşinii.

– Ai studiat matematica?

– Da.

– Ai studiat geografia?

– Da.

– Ai văzut cadavrul lui Paul Momund?

– Da.

– L-ai ucis pe Paul Momund?

– Nu.

Nici o modificare în liniile trasate. Operatorul îşi scoase ochelarii, un semnal pentru Popil că terminase examinarea.

Un cunoscut răufăcător din Orléans, cu un cazier bogat, luă locul lui Hannibal pe scaun. Spărgătorul aşteptă cât timp inspectorul Popil şi operatorul poligrafului schimbară câteva cuvinte afară.

Popil scoase hârtia de pe tambur.

– O varză.

– Băiatul nu răspunde la nimic, spuse operatorul. Este un amărât de orfan de război şi are o extraordinară capacitate de autocontrol.

– Monstruos, spuse Popil.

– Doriţi să-l interogaţi mai întâi pe spărgător?

– Nu mă interesează, dar vreau să te ocupi de el. Şi o să-l cârpesc de câteva ori în faţa băiatului. Eşti atent?

Pe drumul în pantă care cobora spre sat, o bicicletă cu motor mergea cu luminile stinse, cu motorul oprit. Biciclistul purta haine negre şi o mantie neagră. În tăcere, bicicleta luă curba din capătul pieţei pustii, dispăru o clipă în spatele dubei poştei parcate în faţa oficiului poştal, biciclistul pedalând din greu, evitând să pornească motorul înainte de a ieşi din localitate.

Inspectorul Popil şi Hannibal stăteau în biroul comandantului. Inspectorul Popil citea etichetele de pe sticlele comandantului şi se gândea să tragă o duşcă.

Puse apoi rola de hârtie de la poligraf pe birou şi o derulă cu degetul. Pe hârtie apărura linia cu vârfuri şi văi. Vârfurile i se păreau conturul unui munte văzut prin ceaţă.

– Hannibal, l-ai omorât pe măcelar?

– Pot să vă pun o întrebare?

– Da.

– E cale lungă de la Paris. Sunteţi specializat în decesele măcelarilor?

– Specializarea mea o reprezintă crimele de război, iar Paul Momund era suspect pentru mai multe. Crimele de război nu au încetat la terminarea războiului, Hannibal. Popil se opri pentru a citi reclamele de pe toate feţele laterale ale scrumierei. Poate că-ţi înţeleg mai bine situaţia decât crezi.

– Care este situaţia mea, domnule inspector?

– Ai rămas orfan în timpul războiului. Ai trăit într-un orfelinat, te-ai închis în tine, cu familia dispărută. Iar într-un târziu frumoasa ta mătuşă vitregă le-a luat locul. Jucându-se cu cătuşele, Popil puse mâinile pe umerii lui Hannibal. Parfumul ei a îndepărtat duhoarea din orfelinat. Iar măcelarul s-a repezit la ea. Dacă l-ai ucis, pot să înţeleg asta. Spune-mi. Am putea ca, împreună, să ne adresăm judecătorului...

Hannibal se eliberă de atingerea lui Popil.

– „Parfumul ei a îndepărtat duhoarea“? Scrieţi poezii, domnule inspector?

– L-ai ucis pe măcelar?

– Paul Momund s-a ucis singur. A murit de prostie şi bădărănie.

Inspectorul Popil cunoştea bine partea întunecată a lumii şi acela era glasul pe care îl aştepta. Avea un timbru diferit şi era ciudat că poate ieşi din trupul unui băiat.

Nu mai auzise această frecvenţă, dar o recunoscu a fi diferită. De mult timp nu mai simţise febra vânătorii, nu mai avusese parte de un adversar care să merite. O simţea în braţe şi în cap. Trăia pentru asta.

O parte din el dorea ca spărgătorul de dincolo să fi săvârşit crima. O altă parte se întreba dacă Lady Murasaki nu va avea nevoie de companie cu băiatul internat într-o instituţie de specialitate.

– Măcelarul pescuia. Avea sânge şi solzi pe cuţit, dar nu era acolo nici un peşte. Bucătarul mi-a spus că ai adus un peşte grozav pentru cină. De unde îl aveai?

– Am pescuit, domnule inspector. Avem în permanenţă o undiţă lăsată la apă în spatele debarcaderului. Pot să vă arăt. Domnule inspector, dumneavoastră aţi dorit să vă ocupaţi de crimele de război?

– Da.

– Din cauză că v-aţi pierdut familia în război?

– Da.

– Îmi puteţi spune cum s-a întâmplat?

– Unii în luptă. Alţii au fost deportaţi în Răsărit.

– Aţi aflat cine este vinovatul?

– Nu.

– Dar erau cei de la Vichy, ca măcelarul.

– Da.

– Putem fi sinceri unul cu celălalt?

– Absolut!

– Vă pare rău că Paul Momund este mort?

În partea îndepărtată a pieţei, bărbierul satului, Rubin, ieşea de pe o stradă lăturalnică, făcându-şi plimbarea nocturnă cu micul său terrier. Domnul Rubin, după ce că stătea de vorbă toată ziua cu clienţii săi, noaptea continua să stea de vorbă cu câinele său. Trase câinele departe de treptele jegoase de la intrarea în secţia de poliţie.

– Trebuia să-ţi faci nevoile în grădina lui Felipe, când nu se uita nimeni, spuse Rubin. Aici ai putea să iei o amendă. Şi tu nu ai nici un ban. Eu o să plătesc.

În faţa oficiului, o cutie poştală pe un stâlp. Câinele se duse direct acolo şi îşi ridică piciorul.

Văzând un chip pe deasupra cutiei poştale, Rubin spuse:

– Bună seara, domnule, iar câinelui: Să nu-l deranjezi pe domnul!

Câinele scânci şi Rubin observă că nu se vedeau picioare în spatele cutiei poştale.

Bicicleta cu motor îşi continuă drumul, mult prea repede pentru cât era de întuneric. La un moment dat, când se apropie o maşină din sens contrar, biciclistul coborî şi se ascunse printre tufişurile de pe marginea drumului până când maşina ieşi din raza vederii.

În garajul castelului, farul bicicletei se stinse încet, iar motorul pocni în timp ce se răcea. Lady Murasaki îşi scoase mantia neagră şi, pe pipăite, îşi aranjă părul.

Blitzurile aparatelor poliţiei erau toate orientate către capul lui Paul Momund aflat pe cutia poştală. Pe frunte, chiar sub linia părului, fusese scris: „*Boche*". Beţivii şi muncitorii din schimbl de noapte se strânseseră să vadă.

Inspectorul Popil îl aduse pe Hannibal mai aproape şi-l privi în lumina reflectată de căpăţâna omului ucis. Nu observă nici o schimbare de expresie la băiat.

– Rezistenţa l-a ucis pe Momund până la urmă, spuse bărbierul şi le explică tuturor cum îl descoperise, uitând povestea cu câinele.

Cineva din mulţime spuse că Hannibal nu ar trebui să se uite la aşa ceva. O femeie mai în vârstă, o asistentă medicală în drum spre casă, o spuse cu glas tare.

Popil îl trimise acasă cu maşina poliţiei. Hannibal sosi la castel când se iveau zorile trandafirii şi rupse câteva flori înainte de a intra în casă, aranjându-le mai întâi în mâna lui. Poemul care să le însoţească îi veni în timp ce scurta o tulpină. Găsi încă umedă pensula lui Lady Murasaki din atelier şi o folosi ca să scrie:

Bâtlanul nopţii dezvăluit
de răsăritul lunii...
Care-i mai drag?

Hannibal dormi până ceva mai târziu. O visă pe Mischa în vara de dinaintea războiului, în cazanul de baie pus de dădacă în grădină, ca soarele să încălzească apa, cu fluturii zburând în jurul fetiţei, aflată în apă. Rupsese un fir de pătlăgea, iar ea strânsese planta purpurie, încălzită de soare.

Când se trezi, lângă uşă se afla un bilet şi un fir de glicină. Pe bilet scria: „Este bine să fii bâtlan, când eşti asaltat de broaşte“.

26

Chiyoh se pregătea pentru plecarea ei în Japonia băgându-i în cap lui Hannibal noţiuni elementare de japoneză, cu speranţa că el va reuşi să converseze cu Lady Murasaki, eliberând-o pe aceasta de efortul de a vorbi în engleză.

Descoperi că este un bun ucenic în tradiţia Heian, a comunicării prin poeme, şi se angajă cu el în schimbul de poeme, încrezătoare că aşa va acoperi lipsurile viitorului partener de discuţii. Îl făcu pe Hannibal să transpire căutându-şi cuvintele pentru Lady Murasaki, utilizând toate jurămintele pe care le credea a fi sacre pentru un occidental. Recurse şi la angajamente luate în faţa altarului din mansardă, ca şi la un jurământ de sânge care presupunea să-şi înţepe degetele cu un ac.

Dar nu puteau să ţină timpul în loc prin voinţa lor. Când Lady Murasaki şi Hannibal îşi făcură bagajele pentru Paris, Chiyoh se pregăti şi ea de plecare în Japonia. Serge şi Hannibal urcară cufărul lui Chiyoh în vagonul pentru bagaje în gara din Lyon, în timp ce Lady Murasaki stătea lângă ea în tren, ţinând-o de mână până în ultima clipă. Cineva din afară, care le-ar fi privit, ar fi putut să se gândească la faptul că sunt lipsite de orice urmă de emoţie, ca şi cum ar fi fost vorba de o simplă strângere de mână.

Pe drumul spre casă, Hannibal şi Lady Murasaki resimţiră dureros absenţa lui Chiyoh. Acum nu mai erau decât ei doi.

Apartamentul din Paris, lăsat liber de tatăl lui Lady Murasaki, înainte de război, avea un aer foarte japonez prin jocul subtil de umbre și suprafețe lăcuite. Dacă dezvelind mobila, piesă cu piesă, Lady Murasaki își adusese aminte de tatăl ei, ea nu lăsă să se vadă.

Ea și Hannibal traseră draperiile grele, lăsând soarele să intre. Hannibal privi jos, la Place des Vosges, toată în lumină, spațioasă și acoperită cu cărămizi roșii, ce dădeau senzația de căldură, una dintre cele mai frumoase piețe din Paris, în ciuda grădinii încă răvășite de război.

Aici, în acest loc, regele Henric al II-lea luase parte la turnir sub culorile Dianei de Poitiers și căzuse ucis de rana la ochi, nici măcar Vesalius, aflat lângă el, nemaiputând să-l salveze.

Hannibal închise un ochi și încercă să ghicească locul exact în care căzuse Henric – probabil chiar acolo unde stătea acum inspectorul Popil, ținând un ghiveci cu flori și uitându-se la ferestre. Hannibal nu se clinti.

– Cred că ai un vizitator, doamnă, spuse el peste umăr.

Lady Murasaki nu întrebă despre cine este vorba. Când se auzi ciocănitul la ușă, ea așteptă o clipă înainte să deschidă.

Popil intră cu ghiveciul cu flori și cu o pungă cu dulciuri de la Fauchon. A urmat un moment hazliu în care încerca să-și scoată pălăria având ambele mâini ocupate. Lady Murasaki îl ajută cu pălăria.

– Bine ați venit la Paris, Lady Murasaki. Florarul mi-a spus că planta asta va da foarte bine pe terasa dumneavoastră.

– Terasă? Oare mă supravegheați, inspectore, știți deja că am o terasă.

– Nu numai asta. M-am convins că aveți un hol la intrare și bănuiesc că există și o bucătărie.

– Trebuie să treceți din cameră în cameră?

– Da, asta este metoda mea, trec dintr-o cameră în alta.

– Până când ajungeţi unde?... Şi văzu cum el roşeşte uşor, aşa că-l lăsă în pace. Trebuie să o punem la lumină?

Hannibal despacheta armura, când cei doi ajunseră la el. Stătea lângă coş, cu masca de samurai în mâini. Nu-şi întoarse corpul către inspectorul Popil, ci numai capul, ca un uliu, şi se uită la poliţst. Văzând pălăria lui Popil în mâinile lui Lady Murasaki, Hannibal estimă dimensiunea şi greutatea capului acestuia la 19,5 cm şi şase kilograme.

– Chiar porţi masca aceea? întrebă inspectorul Popil.

– Încă nu mi-am câştigat acest drept.

– Sunt uimit.

– Purtaţi multele dumneavoastră decoraţii, domnule inspector?

– Atunci când o cere protocolul.

– Ciocolate de la Fauchon. Foarte inteligent, inspectore Popil. Vor îndepărta mirosul adus de la ţară.

– Dar nu şi parfumul de ulei de cuişoare. Lady Murasaki, trebuie să discutăm problema dreptului la rezidenţă.

Popil şi Lady Murasaki începură să vorbească pe terasă. Hannibal îi privi prin fereastră, revizuindu-şi estimarea făcută asupra pălăriei lui Popil la douăzeci de centimetri. Pe parcursul discuţiei, Popil şi Lady Murasaki mutară de mai multe ori ghiveciul pentru a vedea cum stă planta în soare. Păreau să simtă nevoia de a-şi ocupa mâinile cu ceva.

Hannibal nu continuă cu despachetatul armurii, ci îngenunche lângă coş şi rămase cu mâna pe mânerul din piele al săbiei scurte. Îl privi pe poliţist prin găurile măştii.

O putea vedea pe Lady Murasaki cum râde. Probabil că Popil spusese o frivolitate, iar ea râdea din politeţe, bănui Hannibal. Când se întoarseră, Lady Murasaki îi lăsă singuri.

– Hannibal, în momentul morţii sale, unchiul tău încerca să afle ce s-a întâmplat cu sora ta în Lituania. Pot să încerc şi eu asta. Este greu acum în Ţările Baltice – uneori sovieticii cooperează, dar de cele mai multe ori nu. Dar pot să încerc să iau urma.

– Mulţumesc.

– Ce-ţi aminteşti?

– Locuiam într-o cabană. A urmat o explozie. Îmi amintesc cum am fost luat de soldaţi, pe un tanc, şi dus în sat. Între aceste două momente nu ştiu. Încerc să-mi amintesc. Nu pot.

– Am vorbit cu doctorul Rufin. Nici o reacţie la asta. Nu a dorit să discute amănuntele întâlnirilor voastre. Din nou nici o reacţie. Dar mi-a spus că eşti foarte îngrijorat în legătură cu ea, aşa cum şi este normal. Spune că memoria îţi va reveni cu timpul. Dacă vreodată îţi aminteşti ceva, te rog să-mi spui.

Hannibal se uită calm la inspector.

– De ce nu?...

Dori să audă un ceas. Ar fi fost bine să audă un ceas.

– Când vorbeam despre... incidentul cu Paul Momund, ţi-am spus că mi-am pierdut rudele în război. Mi-a fost foarte greu să-ţi vorbesc despre asta. Ştii de ce?

– Spuneţi-mi de ce, domnule inspector.

– Pentru că mă gândesc că le-aş fi putut salva, mi-e groază să descopăr lucrurile pe care nu le-am făcut, dar le-aş fi putut face. Dacă trăieşti aceeaşi teamă, nu lăsa ascunse amintirile despre Mischa. Poţi să-mi spui orice.

Lady Murasaki intră în cameră. Popil se ridică în picioare şi schimbă subiectul.

– Liceul acela este o şcoală bună şi meriţi să mergi acolo. Dacă pot, o să te ajut. O să trec din când în când pe la şcoală ca să te văd.

– Dar aţi prefera să veniţi aici, spuse Hannibal.

– Unde sunteţi binevenit, completă Lady Murasaki.

– La revedere, domnule inspector, rosti Hannibal.

Lady Murasaki îl conduse pe Popil şi se întoarse furioasă.

– Inspectorul Popil te place, se vede pe mutra lui, afirmă Hannibal.

– Ce se poate vedea pe a ta? Este periculos să-l ispiteşti.

– O să descoperi că-i plicticos.

– Eşti bădăran. Este exact opusul tău. Dacă vrei să fii nepoliticos cu un musafir, fă-o în casa ta, preciză Lady Murasaki.

– Lady Murasaki, eu aici vreau să stau.

Furia începu să o părăsească.

– Nu. O să ne petrecem sărbătorile împreună, şi sfârşiturile de săptămână, dar trebuie să mergi la şcoală, aşa cum se cuvine. Ştii că o să stau cu mâna deasupra ta.

Şi ea încheie discuţia.

Deasupra lui. Mâna care ţinuse pălăria lui Popil se afla deasupra lui. Mâna care ţinuse cuţitul la gâtul fratelui lui Momund. Mâna care apucase capul măcelarului, îl aruncase într-o pungă şi-l pusese pe cutia poştală. Mâna ei peste palmele sale. De nepătruns chipul ei.

27

Broaştele erau păstrate în formaldehidă încă de dinainte de război, iar culorile care le diferenţiau organele dispăruseră demult. Era disponibilă una la fiecare şase elevi, în laboratorul urât mirositor al şcolii. Câte un grup de elevi era adunat în jurul fiecărei tăviţe în care se afla micuţul cadavru, resturile acestuia împrăştiindu-se pe masă în timp ce-l disecau. Clasa era rece, cărbunii încă erau raţionalizaţi, iar unii băieţi purtau mânuşi cu degetele tăiate.

Hannibal veni, se uită la broască, apoi se întoarse în banca lui ca să lucreze. Făcu două drumuri. Profesorul Bienville era suspicios, ca orice profesor, referitor la elevii care stăteau în fundul clasei. El se apropie dintr-o parte de Hannibal, iar suspiciunea lui fu împlinită atunci când descoperi că băiatul schiţează un chip de om în loc de o broască.

– Hannibal Lecter, de ce nu desenezi exemplarul de broască?

– Am terminat, domnule.

Hannibal ridică prima coală de hârtie şi apăru broasca, perfect schiţată, în poziţie anatomică şi circumscrisă precum omul din celebrul desen al lui Leonardo. Organele interne erau haşurate şi aveau umbre.

Profesorul se uită atent la faţa lui Hannibal. Îşi aranjă proteza dentară cu limba şi spuse:

– O să iau acest desen. Este cineva care trebuie să-l vadă. O să spun că este al tău. Apoi profesorul se întoarse la prima coală de pe planşeta lui Hannibal şi privi chipul. Cine este?

– Nu sunt sigur, domnule. Un chip pe care l-am văzut cândva.

De fapt, era mutra lui Vladis Grutas, dar Hannibal nu-i cunoştea numele. Era mutra pe care o văzuse la lumina lunii şi pe tavan.

În sfârşit, vacanţa.

În această primă toamnă după moartea contelui şi plecarea lui Chiyoh, Lady Murasaki săbise rapid. Pe când soţul ei mai trăia, ea organiza mese la iarbă verde pe o pajişte în apropierea castelului, împreună cu contele Lecter, Hannibal şi Chiyoh, pentru a vedea luna plină şi a asculta insectele.

Acum, pe terasa locuinţei din Paris, îi citea lui Hannibal o scrisoare de la Chiyoh referitoare la pregătirile de nuntă şi privea cum luna se împlineşte, dar nu se mai auzea nici un greiere.

Hannibal îşi strânse dis-de-dimineaţă patul din camera de zi şi porni călare pe bicicletă dincolo de Sena, în Jardins des Plantes, acolo unde tot aştepta să sosească o veste prin mesagerie. Azi avea noutăţi, un bilet şi o adresă...

Peste zece minute, la sud de Place Monge şi Rue Ortolan găsi magazinul: *Poissons Tropicaux, Petites Oiseaux et Animaux Exotiques.*

Hannibal luă o mapă din portbagajul bicicletei şi intră.

Numeroase rânduri de cuşti şi acvarii se aflau în prima încăpere a magazinului, şi totul era într-o continuă agitaţie: se auzea ciripitul păsărilor şi zgomotul roţilor în care alergau hamsterii. Mirosea a grăunţe, a pene calde şi a mâncare de peşte.

Dintr-o colivie din spatele casei, un papagal uriaş i se adresă lui Hannibal în japoneză. Un japonez bătrân, cu un chip plăcut, apăru din spatele magazinului, unde gătea.

– *Gomekudasai,* domnule? spuse Hannibal.

– *Irasshaimase,* domnule, răspunse proprietarul.

– Aveţi cumva greieri *suzumushi* la vânzare, domnule?

– *Non, je suis désolé,* domnule, zise proprietarul.

– *Non, je suis désolé,* domnule, repetă şi papagalul.

Proprietarul se încruntă la pasăre şi trecu pe engleză, ca să pună în dificultate pasărea băgăcioasă.

– Am câteva exemplare frumoase de greieri luptători. Luptători mândri, mereu victorioşi, recunoscuţi printre greierii de oriunde.

– Caut un dar pentru o doamnă din Japonia, care, în această perioadă a anului, suspină după cântecul greierilor *suzumushi*, spuse Hannibal. Alt fel de greiere nu ar fi potrivit.

– Niciodată nu v-aş propune un greiere din Franţa, al cărui cântec place numai din cauza asocierii sale cu acest anotimp. Dar nu am greieri *suzumushi* de vânzare. Poate ar fi amuzată de un papagal cu un bogat vocabular japonez, care acoperă aproape toate situaţiile uzuale.

– Poate că aveţi un greiere *suzumushi* al dumneavoastră?

Proprietarul privi în zare o clipă. Legea referitoare la importul de insecte era încă neclară în noua republică.

– Aţi dori să-l auziţi?

– Aş fi onorat, spuse Hannibal.

Proprietarul dispăru în spatele unei draperii şi se întoarse cu o colivie minusculă pentru greieri, cu un castravete şi un cuţit. Puse colivia pe tejghea, sub privirea lacomă a papagalului, şi tăie o felie subţire de castravete pe care o puse în colivie. Aproape imediat se auzi zgomotul de clopoţel al greierului *suzumushi*. Proprietarul ascultă fericit cântecul acestuia.

Papagalul imită cât putu de bine cântecul greierului, pe un ton mai gros, repetat de multe ori. Cum nu primi nimic, deveni atât de agresiv încât îi aminti lui Hannibal de unchiul Elgar. Proprietarul acoperi cuşca.

– *Merde*, se auzi de sub acoperământ.

– Credeţi că aş putea închiria un greiere *suzumushi*, să spunem cu o chirie săptămânală?

– La ce sumă v-aţi gândit? spuse proprietarul.

– Mă gândesc la un schimb, răspunse Hannibal. Scoase din mapă un mic desen în peniţă al unui cărăbuş pe un fir de iarbă.

Proprietarul, ţinând cu grijă desenul, se întoarse către lumină. Îl puse apoi lângă maşina de încasat.

– Aş putea să-i întreb pe colegii mei. Puteţi reveni după prânz?

Hannibal se plimbă, cumpără o prună de la piețari și o mâncă. Erau pe acolo magazine cu articole sportive, cu trofee în vitrine, o capră neagră, un cerb. În colțul vitrinei se afla o frumoasă carabină cu țeavă dublă, Holland & Holland, uimitor de bine lucrată, lemnul părând că a crescut direct din metal, iar împreună, lemn și metal, aveau curburile unui șarpe.

Arma era elegantă și frumoasă în același fel în care Lady Murasaki era frumoasă. Se gândi că nu dă bine sub trofee.

Proprietarul îl aștepta cu greierele.

– Veți înapoia colivia înainte de octombrie?

– Nu există nici o șansă să supraviețuiască toamnei?

– Ar putea rezista peste iarnă dacă îl țineți la cald. Să-mi aduceți colivia... la momentul potrivit. Îi dădu lui Hannibal și castravetele. Nu i-l dați pe tot odată, spuse el.

Lady Murasaki ieși pe terasă după ce își făcu rugăciunile, încă înnegurată la față.

Cinară la masa joasă de pe terasă, în lumina amurgului. Avea în față tăițeii când, premiat cu castravete, greierul o surprinse cu sunetul lui cristalin, cântând din întunericul din spatele florilor. Lady Murasaki părea să creadă că-l aude în vis. Dar se auzi din nou, sunetul de clopoțel al greierului *suzumushi*.

Ochii i se deschiseră și se trezi în prezent. Zâmbi către Hannibal.

– Tu și greierele cântați la unison cu inima mea.

– Inima mea speră să fie privită, să fie lăsată să cânte.

Luna răsări pe cântecul greierului. Terasa părea să se înalțe împreună cu ea, scăldată în lumină, ridicându-i deasupra pământului bântuit de umbre și le era suficient că sunt împreună.

Peste o vreme va spune că greierele fusese împrumutat, că trebuia dus înapoi înainte de sfârșitul lunii. Cel mai bine era să nu fie ținut mult prea târziu, toamna.

28

Lady Murasaki îşi trăia viaţa cu o certă eleganţă, dată de înzestrările naturale şi de gust, şi o făcea cu fondurile infime rămase după ce fusese vândut castelul şi fuseseră acoperite datoriile. I-ar fi oferit orice lui Hannibal, dar el nu cerea nimic.

Robert Lecter pusese deoparte bani pentru şcoala lui Hannibal, dar nu mai mulţi.

Cel mai important lucru din averea lui Hannibal era o scrisoare scrisă de el însuşi. Era semnată „Dr. Gamil Jolipoli, alergolog“, şi atrăgea atenţia celor de la şcoală că Hannibal are o reacţie puternică la praful de cretă şi trebuie să stea cât mai departe de tablă.

Cum notele lui erau foarte bune, ştia că profesorilor nu le pasă ce face cât timp ceilalţi elevi nu-l văd şi nu-i urmează prostul exemplu.

Liber să stea de unul singur în fundul clasei, era în stare să realizeze desene de păsări în peniţă şi acuarelă, în stilul lui Musashi Miyamoto, în timp ce asculta numai pe jumătate lecţiile.

Lucrurile japoneze erau la modă în Paris. Desenele erau mici şi se potriveau perfect în spaţiul limitat al pereţilor din apartamentele pariziene, încăpând perfect şi în bagajele turiştilor. Le semna cu o pecete, simbolul numit „Eternitatea din opt trăsături de penel“.

Exista o adevărată piaţă pentru aceste desene în Cartierul Latin, în micile galerii de pe Rue Sains-Pères şi Rue Jacob, chiar dacă proprietarii galeriilor îi cereau să-şi aducă lucrările după terminarea programului, pentru ca eventualii clienţi să nu vadă că sunt făcute de un copil.

Spre sfârşitul verii, cât timp, prin Grădinile Luxembourg, mai era lumină după ore, schiţa corăbiile de jucărie de pe heleşteu, aşteptând ora închiderii. Pe urmă pornea către Saint-Germain să lucreze în galerii – ziua de naştere a lui Lady Murasaki se apropia şi pusese ochii pe o piesă de jad din Place Furstenberg.

Reuşea să vândă schiţele corăbiilor unui decorator din Rue Jacob, dar schiţele în manieră japoneză le păstra pentru o galerie în care apăreau şi lucruri de furat, din Rue Saints-Pères. Desenele erau mult mai impresionante învechite şi înrămate şi găsise un bun specialist în înrămat, care-i lucra şi pe credit.

Pe urmă ducea totul, în spate, pe Boulevard Saint-Germain. Mesele scoase pe trotuar ale cafenelelor erau pline, iar clovnii îi sâcâiau pe trecători spre distracţia mulţimii adunate la Café Flore. Pe străzile mai mici din apropierea fluviului, Rue Saint-Benoit şi Rue de l'Abbaye, cluburile de jazz încă nu erau deschise, dar restaurantele te îmbiau.

Hannibal încerca să sară peste masa de la şcoală, o gustare poreclită „relicvele martirilor", şi examina meniurile în timp ce se plimba. Spera ca, în curând, să aibă fondurile necesare pentru o petrecere, şi căuta un local cu fructe de mare.

Domnul Leet, de la Galeriile Leet, se bărbierea pentru o întâlnire programată pe seară, când Hannibal a sunat la uşă. Luminile încă mai erau aprinse în galerie, chiar dacă draperiile erau trase. Leet era intolerant cu francezii, ca orice belgian, şi era gata să tragă în piept orice american, crezând că aceştia sunt dispuşi să cumpere orice. Galeria expunea lucrările unor pictori bine cotaţi, sculptură mică şi antichităţi, şi era recunoscută pentru peisaje marine.

– Bună seara, domnule Lecter, spuse Leet. Încântat să vă revăd. Sper că sunteţi bine. Vă rog să mă aşteptaţi cât timp ambalez un tablou, trebuie să plece în seara asta la Philadelphia, în America.

Experienţa îi spunea lui Hannibal că o primire atât de călduroasă ascunde intenţii mai puţin lăudabile. Îi oferi domnului Leet desenele, cu preţurile scrise clar.

– Pot să mă mai uit pe aici?

– Te rog!

Atât de plăcut era să fie departe de şcoală, privind nişte pânze bune. După o după-amiază de schiţat corabii pe heleşteu, Hannibal se gândea la apă, la problemele legate de reproducerea apei. Se gândea la ceaţa lui Turner şi la culorile acestuia, imposibil de imitat, şi trecea de la o lucrare la alta uitându-se la apă, la aerul de deasupra apei. Ajunse la o mică pictură expusă pe un şevalet, Canal Grande în plin soare, cu Santa Maria della Salute în fundal.

Era un Guardi din castelul Lecter. Hannibal o ştiu înainte să ştie, o străfulgerare a memoriei îi aduse în faţa ochilor tabloul familiar lui chiar în acea ramă. Poate că era o copie. Îl ridică şi-l studie mai atent. Rama avea câteva pete maronii în colţul din stânga, sus. Când era mic de tot, îi auzise pe părinţii săi spunând că pata se întinde ca o vulpe, şi pierduse minute în şir încercând să descopere acolo o vulpe. Pictura nu era o copie. Rama îi frigea mâinile.

Domnul Leet se întoarse în încăpere. Şi îşi exprimă nemulţumirea.

– Obiectele nu se ating decât atunci când suntem pregătiţi să cumpărăm. Iată cecul dumneavoastră. Şi râse. Este cam mult, dar oricum nu acoperă valoarea unui Guardi.

– Nu, nu astăzi. Data viitoare, domnule Leet.

29

Pierzându-şi răbdarea la sunetul clopoţeilor, inspectorul Popil bătea la uşa Galeriilor Leet din Rue Saints-Pères. Primit de proprietrul galeriei, atacă direct subiectul.

– De unde aveţi acel Guardi?

– L-am cumpărat de la Kopnik, când şi-a închis afacerea, spuse Leet. Şi se bosumflă gândindu-se cât de îngrozitor de francez arăta Popil în vesta lui. Spunea că îl are de la un finlandez, dar nu mi-a zis numele.

– Vreau să văd factura, insistă Popil. Aveţi obligaţia să supuneţi astfel de lucrări comisiei pentru obiecte de artă furate. Doresc să văd şi hârtia de acolo.

Leet compară lista obiectelor furate cu propriul catalog.

– Priviţi aici, este un Guardi, dar este descris diferit. Robert Lecter a trecut tabloul furat ca *Peisaj cu Santa Maria della Salute*, iar eu am cumpărat lucrarea drept *Peisaj cu Canal Grande*.

– Am mandat să sechestrez lucrarea, indiferent de numele ei. O să primiţi un act justificativ. Găsiţi-mi-l pe acest „Kopnik“, domnule Leet, şi veţi evita multe neplăceri.

– Kopnik a murit, domnule inspector. Era asociatul meu în această firmă. Se numea Kopnik şi Leet. Leet şi Kopnik ar fi sunat mai bine.

– Aveţi registrele lui?

– Avocatul s-ar putea să le aibă.

– Căutaţi-le, domnule Leet, căutaţi-le bine! spuse Popil. Vreau să aflu cum a ajuns lucrarea aceasta din castelul Lecter în Galeriile Leet.

– Lecter, spuse Leet. Băiatul cu desenele?

– Da.

– Extraordinar, continuă Leet.

– Da, extraordinar, îi răspunse Popil. Ambalaţi lucrarea, vă rog.

Leet apăru după două zile în Quai des Orfèvres, cărând după el un morman de hârţoage. Popil îi găsi pe coridor un loc în care să aştepte, lângă Sala de audieri 2, unde interogatoriul zgomotos al unui suspect de viol era punctat de lovituri şi de ţipete. Înainte de a-l primi în biroul lui, Popil îl lăsă pe Leet un sfert de oră să fiarbă în suc propriu în această atmosferă.

Negustorul de artă îi întinse o recipisă. Ea dovedea că acel Kopnik cumpărase un Guardi de la Eppu Makinen, pentru opt mii de lire sterline.

– Consideraţi asta ca fiind convingătoare? întrebă Popil. Eu, nu.

Leet îşi drese glasul şi privi podeaua. Trecură douăzeci de secunde lungi.

– Procurorul este gata să demareze ancheta împotriva dumneavoastră, domnule Leet. Este un calvinist din soiul cel mai sever, ştiţi asta?

– Tabloul a fost...

Popil ridică mâna, îndemnându-l să tacă.

– Pentru moment, să uităm de problema asta. Să vă gândiţi că pot să intervin pentru dumneavoastră, dacă o să vreau. Aş dori să mă ajutaţi. Vă rog să vă uitaţi la asta. Şi îi întinse lui Leet un teanc de foi îngălbenite, bătute la maşină. Este lista lucrărilor pe care Comisia pentru Artă le aduce la Paris din colecţia müncheneză Point. Toate sunt lucrări furate.

– Şi vor fi expuse la Jeu de Paume.

– Da, cei care le revendică le vor putea vedea acolo. Pagina a doua, pe la jumătate. Este încercuit.

– *Puntea Suspinelor,* Bernardo Bellotto, treizeci şi şase pe treizeci şi trei de centimetri, ulei pe lemn.

– Cunoşti lucrarea? întrebă Popil.

– Am auzit de ea, desigur.

– Dacă este originalul, a fost luată din castelul Lecter. Ştii că este mereu comparată cu o altă *Punte a Suspinelor.*

– A lui Canaletto, da, pictată în aceeaşi zi.

– De asemenea luată din castelul Lecter, probabil furată în aceeaşi zi şi de aceeaşi persoană, spuse Popil. Cât ai scoate vânzând lucrările împreună şi nu separat?

– De patru ori mai mult. Nici un om cu capul pe umeri nu le-ar separa.

– Deci au fost separate din ignoranţă sau din întâmplare. Două tablouri ale Punţii Suspinelor. Dacă persoana care le-a furat ar deţine una din ele, nu şi-ar dori să o obţină şi pe cealaltă? întrebă Popil.

– Foarte mult.

– O să se facă publicitate în jurul acestei picturi când va fi expusă la Jeu de Paume. O să mergem împreună la expoziţie şi o să încercăm să aflăm ce zvonuri apar în jurul ei.

30

Invitaţia pe care o avea la Jeu de Paume o aduse pe Lady Murasaki în fruntea mulţimii care se înghesuia în Tuileries, nerăbdătoare să vadă peste cinci sute de lucrări de artă furată, recuperate din colecţia müncheneză Point de Comisia Aliată pentru Monumente, Artă şi Arhive, în încercarea de a-i găsi pe deţinătorii de drept.

Câteva piese făcuseră a treia oară drumul între Franţa şi Germania, fiind mai întâi furate de Napoleon din Germania şi aduse în Franţa, apoi furate de germani şi duse acasă, pentru a fi aduse încă o dată în Franţa de Aliaţi.

Lady Murasaki descoperi la parterul de la Jeu de Paume un talmeş-balmeş de imagistică occidentală. Picturi religioase sângeroase acopereau întreg peretele din capăt, un fel de măcelărie a lui Hristos.

Spre uşurarea ei, se întoarse către o natură moartă, o pictură luminoasă a unui bufet somptuos, în care neaşteptat era numai un copoi spaniol gata să fure o şuncă. Dincolo de el erau pânze mari, atribuite şcolii lui Rubens, care reprezentau femei rumene, înconjurate de copilaşi durdulii, cu aripioare.

Acolo prinse inspectorul Popil privirea lui Lady Murasaki, îmbrăcată într-o copie de Chanel, zveltă şi elegantă în faţa nudurilor rozalii ale lui Rubens.

Popil îl remarcă şi pe Hannibal, care urca scările de la celălalt nivel. Inspectorul nu îi ieşi în întâmpinare, ci stătu la pândă.

Acum îi vedea pe amândoi, frumoasa japoneză şi cel de care avea grijă. Popil era curios să vadă cum se salută; se opriseră la câţiva paşi unul de celălalt şi, fără să facă un gest, se recunoscură cu un zâmbet. Pe urmă se îmbrăţişară. Ea îl sărută pe frunte pe Hannibal şi-i atinse obrajii, apoi începură brusc să discute.

Deasupra locului în care se salutaseră atât de călduros, se afla o copie după *Judith şi Holofern*, a lui Caravaggio. Popil s-ar fi amuzat înainte de război. Acum simţi furnicături pe ceafă.

Popil prinse privirea lui Hannibal, apoi se îndreptă către un mic birou de lângă intrare, unde îl aştepta Leet.

– Cei din München spun că pictura a fost rechiziţionată de la un contrabandist de la graniţa poloneză, acum un an şi jumătate, spuse Popil.

– A spus mai multe? A spus care este sursa? întrebă Leet.

Popil negă.

– Contrabandistul a fost sugrumat în închisoarea militară americană din München, de un deţinut german. Deţinutul a dispărut în aceeaşi noapte, probabil pe filiera Draganovici. Am ajuns într-o fundătură.

– Lucrarea este expusă cu numărul optzeci şi opt, lângă colţ. Domnul Leet spune că pare adevărată. Hannibal, poţi să-mi spui dacă este tabloul din casa ta?

– Da.

– Dacă este tabloul tău, Hannibal, freacă-ţi bărbia. Te-ai apropiat şi eşti bucuros că îl vezi, numai în trecere te interesează cine l-a furat. Eşti lacom, îl vrei înapoi şi vrei să-l vinzi cât se poate de repede, dar ai dori să ai cât mai repede şi perechea lui. Fii dificil, Hannibal, egoist şi răsfăţat, mai spuse Popil, fără să-şi ascundă uşurarea. Crezi că poţi să te descurci? Ceartă-te puţin cu paznicul. Persoana cu pricina doreşte să te contacteze, nu să fie contactată. Eu şi Leet o să fim pe acolo, dă-ne câteva minute în avans. Hai, îi spuse Popil lui Leet. Tot ce facem este legal, nu trebuie să te ascunzi.

*

Hannibal şi Lady Murasaki priveau un lung şir de picturi de mici dimensiuni.

Pe urmă, la nivelul privirii, *Puntea Suspinelor.* Vederea ei îl afectă pe Hannibal mai mult decât descoperirea lui Guardi; în pictura asta revedea chipul mamei sale.

Alţi oameni îi înghesuiau acum, cu lista lucrărilor în mâini, cu documentele care dovedeau dreptul de proprietate strânse la piept. Printre ei se afla un om înalt, într-un costum atât de britanic încât haina părea că are eleroane.

Ţinându-şi lista în faţă, stătea suficient de aproape de Hannibal ca să audă.

– Acest tablou era unul din cele două aflate în budoarul mamei mele, spuse Hannibal. Când am părăsit pentru ultima dată castelul, ea mi le-a dat şi m-a rugat să i le duc bucătarului. Mi-a spus să nu le pătez spatele.

Hannibal luă tabloul de pe perete şi-l întoarse. Îi apărură aceleaşi scânteieri în faţa ochilor. Acolo, pe spatele tabloului, era schiţa în cărbune a unei mâini de copil, aproape ştearsă, doar degetul mare şi arătătorul se mai vedeau. Desenul era protejat de o foaie de calc.

Hannibal se uită lung la el. În mintea lui văzu degetul mare şi arătătorul mişcându-se, ca o vibraţie fină.

Făcu un efort să-şi amintească instrucţiunile lui Popil. „Dacă este tabloul tău, freacă-ţi bărbia."

Inspiră adânc şi dădu semnalul.

– Este mâna lui Mischa, îi spuse lui Lady Murasaki. Când aveam opt ani, s-au făcut renovări. Tabloul şi perechea lui au fost puse pe un divan din camera mamei mele şi acoperite cu o pânză. Eu şi Mischa am intrat pe sub pânză; era cortul nostru, eram nomazii deşertului. Am luat un cărbune din buzunar şi i-am trasat conturul mâinii, ca să ţin departe duhurile necurate. Părinţii au fost furioşi, dar pictura nu a fost distrusă, aşa că, până la urmă, cred că s-au amuzat.

Un bărbat cu pălărie de fetru se apropie în grabă, cu ecusonul atârnat de un fir în jurul gâtului.

„Reprezentantul Monumentelor va ridica tonul, ceartă-te puţin cu el", îl instruise Popil.

– Te rog, nu face asta. Te rog, nu-l atinge, spuse funcţionarul.

– Nu l-aş atinge dacă nu ar fi al meu, spuse Hannibal.

– Până când nu vei dovedi că eşti proprietarul, nu-l atinge, sau voi pune să fii escortat în afara clădirii. Aşteaptă să aduc pe cineva de la Registru.

Imediat ce funcţionarul îl părăsi, bărbatul în costumul englezesc se lipi de el.

– Sunt Alec Trebelaux, spuse. Aş putea să-ţi fiu de ajutor.

Inspectorul Popil şi Leet priveau de la douăzeci de metri distanţă.

– Îl cunoşti? întrebă Popil.

– Nu, răspunse Leet.

Trebelaux îi invită pe Hannibal şi pe Lady Murasaki la adăpostul oferit de cadrul unei ferestre. Avea spre cincizeci de ani, iar chelia şi mâinile îi erau arse de soare. La lumina bună venită de afară, se vedea mătreaţa din sprâncenele lui. Hannibal nu-l mai întâlnise niciodată.

Cei mai mulţi dintre bărbaţi erau bucuroşi să o întâlnească pe Lady Murasaki. Trebelaux nu era, iar ea simţise imediat acest lucru, deşi era plin de dulcegării.

– Sunt încântat să vă cunosc, doamnă. Se află sub tutela dumneavoastră?

– Doamna este consilierul meu, spuse Hannibal. Cu mine staţi de vorbă.

„Fii lacom, spusese Popil. Lady Murasaki va tempera întreaga discuţie."

– Şi mai este şi problema tutelei, domnule, rosti Lady Murasaki.

– Dar este tabloul meu, contracară Hannibal.

– Trebuie să vă expuneţi pretenţiile în faţa comisiei, iar aceasta are deja de lucru pentru un an şi jumătate. Tabloul va fi sechestrat până atunci.

– Sunt la şcoală, domnule Trebelaux, şi speram să...

– Aş putea să te ajut, spuse Trebelaux.

– Spuneţi-mi cum, domnule.

– Am o audiere programată peste trei săptămâni.

– Sunteţi şi negustor de artă, domnule? întrebă Lady Murasaki.

– Aş fi colecţionar, dacă aş putea, doamnă. Dar, ca să cumpăr, mai întâi trebuie să vând. O plăcere să ţin în mâinile mele obiecte frumoase, chiar dacă este pentru scurt timp. Colecţia familiei, de la castelul Lecter, era de mici dimensiuni, dar deosebită.

– Cunoaşteţi colecţia? întrebă Lady Murasaki.

– Pierderile de la castelul Lecter au fost trecute în catalog chiar de regretatul Robert Lecter, aşa cred.

– Şi puteţi prezenta cazul meu la următoarea audiere? întrebă Hannibal.

– Dacă ridicaţi pretenţiile conform Convenţiei de la Haga, din 1907, daţi-mi voie să vă explic cum...

– Da, articolul patruzeci şi şase, am discutat despre el, spuse Hannibal privind-o pe Lady Murasaki şi lingându-se pe buze, ca să pară şi mai lacom.

– Dar am discutat despre multe alte opţiuni, Hannibal, mai spuse Lady Murasaki.

– Şi dacă nu vreau să vând, domnule Trebelaux? dori să afle Hannibal.

– Va trebui să-ţi aştepţi rândul în faţa comisiei. Vei fi adult până atunci.

– Acest tablou este o parte a unei perechi, aşa mi-a explicat soţul meu, zise Lady Murasaki. Valorează mult mai mult împreună. Ştiţi cumva unde se află cel al lui Canaletto?

– Nu, doamnă.

– Ar merita să aflaţi unde se află, domnule Trebelaux. Şi-i căută privirea acestuia. Puteţi să-mi spuneţi unde vă pot găsi eu? mai întrebă ea spubliniind acel „eu“.

El îi dădu numele unui mic hotel din apropiere de Gare de l'Este, dădu mâna cu Hannibal fără să-l privească, apoi dispăru în mulţime.

Hannibal se înregistră ca pretendent, apoi el şi Lady Murasaki se plimbară prin talmeş-balmeşul lucrărilor de artă. Vederea urmei mâinii lui Mischa îl lăsase amorţit, cu excepţia feţei, pe care îi simţise atingerea, când îi mângâia obrajii.

Se opri în faţa unei tapiserii intitulate *Jertfa lui Isaac* şi o privi o vreme.

– Peretele coridorului de sus era acoperit cu tapiserii, spuse el. Dacă stăteam pe vârfuri, le puteam atinge marginea de jos. Întoarse colţul ţesăturii şi privi pe spatele ei. Întotdeauna mi-a plăcut partea asta a unei tapiserii. Nodurile şi firele din care este alcătuită imaginea.

– Precum gândurile încâlcite, şopti Lady Murasaki.

Lăsă să cadă colţul tapiseriei şi Avraam se înfioră, ţinându-l de beregată pe fiul său, în timp ce îngerul întindea mâna să oprească cuţitul.

– Crezi că Dumnezeu voia să-l mănânce pe Isaac şi de asta i-a spus lui Avraam să-l omoare? întrebă Hannibal.

– Nu, Hannibal. Desigur că nu. Îngerul a intervenit la timp.

– Nu întotdeauna, spuse Hannibal.

Când Trebelaux îi văzu părăsind clădirea, îşi udă batisa în toaleta bărbaţilor şi se întoarse la tablou. Se uită scurt în jur. Nici un funcţionar al muzeului nu se afla în preajmă. Emoţionat, luă tabloul, ridică foaia de calc, iar cu batista udă şterse urma mâinii lui Mischa de pe spate. S-ar fi putut întâmpla şi în timpul manipulării neatente a lucrării. Era suficient ca să îndepărteze valoarea sentimentală.

31

Ofiţerul în civil René Aden aşteptă în faţa hotelului lui Trebelaux până când văzu că se stinge lumina în blocul de trei etaje, fără lift. Pe urmă se îndreptă către gară, pentru o gustare, şi fu suficient de norocos să se întoarcă la post la timp ca să-l vadă pe Trebelaux ieşind din hotel şi cărând după el o geantă sport.

Trebelaux luă un taxi din şirul aflat în faţă la Gare de l'Este şi traversă Sena până la baia de aburi din Rue de Babylone, unde şi intră. Aden parcă maşina lui fără însemne în zona rezervată pompierilor, numără până la cincizeci, apoi intră şi el. Aerul era dens şi totul mirosea a frecţie. Oameni în halate de baie citeau ziare tipărite în mai multe limbi.

Aden nu dorea să-şi scoată hainele şi să-l urmărească pe Trebelaux prin aburi. Era un om raţional, dar tatăl său murise după ce i se măcinase pielea picioarelor şi nu dorea să-şi scoată pantofii într-un astfel de loc. Luă un ziar cu suportul lui de lemn de pe raft şi se aşeză pe un scaun. Trebelaux se strecură prin camerele prea scunde pentru el, în care oamenii stăteau tolăniţi pe laviţele de piatră şi se lăsau pradă aburilor fierbinţi.

Saunele individuale se puteau închiria pentru câte un sfert de oră. Se duse în cea de a doua. Intrarea lui fusese deja plătită. Aerul era umed şi îşi şterse ochelarii pe prosop.

– Ce ai stat atâta? se auzi printre aburi glasul lui Leet. Mai e un pic şi mă topesc.

– Portarul mi-a adus mesajul după ce mă urcasem în pat, spuse Trebelaux.

– Poliţia te-a supravegheat azi la Jeu de Paume. Ştiu că acel Guardi pe care mi l-ai vândut frige.

– Cine i-a pus pe urma mea, tu?

– În nici un caz. Ei cred că ştii cine are tablourile din castelul Lecter. Chiar ştii?

– Nu. Poate clientul meu să o ştie.

– Dacă faci rost de cealaltă *Punte a Suspinelor*, pot să le fac paşi la amândouă, spuse Leet.

– Unde poţi să le vinzi?

– Asta-i treaba mea. Un client important, din America. Să spunem că este vorba de o instituţie. Ştii ceva, sau transpir de pomană?

– Aflu şi îţi spun, zise Trebelaux.

A doua zi după-amiază, Trebelaux cumpără un bilet pentru Luxembourg din Gare de l'Este. Inspectorul Aden îl urmări cum se urcă în tren cu valiza. Hamalul păru dezamăgit de bacşişul primit.

Aden sună în grabă pe Quai des Orfèvres şi sări în tren în ultima clipă, arătând discret insigna, conductorului.

Noaptea începuse să se lase când trenul se opri la Meaux. Trebelaux îşi luă trusa de voiaj şi porni către toaletă. Sări din tren când acesta se pusese în mişcare, abandonându-şi bagajele.

O maşină îl aştepta la două străzi de gară.

– De ce aici? întrebă Trebelaux imediat ce se urcă lângă şofer. Aş fi putut să vin la tine, la Fontainebleau.

– Aici avem treabă, spuse omul de la volan. O afacere deosebită.

Trebelaux îl cunoştera drept Christophe Kleber.

Kleber îl duse la o cafenea din apropierea gării, unde servi o cină copioasă. Trebelaux se jucă absent cu furculiţa într-o salată şi îşi scrise iniţialele din boabe de fasole.

– Poliţia a confiscat lucrarea de Guardi, îi spuse Trebelaux lui Kleber când în faţa acestuia sosi friptura înăbuşită de viţel.

– Asta i-ai spus şi lui Hercule. Nu ar trebui să spui la telefon astfel de chestii. Care-i problema?

– I-au spus lui Leet că a fost furat de undeva din Răsărit. Aşa este?

– Desigur că nu. Cine întreba?

– Un inspector de poliţie care avea lista de la Monumente. Spunea că a fost furat. Aşa este?

– Te-ai uitat la timbru?

– Un timbru de la Comisariatul pentru Cultură, ce înseamnă asta? întrebă Trebelaux.

– Ţi-a spus poliţistul cui i-a aparţinut acolo, în Răsărit? Dacă este vorba de un evreu, nu contează, Aliaţii nu înapoiază lucrările de artă luate de la evrei. Evreii sunt morţi. Sovieticii păstrează totul.

– Nu era un poliţist, ci un *inspector* de poliţie, spuse Trebelaux.

– Mare lucru. Cum îl cheamă?

– Popil, nu-ştiu-cum şi Popil.

– Aha, spuse Kleber în timp ce se ştergea la gură cu şervetul. Bănuiam eu. Atunci nu-i nici o problemă. Ani de zile a luat mită de la mine. Nu-i decât un şantajist. Ce i-a spus Leet?

– Încă nimic, dar Leet părea foarte nervos. Deocamdată a pus totul în cârca lui Kopnik, fostul lui partener, zise Trebelaux.

– Leet nu ştie chiar nimic despre provenienţa tabloului?

– Leet crede că am făcut rost de el la Lausanne, aşa cum am stabilit să-i spun. Acum ţipă să-i dau banii înapoi. Am spus că o să mă consult cu clientul meu.

– Îl am la mână pe Popil, am eu grijă de toate astea. Avem ceva mult mai important de discutat. Ai putea să faci un drum în America?

– Nu trec marfă peste graniţă.

– Nu vama este problema aici, ci negocierea pentru care vei merge acolo. Trebuie să vezi nişte lucruri înainte să plece acolo, apoi o să le revezi pe masa din sala de valori a unei bănci. Poţi să zbori până acolo, să stai o săptămână.

– Despre ce lucruri este vorba?

– Nişte vechituri. Câteva icoane, o solniţă. Să aruncăm o privire, să-mi spui ce crezi despre ele.

– Şi cu celelalte?

– Totul este ca şi aranjat, spuse Kleber.

Kleber îl chema numai în Franţa. Numele lui adevărat era Petras Kolnas şi cunoştea numele inspectorului Popil, dar nu pentru că i-ar fi dat mită.

32

Nava *Christabel* era legată cu o singură parâmă la chei, pe Marna, la răsărit de Paris, şi, după ce Trebelaux se urcă la bord, vasul se puse imediat în mişcare. Era un vas negru, de construcţie olandeză, cu două prove şi cabine joase, ca să poată trece pe sub poduri, iar pe punte se afla o adevărată grădină înflorită în ghivece.

Proprietarul vasului, un bărbat zvelt cu ochi albaştri, spălăciţi, şi un chip plăcut se afla lângă pasarelă ca să-i ureze bun-venit lui Trebelaux şi să-l invite înăuntru.

– Sunt bucuros să vă întâlnesc, spuse omul în timp ce-i întindea mâna.

Părul îi creştea pe mână de la degete către încheietură, ceea ce i se păru scârbos elveţianului.

– Urmează-l pe domnul Milko. Lucrurile sunt jos.

Proprietarul rămase pe punte împreună cu Kolnas. Pătrunseră împreună printre ghivecele de pământ ars şi se opriră în faţa singurului obiect urât din grădină, o canistră de benzină de cincizeci de litri, cu partea de sus tăiată cu aparatul de sudură şi acoperită acum cu o reţea de sârmă. Sub ea, pe punte, se afla o prelată. Proprietarul bărcii lovi toba de tinichea suficient de tare ca să o audă.

– Vino, spuse.

Sub punte, deschise o cabină destul de înaltă. Se aflau acolo tot felul de arme: o armă cu lunetă, un Dragunov, o mitralieră americană Thompson, două mitraliere germane Schmeisser, cinci rachete antitanc pe care le-ar fi putut folosi împotriva altor vase şi tot felul de alte arme. Proprietarul alese un cârlig cu dinţii ascuţiţi. I-l dădu lui Kolnas.

– N-am de gând să fac prea multă mizerie, glumi proprietarul. Eva nu este aici ca să facă curat. O faci pe punte, după ce aflăm ce a spus. Să-l aranjezi bine, să nu ne trezim că plutește.

– Nu ar putea Milko..., începu Kolnas.

– A fost ideea ta, fundul tău e în joc, tu trebuie să o faci. Nu tai carne în fiecare zi? Milko ți-l aduce mort și te va ajuta să-l îndeși în butoi, după ce l-ai măcelărit. Ai grijă să găsești cheia și să-i controlezi camera. Dacă va fi nevoie, îi facem felul și negustorului Leet. Nu lăsăm urme. Și, o vreme, o lăsăm mai moale cu lucrările de artă, spuse proprietarul bărcii, al cărui nume, în Franța, era Victor Gustavson.

Victor Gustavson era un om de afaceri de succes, vânzând morfina de pe vremuri a SS și târfe proaspete, mai ales femei. Numele era pseudonimul lui Vladis Grutas.

Leet rămase viu, dar fără nici un tablou. Ele au zăcut timp de ani de zile într-un depozit guvernamental în timp ce curtea dezbătea problema dacă acordul croat referitor la despăgubirile de război se aplică sau nu Lituaniei, iar Trebelaux deveni invizibil în butoiul său de pe fundul Marnei, unde nu mai era chel, ci avea plete din alge verzi, care pluteau în curent așa cum arătase în tinerețea lui.

Timp de ani în șir nu mai ieși la iveală nici un tablou din castelul Lecter.

După intervențiile inspectorului Popil, Hannibal avu permisiunea să vadă din când în când tablourile sechestrate. Înnebunit de durere că trebuie să facă asta în tăcerea depozitului, sub privirea unui paznic astmatic.

Hannibal se uita la tabloul luat din mâinile mamei sale și știa că trecutul nu este numai trecut; bestia care lăsase o urmă grea pe pielea sa și a lui Mischa încă mai respira. Întoarse *Puntea Suspinelor* cu fața la perete și se uită lung la spatele tabloului – mâna lui Mischa fusese ștearsă, nu mai era decât un pătrat gol pe care își proiecta coșmarurile.

Creștea și se schimba, sau poate răzbătea la suprafață ceea ce fusese întotdeauna.

II

„Când spun că mila stă
Între pereţi de lemn
Mă refer la fiara cu gheare
Şi colţii însângeraţi."

LAWRENCE SPINGARN

33

Pe scena principală a Operei din Paris, doctorul Faust vedea cum se scurge timpul pactului semnat cu diavolul. Hannibal Lecter şi Lady Murasaki priveau spectacolul dintr-o lojă privată aflată în stânga scenei, în timp ce Faust depunea toate eforturile să scape de flăcările ce izbucneau din plafonul colosalului teatru al lui Garnier.

La optsprezece ani, Hannibal se regăsea în Mefistofel şi-l dispreţuia pe Faust, dar asculta uşor neatent momentul culminant. O sorbea din ochi pe Lady Murasaki, în ţinuta ei de operă. Licăriri de lumină veneau din lojele opuse, când domnii de acolo întorceau de la scenă binoclurile de teatru ca să o admire şi ei.

Pe fundalul luminilor scenei, el îi vedea silueta aşa cum o văzuse pentru prima dată la castel, pe când era un copil. Imaginile veneau în ordine: negrul lucios al unei ciori care bea apă din burlan, luciul părului lui Lady Murasaki. Mai întâi silueta, apoi deschisese fereastra şi lumina îi căzuse pe faţă.

Hannibal străbătuse un drum lung pe puntea viselor. Crescuse suficient cât să poată purta hainele defunctului conte, în timp ce Lady Murasaki rămăsese neschimbată.

Mâna ei atinse materialul rochiei, iar el auzi foşnetul hainelor pe deasupra muzicii. Ştiind că ea poate să-i simtă privirea, se uită în altă parte, studie loja.

Loja avea caracteristicile ei particulare. În spatele fotoliilor, ascunse de privirile celor din partea opusă, se afla o banchetă joasă pe care îndrăgostiţii se puteau retrage în timp ce orchestra își vedea de ale ei... În stagiunea trecută, un domn mai în vârstă suferise un atac de cord în acel loc, în timp ce se auzeau ultimele măsuri din Zborul albinei, așa cum aflase Hannibal de la serviciul de ambulanță.

Hannibal și Lady Murasaki nu erau singuri în lojă.

În primul rând stătea comisarul poliției Prefecturii Paris, împreună cu soția, ceea ce trăda sursa biletelor avute de Lady Murasaki. De la inspectorul Popil, evident. Ce ușurare că Popil însuși nu putuse ajunge și el... probabil reținut de anchetarea unei crime, putea spera că va fi o anchetă consumatoare de timp și cât mai periculoasă, în aer liber, poate pe cea mai cruntă vreme, sub amenințarea trăznetului ucigător.

Luminile se aprinseră și tenorul Beniamino Gigli primi lungile aplauze pe care le merita, și asta din partea unei audiențe pretențioase. Comisarul de poliție și soția lui se întoarseră și strânseră mâinile celor din boxă, palmele tuturor fiind încă amorțite de la aplauze.

Soția comisarului era extrem de curioasă din fire. Ea îl abordă pe Hannibal, care atingea perfecțiunea îmbrăcat cu hainele contelui, și nu se putu abține să nu-i pună o întrebare.

– Tinere, soțul meu mi-a spus că ești cel mai tânăr om admis la o școală de medicină din Franța.

– Înregistrările nu sunt complete, doamnă. Poate că sunt ucenici ai chirurgilor care...

– Este adevărat că citești cursurile o singură dată și le înapoiezi la librărie până să se împlinească o săptămână, ca să-ți primești banii înapoi?

Hannibal zâmbi.

– Nu, doamnă, nu este chiar așa, spuse el. „Oare de unde are această informație? Din același loc ca și biletele."

Hannibal se apropie de doamnă. Căutându-și drumul către ieșire, căută privirea comisarului și prinse mâna doamnei, șoptind:

– Asta-i o adevărată crimă.

Comisarul era în toane bune după ce-l văzuse pe Faust suferind pentru păcatele lui.

– O să închid ochii, tinere, dacă mărturiseşti totul soţiei mele.

– Adevărul, doamnă, este că nu-mi primesc toţi banii înapoi. Librăria păstrează două sute de franci ca taxă pentru deranj.

Mai încolo, pe scările impozante ale operei, pe sub lampadare, Hannibal şi Lady Murasaki coborau mai repede decât Faust ca să scape de mulţime, arcadele pictate zburând pe deasupra lor, peste tot aripi, pictate sau sculptate. Taxiurile din Piaţa Operei. Un vânzător de mangal împuţea aerul cu mirosul coşmarului faustian. Hannibal chemă un taxi.

– Mă miră că i-ai spus inspectorului Popil despre cursurile mele, spuse odată suit în maşină.

– A descoperit asta singur, replică Lady Murasaki. Apoi i-a spus comisarului şi acesta i-a spus soţiei sale. Ea dorea să flirteze. Doar nu eşti prostuţ din naştere, Hannibal.

„Nu-i place să se afle cu mine în spaţii închise; se vede asta din nervozitatea ei."

– Scuze.

Îl privi scurt când taxiul trecu pe sub un felinar.

– Ura îţi întunecă judecata. Inspectorul Popil stă în preajma ta pentru că îl intrigi.

– Nu, doamnă, tu îl intrigi. Mă aşteptam să te fi oripilat cu versurile lui...

Lady Murasaki nu satisfăcu curiozitatea lui Hannibal.

– Ştie că eşti primul din grupă, spuse ea. Este mândru de asta. Iar interesul lui este, în mare parte, benign.

– În mare parte benign nu este un diagnostic să te bucure.

Copacii înmuguriseră în Place des Vosges şi mirosul lor se răspândea în noaptea de primăvară. Hannibal dădu drumul taxiului, simţind chiar şi în întunericul logiei privirea scurtă aruncată de Lady Murasaki. Hannibal nu mai era un copil, nu mai înghiţea orice.

– O plimbare pe jos, de o oră, o să-mi prindă bine, spuse el.

34

– Ai timp de un ceai, zise Lady Murasaki.

Îl invită pe terasă, preferând în mod evident să stea afară cu el. Nu ştia ce să creadă despre asta. El se schimbase, ea nu. O briză de aer şi lampa cu gaz străluci mai puternic. Când turna ceaiul verde, putu să-i vadă pulsul la încheietură, iar mirosul delicat al mânecii ei îl pătrunse ca şi cum ar fi fost al lui.

– O scrisoare de la Chiyoh, spuse ea. Şi-a terminat contractul. Diplomaţia nu o mai mulţumeşte.

– Este fericită?

– Aşa cred. Toate s-au potrivit bine, dacă iei în considerare vechiul sistem de valori. Cum pot eu să o dezaprob – scrie că a făcut exact ce am făcut şi eu – că urmează ce-i spune inima?

– Încotro?

– Un tânăr de la Universitatea Kyoto, facultatea de inginerie.

– Aş dori să o ştiu fericită.

– Aş dori să te ştiu fericit. Dormi bine, Hannibal?

– Când am timp. Mai trag câte un pui de somn pe canapea, când nu pot să dorm în camera mea.

– Ştii la ce mă refer.

– Dacă visez? Da. Tu nu vizitezi Hiroshima ta în vis?

– Nu forţez astfel de vise.

– Trebuie să-mi aduc aminte, indiferent de metode.

La plecare, în faţa uşii, ea îi dădu un pachet cu o gustare şi un plic cu ceai de muşeţel.

– Ca să dormi, spuse ea.

Îi sărută mâna lui Lady Murasaki, nu sărutul superficial impus de politețea franceză, ci un sărut cât să-i simtă gustul.

El spuse acel haiku pe care îl scrisese pentru ea cu mult timp în urmă, în noaptea cu măcelarul.

Bâtlanul nopții dezvăluit
de răsăritul lunii...
Care-i mai drag?

– Nu-i cel mai reușit, spuse ea, zâmbind, punându-i mâinile pe inimă, așa cum o făcuse pe când el avea treisprezece ani.

Apoi își luă mâinile, iar locul de pe piept îl simți rece.

– Chiar înapoiezi cărțile?

– Da.

– Înseamnă că ții minte tot ce era în ele.

– Tot ce este important.

– Înseamnă că ții minte cât de important este să nu-l necăjești pe inspectorul Popil. Cât timp nu-l provoci, este inofensiv pentru tine. Şi pentru mine.

„S-a enervat ca și cum ar fi pus pe ea un chimonou pentru iarnă. Dacă așa văd lucrurile, oare pot să mă opresc să mă mai gândesc la ea așa cum era în baia castelului, cu mult timp în urmă, cu fața și sânii precum nuferii? Precum crinii roz și catifelați din șanțul cu apă? Pot? Nu pot."

Porni prin noapte, nemulțumit de cum i se auzeau pașii pe o stradă, pe a doua, apoi ieși de pe străzile înguste din Marais pentru a traversa pe podul Louis Phillippe, cu Sena curgând pe sub pod și podul luminat de lună.

Văzută dinspre răsărit, Notre Dame părea un păianjen uriaș cu contraforturile asemănătoare unor picioare și numeroșii ochi ai ferestrelor sale rotunde. Hannibal văzu păianjenul-catedrală de piatră trecând pe deasupra orașului, în întuneric, înghițind trenul din Gare d'Orsay, ca pe un vierme, sau, şi mai bine, un gustos inspector de poliţie care ieşea din cartierul general din Quai des Orfèvres, la un salt distanţă.

Traversă podul pietonal către Ile de la Cite şi înconjură catedrala. Din Notre Dame se auzea repetiţia unui cor.

Hannibal făcu o pauză sub arcadele intrării principale, privind Judecata de Apoi sculptată pe arcele de deasupra uşii. O considera un ecran în palatul memoriei sale, pentru a înregistra complexa disecţie a gâtului: acolo, pe grinda de sus, Arhanghelul Mihail ţinea o balanţă ca şi cum el însuşi ar fi făcut o autopsie. Balanţa Arhanghelului nu diferea cu mult de osul hioid şi era înconjurat de sfinţii mastoidieni. Grinda de jos, pe care condamnaţii erau duşi în lanţuri, putea fi clavicula, iar succesiunea de arce putea modela învelişurile structurale ale gâtului, un catehism uşor de memorat, „sternohioid, omohioid, tirohioid/jugulara, Amin".

Nu, nu mergea. Problema era lumina. Ecranele din palatul memoriei trebuiau să fie bine luminate, cu spaţii generoase între ele. În plus, piatra murdară era de o singură culoare. Hannibal greşise o întrebare la un test din cauză că răspunsul era întunecat, iar în palatul minţii îl plasase pe un fundal întunecat. Disecţia complexă a triunghiului cervical programată pentru săptămâna viitoare avea nevoie de un ecran clar, spaţios.

Ultimii corişti ieşiră din catedrală, ducându-şi hainele pe braţ. Hannibal intră. Notre Dame era toată în întuneric, cu excepţia lumânărilor. Se duse la Sfânta Ioana d'Arc, sculptată în marmură în apropierea porţii sudice. Înaintea ei, un rând de lumânări pâlpâiau în curentul de aer al uşii. Hannibal se sprijini de un pilastru, în întuneric, şi-i privi chipul printre flăcări. *Focul de pe hainele mamei sale.* Flăcările lumânărilor se reflectau roşietice în ochii lui.

Jocul flăcărilor pe chipul Ioanei d'Arc îi schimba mereu acesteia expresia, ca şi cum s-ar fi aflat în bătaia vântului.

Amintiri, amintiri. Hannibal se întrebă dacă Sfânta Ioana n-ar fi preferat alte ofrande decât focul. Ştia că mama lui şi-ar fi dorit.

Paşii paracliserului care se apropia, clinchetul cheilor care venea mai întâi ca ecou reflectat de zidul cel mai apropiat, apoi de boltă, paşii cu sunetul dublat, care răsunau pe podea, apoi veneau ca ecou din întuneric.

Paracliserul văzu mai întâi ochii lui Hannibal, reflectând lumina roşietică a flăcărilor, şi simţul de conservare îi dădu o strângere de inimă. Simţi furnicături pe ceafă şi îşi făcu semnul crucii cu legătura de chei. Ah, era numai un om, ba chiar unul foarte tânăr. Paracliserul făcu să sune cheile în faţa lui ca o cădelniţă.

– Este timpul, spuse el şi indică ieşirea cu o mişcare din bărbie.

– Da, este timpul, a trecut timpul, răspunse Hannibal şi ieşi în noapte prin uşa laterală.

35

Dincolo de Sena şi de Pont au Double, în jos pe Rue de la Bûcherie, unde auzi saxofonul şi râsetele care veneau dintr-un club de jazz aflat la subsol. O pereche fuma în uşă, o aromă de drog venind din direcţia lor. Fata se ridică pe vârfuri şi-l sărută pe obraz pe tânăr, iar Hannibal simţi clar sărutul pe faţa lui. Fragmente de muzică amestecate cu acordurile ce se auzeau în mintea sa, păstrează ritmul, timpul. Timpul.

Pe Rue Dante şi dincolo de Boulevard Saint-Germain, simţind lumina lunii pe capul lui, iar dincolo de Cluny, către Rue de l'Ecole de Médecine şi intrarea de noapte în facultatea de medicină, acolo unde ardea o lumină slabă. Hannibal deschise uşa şi intră înăuntru.

Singur în clădire, se schimbă într-un halat alb şi luă lista cu temele pe care le avea de făcut. Mentorul şi supraveghetorul lui Hannibal la medicină era profesorul Dumas, un anatomist înzestrat care optase pentru catedră în loc să practice pe fiinţe vii. Dumas era strălucitor, distrat şi îi lipsea scânteia chirurgului. Solicita fiecărui student să scrie o scrisoare către cadavrele anonime pe care urmau să le disece, mulţumind donatorului pentru privilegiul de a-i studia trupul, inclusiv asigurarea că trupul îi va fi tratat cu respect şi va fi acoperit în regiunile care nu sunt analizate în acel moment.

Pentru a doua zi, Hannibal avea de pregătit două teme: o imagine a cutiei toracice, cu pericardul intact, şi o delicată disecţie craniană.

Noaptea în enormul laborator de anatomie. Sala spaţioasă cu ferestrele ei înalte şi aerisirile enorme era suficient de rece pentru ca acele cadavre acoperite, conservate în formol, să rămână pe mesele de disecţie peste noapte. Vara erau duse în frigider la sfârşitul zilei. Trupuri jalnice zăceau sub cearşafuri, cei nerevendicaţi, muritorii de foame găsiţi înghesuiţi prin tot felul de alei, unde stăteau unul lângă altul până se instala definitiv acea rigor mortis, apoi ajungeau în tancul cu formol împreună cu camarazii lor, fericiţi că se duseseră până la urmă. Fragile ca păsările, erau zbârcite ca păsările îngheţate şi căzute în zăpadă, cu pielea celor morţi de inaniţie şi dinţii proeminenţi.

Cu paisprezece milioane de oameni morţi în război, lui Hannibal i se părea ciudat că studenţii de la medicină trebuiau să lucreze pe cadavre păstrate în vase cu formol, care produsese decolorarea lor.

Uneori, şcoala avea norocul să obţină cadavrul unui criminal adus direct de la spânzurătoare sau din faţa plutonului de execuţie de la Montrouge sau Fresnes, sau de la ghilotina de la La Santé. Pentru disecţia craniană, Hannibal avea norocul să lucreze pe capul unuia venit de la La Santé, care-l privea din baia de formol cu chipul mânjit de sânge şi paie.

În timp ce ferăstrăul şcolii aştepta un motor nou, comandat cu luni în urmă, Hannibal modificase o maşină de găurit electrică, americană, ataşând o lamă rotativă axului acesteia, pentru a-i fi mai uşor la disecţii. Avea un transformator de curent de dimensiunea unei cutii de pantofi care scotea un mormăit mai gros atunci când tăia.

Hannibal terminase disecţia cutiei toracice când începu pana de curent şi, aşa cum se întâmpla mereu, se stinseră luminile. Lucră în tava de disecţie la lumina unei lămpi cu gaz, curăţând sângele şi paiele de pe faţa subiectului şi aşteptând pornirea curentului.

Când se aprinseră luminile, nu mai pierdu timpul şi îndepărtă calota craniană pentru a deschide creierul. Injectă în vasele principale de sânge un gel colorat, încercând să înţepe cât mai puţin dura mater care acoperea creierul. Era mult mai dificil, dar profesorul, căruia îi plăceau lucrurile spectaculoase, dorea să preleveze el dura mater în faţa clasei, luând-o ca pe o cortină de pe creier, aşa că Hannibal o păstră cât de intactă posibil.

Îşi puse cu delicateţe mâna înmănuşată pe creier. Obsedat de amintiri şi de locurile goale din propria minte, îşi dorea ca, prin atingere, să poată citi visele mortului, ca prin forţa voinţei să-şi poată explora şi propriile vise.

Laboratorul, în timpul nopţii, era un loc bun de stat pe gânduri, tăcerea fiind întreruptă numai de clinchetul instrumentelor şi, arareori, de oftatul unui subiect pe care de abia începuse disecţia, ale cărui organe interne încă mai conţineau aer.

Hannibal făcu o disecţie parţială extrem de meticuloasă a părţii stângi a feţei, apoi schiţă capul, atât partea disecată cât şi aceea neatinsă, pentru a realiza ilustraţiile necesare temei la care lucra.

Dorea acum să păstreze permanent în minte structura muşchilor, a nervilor şi a vaselor de sânge ale feţei. Cu mâinile înmănuşate pe capul subiectului, Hannibal porni către centru minţii sale şi către foaierul palatului memoriei. Alese muzica pentru coridoare, un cvartet de coarde de Bach, trecu rapid prin sala matematicilor, prin aceea a chimiei, printr-o încăpere adoptată recent din Muzeul Carnavalet şi rebotezată sala craniului. Îi luă numai câteva minute să stocheze totul, asociind detaliile anatomice cu exponatele din Carnavalet, având grijă să nu pună venele albăstrui ale feţei peste albastrul tapiseriilor.

Când termină cu sala craniului, se opri o clipă în sala matematicii, în apropierea intrării. Era una dintre cele mai vechi zone ale palatului minţii sale. Dorea să retrăiască starea pe care o avusese la şapte ani când înţelesese ce-i arătase profesorul Jakov. Toate cursurile de la castel ale profesorului Jakov erau păstrate acolo, dar nici una dintre discuţiile lor de la cabana de vânătoare.

Toate cele de la cabana de vânătoare se aflau în afara palatului memoriei, încă păstrate, dar în întunericul viselor, înnegrit precum cabana arsă, iar pentru a intra acolo trebuia să iasă afară din palatul memoriei. Trebuia să treacă peste zăpada pe care erau paginile din *Tratatul despre lumină* al lui Huyghens lângă creierii şi sângele domnului Jakov, împrăştiate şi îngheţate pe zăpadă.

Pe aceste coridoare ale palatului putea să nu pună muzică, dar nu putea să controleze sunetele, iar un sunet anume îl ucidea.

Ieşi din palatul memoriei înapoi în mintea lui, se întoarse în spatele ochilor trupului lui de optsprezece ani, care se afla lângă masa de disecţie din laboratorul de anatomie, cu mâinile puse pe creier.

Mai desenă timp de o oră. În planşa finală, venele şi nervii redau exact jumătatea disecată a feţei subiectului. Partea cealaltă nu semăna deloc cu subiectul. Era un chip din baracă. Era chipul lui Vladis Grutas, deşi Hannibal nu-l cunoştea decât sub numele de Ochi-albaştri.

În sus, pe cele cinci paliere înguste ale scării până în camera lui, deasupra şcolii de medicină, şi la somn.

Plafonul mansardei era într-o singură apă, iar partea mai joasă era îngrijită, armonioasă, în stil japonez, cu un pat scund. Biroul era amplasat în partea mai înaltă a încăperii. Zidurile din jurul biroului erau acoperite cu imagini, schiţe ale disecţiilor, ilustraţii anatomice în lucru. În fiecare caz, organele şi vasele de sânge erau redate exact, dar chipurile erau acelea pe care le vedea în vis. Deasupra tuturor, un craniu de gibon îşi arăta colţii de pe o etajeră.

Reuşea întotdeauna să îndepărteze mirosul de formalină, iar izul de chimicale din laborator nu ajungea atât de sus în vechea clădire. Nu ducea cu el în somn imaginile groteşti ale morţilor pe jumătate disecaţi, ale criminalilor decapitaţi sau spânzuraţi care erau aduşi din închisoare. O singură imagine, un singur sunet l-ar fi putut trezi din somn. Şi niciodată nu ştia când o să apară.

Apus de lună. Lumina lunii, difuză prin sticla ondulată şi plină de bule a ferestrei trece liniştită peste chipul lui Hannibal şi urcă apoi pe perete. Atinge mâna lui Mischa din desenul atârnat deasupra patului, trece peste jumătăţile de chip din desenele de anatomie, trece peste chipurile din visele lui, şi ajunge, într-un târziu, la craniul de gibon, mai întâi strălucind pe colţii albi, apoi deasupra găvanelor ochilor. Din întunericul craniului său, gibonul îl veghează pe Hannibal dormind. Chipul lui pare unul de copil. Face zgomot şi se întoarce pe o parte, ferindu-şi braţul de ceva nevăzut.

Stând cu Mischa în grajdul de lângă cabană, ţinând-o strâns, Mischa tuşind. Omul-strachină le pipăie carnea de pe braţe şi vorbeşte, dar nici un sunet nu-i iese pe gură, numai aburii respiraţiei sale se văd în aerul îngheţat. Mischa îşi îngroapă capul la pieptul lui Hannibal pentru a se feri de respiraţia Omului-strachină. Ochi-albaştri spune ceva, cântă, ademeneşte. Vede strachina şi toporul. Privirea îi fuge la Ochi-albaştri, gustul sângelui şi barba aspră, iar ei o duc pe Mischa departe. Au toporul şi strachina. Se eliberează şi fuge după ei, picioarele mişcându-i-se cu încetinitorul către uşă, Ochi-albaştri şi Omul-strachină ţinând-o pe Mischa, de încheieturile mâinilor, deasupra pământului, ea răsucindu-şi capul pentru a se uita disperată către el pe deasupra zăpezii însângerate, strigând...

Hannibal se scoală, simte cum se înăbuşe, amintindu-şi sfârşitul visului, strânge din ochi încercând să treacă peste momentul în care se trezise. Muşcă perna şi se străduie să intre din nou în vis. Ce-şi spuneau oamenii aceia? Care erau numele lor? Cum de dispăruse sunetul? Nu-şi amintea cum se întâmplase asta. Dorea să ştie cum îşi spuneau unul altuia. Trebuia să termine visul. Merse în palatul memoriei sale şi încercă să treacă de vălul întunecat, de creierii domnului Jakov, împrăştiaţi pe zăpadă, dar nu reuşi. Putea să îndure vederea hainelor în flăcări ale mamei sale, pe părinţii săi, pe Berndt şi pe domnul Jakov morţi în curte. Putea să-i vadă pe jefuitori cum se mişcau sub el şi sub Mischa în cabana de vânătoare. Dar nu putea să treacă de Mischa suspendată în aer, întorcând capul să-l privească. Nu-şi mai amintea nimic după acel moment, ţinea minte lucruri mult mai târzii, când se afla pe un tanc, găsit de soldaţi cu un lanţ în jurul gâtului. Dorea să-şi amintească. Trebuia să-şi amintească. „Dinţi într-un ceaun." Imaginea nu revenea foarte des şi-l făcu să încremenească. Se uită la craniul de gibon scăldat în lumina lunii. „Dinţi mult mai mici decât aceştia. Dinţi de copil. Nu aşa de îngrozitori. Ca ai mei. Trebuie să le aud vocile din spatele respiraţiei lor împuţite, ştiu cum miros cuvintele lor. Trebuie să-mi amintesc numele lor. Trebuie să-i găsesc. Vreau. Cum aş putea să mă supun eu însumi unui interogatoriu?"

36

Profesorul Dumas scria cu litere mari, rotunde, ciudate pentru un doctor. În bilet scria: „Hannibal, ai dori să vezi ce poţi face în cazul lui Louis Ferrat, la La Santé?“

Profesorul ataşase o bucată de hârtie decupată dintr-un ziar în care se relata despre condamnarea lui Ferrat şi se dădeau câteva detalii despre el: Ferrat, din Lyon, fusese un mic funcţionar al guvernului de la Vichy, un colaboraţionist neînsemnat în perioada ocupaţiei germane, apoi fusese arestat de germani pentru falsificarea şi comercializarea de bonuri pentru raţie. După război, fusese acuzat de complicitate la crime de război, dar eliberat din lipsă de dovezi. Un tribunal francez îl condamnase pentru uciderea, din motive personale, a două femei, în anii 1949–1950. Era programat peste trei zile la executarea sentinţei.

Închisoarea La Santé se afla în Arondismentul 14, nu departe de facultatea de medicină. Hannibal ajunse acolo după un sfert de oră de mers pe jos.

Muncitori care fumau aproape toţi pipă reparau scurgerea în curte, locul execuţiilor prin ghilotinare după 1939, când publicului nu i se mai permisese să asiste. Paznicul de la poartă îl cunoştea din vedere pe Hannibal şi-l lăsă să treacă. După ce semnă în registrul vizitatorilor, zări, mai sus pe pagină, semnătura inspectorului Popil.

Zgomotul de ciocane venea dintr-o cameră cu zăbrele aflată pe coridorul principal. Când trecu pe lângă ea, Hannibal zări o faţă pe care o recunoscu. Călăul statului, Anatole Tourneau însuşi, cunoscut de toţi ca „Monsieur de Paris“, adusese ghilotina din garajul lui de pe Rue de la Tombe-Issoire pentru a o monta în interiorul închisorii. Ungea rotiţele suportului lamei, numit *mouton*, care făceau ca lama să nu sară din ghidajul ei în timpul căderii.

Monsieur de Paris era un perfecţionist. Spre cinstea lui, întotdeauna acoperea lama, în aşa fel încât condamnatul să nu o vadă.

Louis Ferrat se afla în celula condamnaţilor la moarte, separat de un coridor de celelalte celule de la etajul al doilea din clădirea principală de la La Santé. Larma din puşcăria aglomerată ajungea în celula lui numai ca o undă de murmure, de strigăte, de clinchete, dar putea auzi ciocanul lui Monsieur de Paris în timp ce lucra cu un etaj mai jos.

Louis Ferrat era zvelt, cu părul negru, de curând ras pe ceafă şi pe gât. Părul din creştet fusese lăsat lung, pentru a oferi o priză mai bună ajutoarelor lui Monsieur de Paris decât aceea a urechilor lui Louis.

Ferrat stătea pe pat în chiloţi, frecând între degete o cruce atârnată pe lanţul de la gât. Cămaşa şi pantalonii erau aranjate cu grijă pe un scaun, ca şi cum o persoană aşezată acolo s-ar fi evaporat, lăsându-şi în urmă hainele. Pantofii se aflau de o parte şi de alta a cătuşelor de la picioare. Hainele reproduceau aproape perfect poziţia anatomică. Ferrat îl auzi pe Hannibal, dar nu se uită către el.

– Domnule Louis Ferrat, bună ziua, spuse Hannibal.

– Domnul Ferrat este plecat din celulă, replică Ferrat. Sunt reprezentantul lui. Ce doriţi?

Hannibal remarcă hainele fără să-şi mişte ochii.

– Aş dori să-l rog să lase cadou trupul său facultăţii de medicină, în interesul ştiinţei. Va fi tratat cu cel mai mare respect.

– O să iei oricum corpul ăsta. Dă-i drumul de aici.

– Nu pot şi nici nu vreau să iau trupul fără permisiunea sa.

– Ah, clientul meu a revenit, spuse Ferrat. Se întoarse de la Hannibal şi discută în tăcere cu hainele, ca şi cum cineva tocmai ar fi intrat în celulă şi s-ar fi aşezat pe scaun. Ferrat se întoarse către gratii. Ar dori să ştie de ce să-l dea.

– Cincisprezece mii de franci pentru rudele lui.

Ferrat se întoarse către haine, apoi din nou către Hannibal.

– Domnul Ferrat spune „Mă cac pe rudele mele. Să ţină mâinile întinse ca să pot să fac în ele." Ferrat coborî tonul. Iartă-mi vocabularul, este mâhnit, şi, dată fiind gravitatea subiectului, trebuie să-l citez exact.

– Înţeleg perfect, replică Hannibal. Consideraţi că i-ar conveni să contribuie cu banii la o cauză pe care familia sa o dispreţuieşte, domnule...?

– Poţi să-mi spui Louis, eu şi domnul Ferrat avem acelaşi prenume. Nu. Este de neclintit. Domnul Ferrat trăieşte cumva departe de lumea asta. Spune că are puţină influenţă asupra lui însuşi.

– Văd asta. Nu este singurul.

– Nu văd cum ai putea să înţelegi asta, nu eşti decât un co... nu eşti decât un student.

– Ai putea să mă ajuţi atunci. Fiecare student de la medicină scrie o scrisoare personală către donatorul implicat. Cunoscându-l atât de bine pe domnul Ferrat, m-ai putea ajuta să scriu această scrisoare de mulţumire? În caz că va fi de acord?

Ferrat se scărpină pe bărbie. Degetele lui păreau să aibă încă un rând de articulaţii după ce fuseseră rupte şi puse prost la loc cu ani în urmă.

– Cine ar citi scrisoarea în afară de domnul Ferrat însuşi?

– Poate fi afişată la şcoală, dacă doreşte. Toată facultatea ar vedea-o, oameni proeminenţi şi influenţi. Ar putea să o trimită la *Le Canard Enchaîné* pentru a fi publicată.

– Ce lucruri ai pune acolo?

– L-aş descrie ca altruist, aş cita contribuţia sa la ştiinţă, darul făcut poporului francez, modul în care a avansat medicina pentru a ajuta copiii.

– Lasă copiii.

Hannibal scrise rapid o formulă de adresare pe blocnotes.

– Consideri că este suficient de respectuoasă? şi ţinu hârtia suficient de sus pentru ca Louis Ferrat să se poată uita la ea, dacă îşi întindea gâtul.

„Nici măcar nu are gâtul suficient de lung. Dacă Monsieur de Paris taie prea sus, nu rămâne mult sub osul hioid şi-l face inutil în expunerea triunghiului cervical."

– Nu trebuie neglijat patriotismul lui, spuse Ferrat. Când Le Grand Charles transmitea de la Londra, cine-i răspundea? Ferrat era pe baricade! *Vive la France!*

Hannibal privi cum fervoarea patriotică se zbătea în arterele de pe fruntea trădătorului Ferrat şi făcea proeminente jugulara şi carotida – „un cap uşor de injectat".

– Da, *vive la France!* rosti şi Hannibal reluându-şi eforturile. Atunci, în scrisoare trebuie să subliniem că, deşi l-au acuzat că a ţinut partea celor de la Vichy, el a fost de fapt un erou al Rezistenţei?

– Desigur.

– A salvat aviatorii doborâţi, aşa să-mi imaginez?

– De mai multe ori.

– A întreprins acte de sabotaj?

– De nenumărate ori, fără să se gândească la viaţa lui.

– A încercat să-i protejeze pe evrei?

Pauză de o clipă.

– Fără să se gândească la riscurile pe care şi le asuma.

– Poate că a fost şi torturat, i-au fost frânte degetele pentru binele Franţei?

– Dar a putut să le folosească pentru a-l saluta pe Le Grand Charles când s-a întors, spuse Ferrat.

Hannibal termină de scris.

– Am scris aici doar ideile principale, crezi că poţi să i le arăţi?

Ferrat se uită pe foaia de hârtie, atingând fiecare punct cu vârful degetelor, murmurând ca pentru sine:

– Poate că ar trebui să pui şi câteva mărturii ale colegilor din Rezistenţă, pot să ţi le ofer eu. Un moment, te rog. Ferrat îi întoarse spatele lui Hannibal şi se aplecă spre hainele sale. Apoi se întoarse decis. Clientul meu spune: „*Merde*. Spune-i că mai degrabă o să-mi văd ceafa decât o să semnez". Scuze, dar este exact ceea ce a spus. Ferrat luă un aer tainic şi se apropie de bare. Unii de pe acest coridor i-au spus că poate face rost de suficient laudanum, suficient cât să nu-i mai pese de cuţit. Ca să viseze şi să nu mai urle, aşa cum a reuşit la tribunal. Şcoala de medicină St. Pierre oferă laudanum în schimbul... acordului. Tu dai laudanum?

– O să mă întorc să te văd, cu un răspuns pentru el.

– Să nu aştept prea mult, spuse Ferrat. O să apară şi cei de la St. Pierre. Ridică glasul şi îşi băgă degetele prin bretelele maioului, ca şi cum ar fi fost un orator. Sunt împuternicit să negociez şi cu cei de la St. Pierre. Pe urmă, aproape de zăbrele. Încă trei zile şi bietul domn Ferrat va fi mort, iar eu voi intra în doliu şi mă voi ocupa de alt client. Te ocupi de medicină. Crezi că doare? Îl va durea pe domnul Ferrat când...?

– Chiar deloc. Partea cea mai neplăcută este acum. Înainte. Cât despre acel moment în sine, absolut deloc. Nici măcar o clipă.

Hannibal se depărtase deja, când Ferrat îl strigă şi se apropie iar de zăbrele.

– Studenţii vor râde de el, de organul lui.

– Absolut deloc. Subiectul este întotdeauna acoperit, cu excepţia părţii disecate.

– Chiar dacă este... cumva unic?

– În ce sens?

– Chiar dacă are un organ, să spunem, infantil?

– Este un lucru obişnuit şi niciodată nu se fac glume pe tema asta, spuse Hannibal. „Iată un candidat pentru muzeul de anatomie, unde donatorii nu au un renume bun."

Lovitura de ciocan a călăului provocă un spasm al pleoapei lui Louis Ferrat, aşa cum stătea pe pat cu mâna pe mâneca tovarăşului său, costumul de haine. Hannibal îl văzu imaginându-şi adunarea, toate cele la locul lor, lama acoperită de o husă în lăcaşul ei, vasul din faţă.

Cu aşa un imbold, în mintea lui, Hannibal realiză ce era cu acel vas. Era un *cazan de baie pentru copii*. Precum căderea lamei, mintea lui Hannibal tăie gândurile şi, în tăcerea de după, chinul lui Louis îi deveni la fel de familiar ca şi venele din faţa lui, ca şi arterele din a lui.

– O să-i aduc laudanum, spuse Hannibal.

Dacă nu făcea rost de laudanum, putea cumpăra dintr-un gang nişte opium.

– Dă-mi formularul de acord. Îl iei când aduci drogul.

Hannibal se uită la Louis Ferrat, citindu-i faţa la fel de intens cum îi studiase gâtul, mirosindu-i frica, şi zise:

– Louis, să-i spui ceva clientului tău. Toate războaiele, toate suferinţele şi durerile care au fost provocate în secolele dinainte de naşterea lui, înainte de viaţa lui, îl preocupă oare?

– Deloc.

– Atunci de ce l-ar preocupa ce se întâmplă după moarte? Este un somn netulburat. Singura diferenţă este că nu se va trezi din el.

37

Originalul din lemn al gravurii pentru marele atlas de anatomie al lui Vesalius, *De Fabrica,* fusese distrus la München în timpul celui de-al Doilea Război Mondial. Pentru doctorul Dumas, gravurile erau nişte relicve sfinte, iar de necaz şi de furie se decisese să realizeze un nou atlas de anatomie. Urma să fie cel mai bun pe linia atlaselor care îi succedaseră celui al lui Vesalius în cei patru sute de ani de la *De Fabrica.*

Dumas descoperise că desenele erau mai bune decât fotografia în ilustrarea anatomiei şi de-a dreptul esenţiale în domeniul ceţoaselor radiografii. Doctorul Dumas era un mare anatomist, dar nu era şi un artist. Spre marele lui noroc, văzuse desenul unei broaşte făcut de Hannibal Lecter în timpul şcolii, îi urmărise progresele şi îi asigurase o bursă la medicină.

Seara, devreme, în laborator. Pe parcursul zilei, profesorul Dumas disecase urechea interioară în timpul orelor şi i-o lăsase lui Hannibal, care acum desena cu cărbune oasele cochleare, la o scară de cinci ori mai mare.

Se auzi clopoţelul. Hannibal aştepta o livrare de la Departamentul de pompieri din Fresnes. Luă o brancardă pe roţi şi o împinse în lungul coridorului, către intrarea de noapte. O roată a brancardei păcănea pe podeaua de piatră şi îşi notă mental să o repare.

Lângă corp se afla inspectorul Popil. Doi brancardieri transferară trupul fără vlagă de pe targa lor pe brancardă şi plecară.

Lady Murasaki remarcase odată, spre disperarea lui Hannibal, că Popil semăna cu frumosul actor Louis Jourdan.

– Bună seara, inspectore.

– Vreau să-ţi spun ceva, spuse inspectorul Popil, care nu arăta deloc ca Louis Jourdan.

– Te deranjează dacă vorbim în timp ce lucrez?

– Nu.

– Să mergem.

Hannibal împinse brancarda pe coridor, iar păcănitul se auzea acum şi mai tare. Probabil că era vorba de un rulment.

Popil ţinu deschise uşile batante ale laboratorului.

Aşa cum se aşepta Hannibal, rănile masive din piept provocate de puştile de la Fresnes drenaseră bine trupul. Era gata de pus în tancul pentru cadavre. Procedura ar fi putut aştepta, dar Hannibal dorea să ştie dacă Popil arăta şi mai puţin ca Louis Jourdan în camera în care se afla tancul cu cadavre şi dacă mediul îi schimba culoarea din obraji.

Era o încăpere cu pereţii din beton, în apropiere de laborator, în care se ajungea prin uşi duble batante, cu chedere din cauciuc. Un tanc rotund cu formalină, cu diametrul de şase metri, fusese săpat în podea şi acoperit cu tablă zincată. Capacul avea o serie de deschizături, acoperite cu capace cu balamale. Într-un colţ al încăperii, un incinerator ardea resturile de peste zi, de data asta o adevărată colecţie de urechi.

O macara cu lanţ stătea deasupra bazinului. Cadavrele, etichetate şi numărate, purtând un harnaşament, erau priponite de o bară care înconjura bazinul. Un ventilator cu elicea prăfuită era incastrat în perete. Hannibal porni ventilatorul şi deschise uşile grele din metal ale tancului. Etichetă cadavrul, îi puse harnaşamentul şi, cu ajutorul macaralei, îl ridică deasupra bazinului şi îl coborî în formalină.

– Ai venit cu el de la La Fresnes? întrebă Hannibal când începură să se ridice bule de aer.

– Da.

– Ai asistat la execuţie?

– Da.

– De ce, inspectore?

– Eu l-am arestat. Dacă eu l-am trimis în acel loc, particip.

– O problemă de conştiinţă, inspectore?

– Moartea este una dintre consecinţele activităţii mele. Cred în consecinţe. I-ai promis laudanum lui Louis Ferrat?

– Laudanum obţinut perfect legal.

– Dar nu prescris în mod legal.

– Este o practică uzuală printre condamnaţi, în schimbul acordului lor, sunt sigur că ştii asta.

– Da. Nu-i da.

– Ferrat este unul dintre ai tă? Îl preferi conştient?

– Da.

– Doreşti ca el să simtă toate consecinţele, inspectore? Îl vei ruga şi pe Monsieur de Paris să ia husa de pe ghilotină, ca să poată vedea treaz lama şi să-şi poată imagina totul?

– Am motivele mele. Tu nu trebuie decât să nu-i dai laudanum. Dacă îl găsesc sub influenţa laudanumului, nu o să obţii niciodată licenţa de a practica medicina în Franţa: imaginează-ţi toate consecinţele.

Hannibal observă că încăperea nu-l deranja pe Popil.

Popil se îndepărtă şi îi spuse:

– Ar fi o ruşine, pentru că i-ai promis. Te felicit pentru notele tale remarcabile, spus Popil. Faci plăcere... familia trebuie să fie, şi este, foarte mândră. Noapte bună.

– Noapte bună, inspectore. Mulţumesc pentru biletele la operă.

38

Noaptea în Paris, ploaia uşoară şi dalele din piatră strălucind. Vânzătorii, închizând magazinele, urmăreau cum apa se scurge către canale ducând cu ea tot felul de scame de pe covoare.

Micul ştergător de parbriz de pe duba facultăţii era acţionat pneumatic şi Hannibal trebuia să crească din când în când turaţia pentru a şterge parbrizul pe parcursul scurtului drum către închisoarea La Santé.

Intră în marşarier pe poartă, în curte, cu ploaia curgându-i rece pe ceafă când scotea capul afară din dubă ca să vadă drumul, deoarece gardianul din post nu ieşea să-l dirijeze.

Înăuntru, pe principalul coridor de la La Santé, ajutorul lui Monsieur de Paris îi făcu semn să intre în încăperea cu maşinăria. Omul purta un şorţ impermeabil şi ţinea deasupra capului o pânză din acelaşi material, ca să se apere de ploaie. Amplasase un ecran de protecţie în faţa lamei, pentru a-şi proteja mai bine pantofii şi manşetele.

Un coş de nuiele căptuşit cu tablă zincată stătea lângă ghilotină pentru ca trupul să fie basculat în el.

– Nu este voie cu nici un sac aici, spuse acesta. Trebuie să iei coşul cu totul şi să-l aduci înapoi. Încape în dubă?

– Da.

– Ai o altă soluţie?

– Nu.

– Atunci îl iei cu totul. Acum sunt dincolo.

Într-o cameră văruită, cu zăbrele la ferestre, Louis Ferrat zăcea pe o brancardă în lumina crudă a becurilor.

Platforma basculantă a ghilotinei se afla sub el. Avea o intravenoasă în mână.

Inspectorul Popil stătea aplecat deasupra lui Louis Ferrat, vorbindu-i calm, ferindu-i ochii cu mâna de lumina becurilor. Medicul închisorii introduse o seringă hipodermică în intravenoasă şi injectă o cantitate de lichid limpede.

Când Hannibal intră în încăpere, Popil nu se uită la el.

– *Aminteşte-ţi,* Louis, spuse Popil. Vreau să-ţi reaminteşti.

Privirea lui Louis se roti şi îl descoperi imediat pe Hannibal.

Popil îl văzu atunci şi el pe Hannibal şi îi făcu semn cu mâna să stea deoparte. Popil se apropie şi mai mult de faţa transpirată a lui Louis Ferrat.

– Spune-mi.

– Am pus cadavrul lui Cendrine în doi saci. I-am îngreunat cu nişte fiare şi aşa s-a terminat...

– Nu Cendrine, Louis. *Aminteşte-ţi.* Cine i-a spus lui Klaus Barbie unde sunt ascunşi copiii, ca să-i poată deporta în est? Vreau să-ţi aminteşti!

– Am rugat-o pe Cendrine, i-am spus „Doar atinge-o", dar a râs de mine şi mi s-a suit sângele la cap...

– Nu! Nu Cendrine, spuse Popil. Cine le-a spus naziştilor despre copii?

– Nu pot să mă gândesc la asta.

– Nu trebuie decât să te mai gândeşti o dată. Asta te va ajuta.

Doctorul mai injectă încă puţin drog în venele lui Louis, masându-i braţul, ca drogul să circule mai rapid.

– Louis, trebuie să-ţi aminteşti. Klaus Barbie a trimis copiii la Auschwitz. Cine i-a spus unde sunt ascunşi copiii? Tu i-ai spus?

Faţa lui Louis era cenuşie.

– Gestapoul a pus mâna pe mine pentru bonurile de raţie falsificate, spuse. Când mi-au rupt degetele, l-am dat pe Pardou... Pardou ştia unde sunt ascunşi orfanii. L-a dus mintea şi a rămas cu degetele întregi. Acum este primar în Trent-la-Forêt. L-am văzut, dar nu l-am ajutat. Se uitau din bena camionului la mine.

– Pardou, aprobă Popil dând din cap. Mulţumesc, Louis.

Popil era gata să plece când Louis spuse:

– Inspectore?

– Da, Louis.

– Când naziştii urcau copiii în camioane, unde era poliţia?

Popil închise ochii pentru o clipă, apoi făcu semn cu capul unui gardian, care deschise uşa către sala ghilotinei. Hannibal putu zări un preot şi pe Monsieur de Paris stând lângă ghilotină. Ajutorul călăului scoase lanţul şi crucea de la gâtul lui Louis şi i le puse în mână. Louis se uită la Hannibal. Îşi ridică fruntea şi deschise gura. Hannibal merse lângă el şi Popil nu-l opri.

– Banii, Louis?

– Saint-Sulpice. Nu în cutia milei, ci în aceea pentru sufletele din Purgatoriu. Unde-i drogul?

– Aşa cum ţi-am promis.

Hannibal avea în haină o fiolă cu tinctură de opium diluată. Gardianul şi ajutorul călăului se uitară în altă parte. Popil nu se uită în altă parte. Hannibal duse fiola la gura lui Louis şi acesta o bău. Louis făcu semn către mâna lui şi deschise gura iar. Hannibal puse crucea şi lanţul în gura lui Louis înainte ca acesta să fie întins pe planşă şi dus la cuţit.

Hannibal privi cum inima lui Louis se zbate în piept. Brancarda fu trecută dincolo de pragul încăperii cu ghilotina, iar gardianul închise uşa.

– A dorit să-i rămână crucea împreună cu capul, nu cu inima, spuse Popil. Ştii ce dorea, nu-i aşa? Ce mai aveţi în comun tu şi Louis?

– Curiozitatea noastră referitoare la unde se afla poliţia atunci când naziştii aruncau copiii în camioane. Asta avem în comun.

Popil s-ar fi repezit la el. Dar momentul trecuse. Popil îşi închise carnetul de notiţe şi părăsi încăperea.

– Doctore, ce era acel drog?

– O combinaţie de thiopental de sodiu şi alte două somnifere. Siguranţa le folosea la interogatorii. Uneori eliberează amintirile reprimate. În condamnat.

– Trebuie să ştim de ele când o să facem analiza sângelui în laborator. Pot să am o mostră?

Doctorul îi arătă fiola.

– Formula şi cantităţile sunt pe etichetă.

Din camera alăturată se auzi o bufnitură.

– În locul tău aş aştepta câteva minute, spuse doctorul. Lasă-l pe Louis să se liniştească.

39

Hannibal stătea întins pe patul jos din mansarda lui. Flăcările lumânărilor străluceau pe chipurile pe care le desenase după visele sale, iar umbrele dansau pe craniul de gibon. Se holbă în găvanele ochilor şi îşi puse limba în spatele dinţilor, ca să semene cu colţii de gibon. Lângă acesta se afla un fonograf cu arc, cu o pâlnie de mici dimensiuni. În mână avea înfipt acul hipodermic al unei seringi pline cu cocktailul de hipnotice utilizate la interogatoriul lui Louis Ferrat.

– Mischa, Mischa, vin. *Flăcările de pe hainle mamei sale, lumânările aprinse în faţa statuii Ioanei d'Arc. Paracliserul spunând: „Este timpul".*

Învârti platanul şi lăsă acul pe o placă cu cântece pentru copii. Înregistrarea era plină de zgomote parazite, suna spart şi subţire, dar îl pătrundea.

Sagt, wer mag das Mannlein sein
Das da steht im Walde allein

Apăsă pe seringă un centimetru şi simţi cum îl arde drogul în venă. Îşi masă braţul, ca să-l facă să circule mai rapid. Hannibal stă la lumina lumânărilor în faţa chipurilor din vis şi încearcă să le facă gurile să se mişte. Poate că vor cânta mai întâi, apoi, pe urmă, îşi vor spune numele. Hannibal începu să cânte ca să le stârnească şi pe ele să cânte.

Nu putea să determine acele chipuri să se mişte aşa cum nu putea pune carne pe craniul gibonului. Dar gibonul fu acela care rânji din spatele colţilor neacoperiţi de buze, *apoi zâmbi şi Ochi-albaştri, expresia părându-i năucitoare lui Hannibal. Apoi veni în cabană mirosul fumului de la un foc de lemne, firul de fum în încăperea rece, respiraţia cadaverică a oamenilor strânşi în jurul lui şi a lui Mischa. O iau şi o duc în grajd. Haine de copil împrăştiate prin grajd, pătate şi străine lui. Nu-i putea auzi pe oameni cum vorbesc, nu putea auzi cum îşi spun unul altuia, apoi veni vocea distorsionată a Omului-strachină: „Luaţi-o pe ea, oricum o să moarăăă. El o să stea proaspăăăt încă o vreme". Luptându-se, muşcând tot ce apuca, ajunse la punctul dincolo de care nu mai vedea, Mischa ţinută de mâini, paşi pe zăpada însângerată, ea zbătându-se, UITÂNDU-SE ÎN URMĂ LA EL. Şi vocea ei: „Anniba!!!"...*

Hannibal se ridică în capul oaselor, în pat. Mâna liberă apăsă seringa până la capăt.

Grajdul năpădi totul în jurul lui.

„Anniba!!!"

Hannibal eliberându-se şi fugind pe uşă după ei, uşa grajdului trântită peste braţul lui, oasele pârâind, Ochi-albaştri aplecându-se să ridice un lemn de foc, aruncându-i-l în cap, sunetul toporului în curte şi bine-venitul întuneric.

Hannibal se ridică de pe patul scund, viziunea topindu-se în timp ce chipurile alunecau pe perete.

Trecuse. De lucrul la care nu se putea uita, de momentul pe care nu-l putea auzi şi retrăi. Trezit în cabană cu sângele uscat pe o parte a capului şi o durere cruntă în braţ, înlănţuit de balustradă şi acoperit cu carpeta. Tunete... nu, tirul artileriei printre copaci, oamenii strânşi lângă şemineu cu traista bucătarului, aruncând în ea toate mărunţişurile furate, toate hârtiile, actele din portofelele lor, apoi punându-şi brasardele de Crucea Roşie. Apoi şuieratul şi lumina strălucitoare a proiectilului cu fosfor lângă carcasa tancului încremenit afară şi cabana arzând,

arzând. Criminalii grăbindu-se să fugă în noapte cu camioneta lor şi bucătarul oprindu-se la uşă. Ţinând traista în dreptul feţei, ca să se apere de căldură, pescui de prin buzunare o cheie de lacăt şi i-o aruncă lui Hannibal în timp ce sosea următorul proiectil, al cărui şuier nu-l auziră niciodată, dar simţiră cum casa se îngreunează, balconul pe care se afla Hannibal se înclină, iar el alunecă pe lângă balustradă drept lângă bucătar. Hannibal auzi cum pârâie în flăcări părul acestuia, apoi ajunse afară, camioneta dispărând în pădure, rugul din jurul său arzând înăbuşit, proiectilele zguduind pământul şi schijele ocolindu-l ca prin minune. Stingând carpeta cu zăpadă şi târându-se, târându-se, cu braţul atârnând.

Zorii cenuşii peste acoperişurile Parisului. În mansardă, platanul fonografului îşi încetinise rotirea şi se oprise, iar lumânările arseseră aproape în întregime. Ochii lui Hannibal se deschid. Chipurile de pe pereţi stau încremenite. Sunt din nou simple schiţe în cărbune. Gibonul îşi reluase expresia uzuală. Se ridica ziua. Peste tot apărea lumina. O nouă lumină peste tot.

40

Sub cerul cenuşiu din Vilnius, Lituania, o maşină de poliţie Skoda coti de pe aglomeratul Sventaragio pe o stradă îngustă de lângă Universitate, gonindu-i pe pietoni din faţa ei, făcându-i să o înjure în barbă. Se opri în faţa unei clădiri ruseşti noi ce arăta cam necioplită printre vechile clădiri din jur. Un bărbat înalt, în uniformă de miliţian sovietic, coborî din maşină şi, trecând rapid cu degetul peste şirul de sonerii, apăsă butonul în dreptul căruia scria *Dortlich*.

Soneria se auzi la etajul al treilea, unde un om zăcea în pat, cu un pumn de medicamente adunate pe noptieră. Deasupra patului era o pendulă elveţiană. Un fir cobora de la pendulă până pe plapumă. Era un bătrân viguros, dar noaptea, când era cuprins de spaime, putea să tragă de fir şi să audă din nou bătaia orelor, semn că încă nu murise. Minutarul se mişca în salturi. Considera că pendulul va decide momentul morţii sale.

Bătrânul confundă soneria cu şuieratul respiraţiei sale. Auzi vocea servitoarei în hol, apoi capul ei se strecură prin crăpătura uşii, acoperit cu o bonetă.

– Fiul dumneavoastră, tovarăşe.

Ofiţerul Dortlich o mătură din calea lui şi intră în încăpere.

– Bună, tată.

– Încă nu am murit. Este prea devreme pentru jefuitorii de cadavre.

Bătrânului i se păru ciudat cum furia se aprinde numai în mintea lui şi nu-i mai afectează inima.

– Ţi-am adus nişte ciocolată.

– Dă-i-o lui Bergid la plecare. Nu o viola. La revedere, ofiţer Dortlich.

– E prea târziu ca să ne mai ciondănim aşa. Eşti pe moarte. Am venit să văd dacă ai nevoie de ceva, altceva decât ai prin casă.

– Ai putea să-ţi schimbi numele. De câte ori ai trecut dintr-o tabără în alta?

– De atâtea ori de câte a fost nevoie ca să rămân în viaţă.

Dortlich purta uniforma verde-închis a miliţiei de frontieră sovietice. Îşi scoase o mănuşă şi merse în dreptul patului. Încercă să prindă mâna bătrânului, ca să-i simtă pulsul, dar tatăl îi dădu deoparte mâna plină de cicatrice. Vederea mâinii lui Dortlich aduse o lacrimă în ochii tatălui său. Cu efort, bătrânul ridică mâna şi atinse medaliile care atârnau de pieptul lui Dortlich, aşa cum stătea aplecat peste pat. Printre decoraţii se aflau aceea de miliţian de frunte, aceea de absolvent al cursului de conducere a lagărelor şi închisorilor, ca şi aceea de genist de frunte. Ultima decoraţie era un abuz, Dortlich construise câteva pontoane, dar pentru nazişti, în batalionul de muncă. Dar era un obiect frumos şi, dacă ar fi fost întrebat, cunoştea destul despre acel subiect.

– Astea ţi le-au dat din coşul cu vechituri?

– Nu am venit după binecuvântarea ta, am venit doar să văd dacă ai nevoie de ceva şi să-mi iau la revedere.

– E suficient de trist că te văd în uniformă sovietică.

– Douăzeci şi şapte, infanterie, spuse Dortlich.

– A fost şi mai trist să te văd în uniforma naziştilor care au ucis-o pe mama ta.

– Am fost mai mulţi, nu eram singurul. Am rămas în viaţă. Stai într-un pat în loc să zaci într-un şanţ. Ai cărbuni. Asta-i tot ce-ţi datorez. Trenurile către Siberia sunt tixite. Oamenii se înghesuie unul în altul şi îşi fac nevoile în pălării. Bucură-te de aşternuturile tale curate.

– Grutas era mai rău decât tine şi ştiai asta. Făcu o pauză ca să şuiere astmatic. De ce l-ai urmat? Ai prădat împreună cu criminalii şi huliganii, ai jefuit casele şi ai dezbrăcat morţii.

Dortlich îi răspunse ca şi cum nu şi-ar fi auzit tatăl.

– Când eram mic şi m-am ars, ai stat lângă patul meu şi ai sculptat un titirez pentru mine. Mi l-ai dat şi, când l-am putut ţine de vârf, mi-ai arătat cum să-l învârtesc. Un titirez frumos, cu animale sculptate pe el. Încă îl mai am. Îţi mulţumesc pentru titirez.

Puse ciocolatele pe pat, la picioare, într-un loc în care bătrânul nu putea ajunge ca să le dea pe jos.

– Du-te la secţia de miliţie, scoate-mi dosarul şi scrie pe el: „Fără urmaşi", spuse tatăl lui Dortlich.

Dortlich scoase o foaie de hârtie din buzunar.

– Dacă vrei să te trimit acasă când mori, semnează asta şi las-o pentru mine. Bergid te va ajuta şi va semna ca martoră.

În maşină, Dortlich stătu tăcut până când intrară în circulaţia de pe Radvilaites.

Sergentul Svenka, aflat la volan, îi oferi o ţigară lui Dortlich şi îl întrebă:

– E greu să te vezi cu el?

– Nu-i tocmai o fericire, răspunse Dortlich. Nemernica aia de servitoare, trebuie să trec pe la el când Bergid este la biserică. Biserică! Îşi riscă pielea ducându-se acolo. Şi ea crede că nu ştiu. Tatăl meu va muri într-o lună. O să-l trimit în oraşul lui natal din Suedia. O să avem cam trei metri cubi de spaţiu sub corpul lui, trei metri foarte buni.

Locotenentul Dortlich încă nu avea biroul lui separat, dar avea un birou în încăperea comună a secţiei de miliţie, unde rangul era apreciat după apropierea faţă de sobă. Acum, primăvara, soba era rece şi în ea erau înghesuite hârtiile. Dosarele care acopereau biroul lui Dortlich erau pe jumătate nişte absurdităţi birocratice, iar cealaltă jumătate era numai bună de aruncat.

Nu exista o bună comunicare între secţiile de miliţie de aici şi cele din Letonia şi Polonia. Miliţiile din statele satelite sovieticilor erau organizate în jurul sovietelor centrale de la Moscova precum spiţele unei roţi.

Ăsta era lucrul pe care-l căuta: lista oficială, transmisă telegrafic, a străinilor care deţineau o viză de intrare în Lituania. Dortlich o compară cu lista mai lungă a celor căutaţi şi cu lista suspecţilor politic. Al optulea deţinător de viză era Hannibal Lecter, de curând membru al organizaţiei tinerilor de pe lângă Partidul Comunist Francez.

Dortlich îşi conduse singur Wartburgul cu motor în doi timpi până la Telefoane, unde avea treabă cam o dată pe lună. Aşteptă afară până când îl văzu pe Svenka intrând pentru a-şi începe schimbul. În scurt timp, cu Svenka la controlul centralei, Dortlich se afla într-o cabină telefonică având o legătură, care pârâia, cu Franţa. Puse un amplificator de semnal pe telefon şi fu atent la indicatorul acestuia, pentru a sesiza dacă este ascultat.

În subsolul unui restaurant din apropiere de Fontainebleau, Franţa, un telefon sună în noapte. Sună cinci minute înainte ca să răspundă cineva.

– Vorbeşte.

– Am nevoie de răspunsuri rapide, aşa cum stau aici şi-mi pun fundul la bătaie. Am nevoie de un aranjament în Suedia, nişte prieteni care să primească un sicriu, spuse Dortlich. Iar tânărul Lecter se întoarce. Cu o viză de student prin Internaţionala Comunistă.

– Cine?

– Gândeşte-te. Am discutat despre asta ultima dată când am luat masa împreună, zise Dortlich. Se uită la lista din mâna lui. Scopul vizitei: catalogarea în numele poporului a bibliotecii de la Castelul Lecter. Ceea ce-i o glumă, ruşii s-au şters la fund cu cărţile lui. S-ar putea să fie nevoie să punem capăt la toate astea. Ştii cui trebuie să-i spui despre asta.

41

La nord-vest de Vilnius, în apropiere de râul Neris, se află ruinele unei vechi centrale electrice, prima din regiune. În vremurile bune, alimenta orașul cu ceva electricitate și mai multe joagăre și o fabrică aflate pe mal. Mergea în toate anotimpurile, deoarece putea fi aprovizionată cu cărbune polonez adus pe calea ferată îngustă, sau cu barjele pe râu.

Luftwaffe bombardase clădirea în primele cinci zile ale invaziei germane. După ce apăruseră liniile electrice sovietice, nu mai fusese reconstruită.

Drumul către centrală era blocat de un lanț legat de doi stâlpi din beton. Lacătul era ruginit pe dinafară, dar era bine uns în interior. Un anunț în rusă, lituaniană și poloneză spunea: OBUZE NEEXPLODATE, INTRAREA INTERZISĂ.

Dortlich coborî din camion și lăsă lanțul la pământ. Sergentul Svenka trecu cu mașina peste el. Pietrișul drumului era acoperit cu tufișuri care zgâriau caroseria cu un sunet înăbușit.

– Aici este locul în care întreaga echipă..., spuse Svenka.

– Da, replică Dortlich, tăindu-i vorba.

– Chiar crezi că sunt mine pe aici?

– Nu. Iar dacă mă înșel, să ții asta pentru tine, spuse Dortlich.

Nu-i stătea în fire să facă altora confesiuni, iar faptul că avea nevoie de Svenka îl enerva.

O baracă de tablă, ruginită pe o latură, se afla în apropierea fundației crăpate și înnegrite a centralei electrice.

– Mergi până la dâmbul de colo. Dă jos lanțul din spate, indică Dortlich.

Dortlich legă lanţul de cârligul de remorcare al camionului, scuturând zalele ca să fie sigur că legătura este bună. Dispăru prin tufişuri ca să găsească un palet de lemn şi să prindă lanţul de acesta, apoi porni cu camionul înainte până când paletul acoperit cu tufişuri se mişcă suficient pentru a lăsa în urmă uşile din metal ale unui adăpost antiaerian.

– După ultimul lor raid aerian, germanii au trimis paraşutişti care să controleze vărsarea râului Neris, spuse Dortlich. Personalul centralei s-a adăpostit aici. Un paraşutist a bătut la uşă şi, când i s-a deschis, a aruncat înăuntru o grenadă incendiară. A fost greu de curăţat locul. Îţi ia un minut să te obişnuieşti.

În timp ce vorbise, Dortlich descuiase trei lacăte de la uşă.

Uşile săriră în lături şi aerul stătut îi dădu lui Svenka senzaţia de pârjol. Dortlich aprinse lanterna electrică şi coborî pe treptele metalice. Svenka luă o gură de aer şi-l urmă. Interiorul fusese văruit şi se afla acolo un şir întreg de cufere din lemn. În ele erau obiecte de artă. Icoane învelite în zdrenţe şi un rând lung de tuburi din aluminiu, numerotate şi sigilate cu ceară. Dincolo de cufere se aflau rame goale de tablou, unele cu sforile atârnând, altele cu resturi ale tablourilor care fuseseră tăiate în grabă.

– Adu tot ce este pe rândul ăsta şi pe cele din capăt, spuse Dortlich.

Luă şi el câteva colete învelite în pânză de cort şi-l conduse pe Svenka la magazia de tablă. Înăuntru, pe capre, se afla un sicriu din stejar pe care era sculptat simbolul Asociaţiei Mării Klaipeda şi al Sindicatului Muncitorilor Portuari. Sicriul avea o bară decorativă de jur împrejur, iar partea inferioară era de culoare mai închisă, ca sub linia de plutire a unui vapor, un element decorativ extrem de elegant.

– Vasul în care va pleca sufletul tatălui meu, spuse Dortlich. Adu-mi cutia cu câlţi. Cel mai important lucru este să nu se audă nimic.

– Dacă s-ar auzi ceva, ar crede că sunt ciolanele lui.

Dortlich îl pocni pe Svenka peste bot.

– Fii mai respectuos. Adu-mi şurubelniţa.

42

Hannibal Lecter coborî ferestra murdară a compartimentului privind lung cum trenul șerpuia printre teii și pinii înalți de pe ambele părți ale căii ferate, apoi, când trecu la mai puțin de doi kilometri de el, văzu turnurile castelului Lecter. Câțiva kilometri mai încolo, trenul se opri scârțâind și șuierând în halta Dubrunst, unde urma să se aprovizioneze cu apă. Câțiva soldați și o mână de muncitori coborâră să se ușureze pe terasament. O vorbă aspră aruncată de conductor îi determină să se întoarcă în vagoane. Hannibal coborî odată cu ei, cu bagajele în spate. Când conductorul urcă în tren, Hannibal păși în pădure. Rupsese în bucăți o foaie de ziar, în caz că mecanicul l-ar fi văzut de pe locomotivă. Așteptă în pădure până când auzi pufăitul trenului și locomotiva cu aburi îndepărtându-se. Acum era singur în pădurea tăcută. Era obosit, dar hotărât.

Pe când Hannibal avea șase ani, Berndt îl dusese în spate în timp ce urcase pe scările de pe tancul cu apă și-l lăsase să se uite dincolo de marginea acoperită cu mușchi în apa care reflecta o porțiune rotundă de cer. Exista și o scară interioară, de asemenea. Berndt o folosea ca să înoate în bazin împreună cu o fată din sat, ori de câte ori avea ocazia. Berndt era acuma mort, departe, în adâncurile pădurii. Fata probabil că murise și ea.

Hannibal se spălă rapid în bazin. Se gândi la Lady Murasaki în apă, se gândi cum ar fi fost să înoate cu ea în bazin.

Porni iar în lungul căii ferate, intrând în pădure când auzi o drezină. Doi unguri negricioşi acţionau sistemul de propulsie al acesteia având cămăşile înnodate în jurul mijlocului.

La un kilometru de castel, o linie electrică de înaltă tensiune, sovietică, traversa calea ferată. Buldozerele îi tăiaseră cale prin pădure. Hannibal putu simţi încărcătura de electricitate statică când trecu pe sub fire şi părul i se ridică pe braţe. Se îndepărtase suficient de linia electrică şi de aceea de cale ferată ca să caute cu binoclul tatălui său un loc unde ar putea să-şi pună tabăra. Erau două drumuri până la cabana de vânătoare, dacă aceasta mai era acolo. Linia de înaltă tensiune mergea de-a dreptul către orizont. Dacă ar fi continuat în acea direcţie, ar fi trecut la câţiva kilometri de cabana de vânătoare.

Luă din bagaj o raţie de la armata americană, aruncă ţigaretele îngălbenite şi mâncă toată carnea din conservă în timp ce medita. *Scările prăbuşindu-se peste bucătar, grinzile venind peste ei.*

Era posibil să nu mai existe cabana de vânătoare. Dacă mai era acolo, tot ce ar mai fi fost în ea ar fi fost lucrurile prea grele pentru a fi luate de jefuitori. Pentru a face ceea ce nu putuseră să facă jefuitorii, avea nevoie de putere. Spre castel, atunci.

Chiar înainte de apus, Hannibal ajunse, prin pădure, lângă castelul Lecter. În timp ce se uita la căminul lui, rămăsese indiferent şi lipsit de emoţii; nu-i sănătos să-ţi vezi locurile copilăriei, dar te ajută să vezi cât de la pământ eşti, presupunând că vrei să ştii adevărul.

Hannibal văzu castelul negru în lumina slabă a apusului, ca şi cum ar fi fost decupat, bidimensional, castelul în care trăiau păpuşile din hârtie ale lui Mischa. Castelul ei de hârtie însemna mai mult pentru el decât acesta din piatră. Păpuşile din hârtie se curbau când ardeau. *Flăcări pe hainele mamei sale.*

Dintre pomii din spatele grajdului putea auzi limpede zgomotul cinei şi pe orfani cântând *Internaţionala.* O vulpe lătră în pădure în spatele lui.

Un bărbat cu cizmele murdare ieşi din grajd cu un hârleţ şi o găleată şi trecu prin grădină către bucătărie. Se aşeză pe Piatra Judecăţii şi îşi scoase cizmele, apoi intră în bucătărie.

Bucătarul zăcea pe Piatra Judecăţii, spunea Berndt. Împuşcat pentru că era evreu şi-l scuipase pe omul din trupele auxiliare care-l împuşca. Berndt nu rostise niciodată numele acestuia. „Mai bine să nu-l ştii până când nu se va termina războiul", spusese strângându-şi pumnii.

Întuneric deplin acum. Electricitatea mai funcţiona cel puţin într-o parte a castelului Lecter. Când lumina se aprinse în biroul directorului, Hannibal luă binoclul de câmp. Prin deschizătura ferestrei putea să vadă că tavanul în stil italian al mamei sale fusese văruit în stil stalinist pentru a fi acoperite personajele mitologiei burgheze. Imediat apăru şi directorul în cadrul ferestrei, cu o sticlă în mână. Era greoi şi gârbovit. Supraveghetorul-şef apăru în spatele lui şi-i puse mâna pe umăr. Directorul plecă de la fereastră şi, peste câteva momente, lumina se stinse.

Nori zdrenţuiţi treceau peste lună, umbra lor acoperind ca un văl clădirile şi odihnindu-se pe acoperiş. Pe urmă, mişcându-se odată cu umbra unui nor, traversă către grajd. Putea auzi cum calul uriaş fornăia în întuneric.

Cesar se trezi şi hârâi să-şi cureţe gâtul, iar urechile i se ciuliră către intrare pentru a-l auzi pe Hannibal pătrunzând în boxă. Hannibal îi suflă în nas şi-l frecă pe coamă.

– Trezeşte-te, Cesar, spuse el la urechea calului.

Urechea lui Cesar se îndreptă către faţa lui Hannibal. Trebui să-i pună degetul sub nas ca să-l împiedice să fornăie de bucurie. Îşi puse mâinile cupă în faţa lanternei şi o aprinse cât să se uite la cal. Cesar era ţesălat şi potcovit. Trebuie să fi avut treisprezece ani acum, născut fiind când Hannibal avea cinci.

– Ai mai pus pe tine o sută de kile, spuse Hannibal.

Cesar îl împinse prieteneşte cu botul şi Hannibal se feri în colţul boxei. Îi puse frâul şi şaua şi le prinse bine. Atârnă o desagă cu grăunţe de şa, iar Cesar întoarse capul spre ea, dorind să le mănânce pe loc.

Hannibal se duse la magazia în care fusese închis pe când era copil şi luă un colac de frânghie, nişte unelte şi un felinar. Apoi duse de frâu calul pe pietriş şi pe pământul moale spre pădure şi spre cornul lunii.

Nu se dădu alarma la castel. Supraveghind din turnul crenelat de la apus, sergentul Svenka luă microfonul staţiei radio portative cărată cu greu pe cele două sute de trepte.

43

La liziera pădurii, un copac fusese doborât de-a latul potecii, iar de el fusese atârnat un indicator cu PERICOL, BOMBE NEEXPLODATE.

Ca să intre în pădurea copilăriei, Hannibal fu nevoit să ocolească copacul doborât. Lumina palidă a lunii filtrată prin bolta de frunziş a pădurii lăsa pete gri pe potecă. Cesar păşea cu grijă în întuneric. Intraseră bine în pădure înainte ca Hannibal să aprindă felinarul. Mergea înainte, iar copitele calului atingeau marginea cercului de lumină dat de felinar. Lângă potecă, în pădure, se vedea un femur de om ieşind din pământ precum o ciupercă.

Din când în când, vorbea cu calul.

– De câte ori ai tras trăsura pe poteca asta, Cesar? Pe Mischa, pe mine, pe doică şi pe domnul Jakov?

După trei ore prin hăţişuri, ajunseră la marginea poienii.

Cabana mai era acolo. Nu i se părea mai mică acum. Şi nu părea bidimensională, precum castelul, ci exact aşa cum o vedea în vise. Hannibal se opri la liziera pădurii şi privi lung. Acolo se curbaseră în foc păpuşile din hârtie. Cabana era pe jumătate arsă, cu acoperişul în parte căzut; zidurile din piatră împiedicaseră prăbuşirea ei definitivă. În poiană crescuseră ierburi şi tufişuri mai înalte decât un stat de om.

Tancul ars din faţa cabanei fusese acoperit cu viţă sălbatică, iar o viţă înflorită îi atârna de tun, iar coada avionului prăbuşit se vedea ca o velă din iarba înaltă. Fasolea din grădină se cățărase pe toate tufișurile din jur. Nu se vedea nici o cărare prin iarbă.

Acolo, în grădinița din fața bucătăriei, doica o pusese pe Mischa în cazan și îi spălase mâinile în timp ce zburau fluturi în jurul ei. Odată rupsese o floare de pătlăgea vânătă și i-o dăduse când stătea în cazan pentru că ei îi plăcea culoarea, purpurie în lumina soarelui, iar ea sărutase floarea caldă.

Iarba din fața ușii nu era călcată. Pe scări și la colțul ușii fuseseră îngrămădite frunze. Hannibal supraveghe cabana de vânătoare cât timp lumina lunii parcurse o distanță de un deget.

Timpul, era timpul. Hannibal ieși de sub adăpostul copacilor ducând de frâie, prin lumina lunii, enormul cal de povară. Merse la pompă, o amorsă cu apă din burduf, apoi pompă până când pistonul care scârțâia scoase apă rece din pământ. Mirosi și gustă apa și îi dădu lui Cesar, care bău mai bine de trei litri și ronțăi doi pumni de grăunțe din desagă. Scârțâitul pompei străbătu pădurea. O bufniță țipă și Cesar își roti urechile către sunet.

Aflat la o sută de metri în pădure, Dortlich auzi scârțâitul pompei și profită de el ca să înainteze mai repede. Putea trece în tăcere printre ferigile înalte, dar pașii i se auzeau când călca pe ghindă și rupea crenguțele. Îngheță când liniștea cuceri poiana, apoi auzi o pasăre țipând pe undeva, între el și cabană, și luându-și zborul, ca să o vadă imediat pe cer când trecu pe deasupra lui, cu aripile deschise mai larg decât ar fi putut să creadă că este posibil, pentru a ateriza pe urmă fără nici un zgomot pe craca unui copac.

Pe Dortlich îl trecu un fior rece și își ridică gulerul. Se așeză printre ferigi și așteptă.

Hannibal se uita la cabană, iar cabana se uita la el. Toate ferestrele fuseseră sparte. Găurile negre îl priveau exact cum o făceau găvanele gibonului. Cu pereții înclinați, aproape de prăbuşire, mai scundă din cauza ierburilor înalte din preajmă, cabana de vânătoare a copilăriei sale devenise o umbră întunecată a aceleia din visele sale. Se apropia acum printre buruienile înalte.

Acolo zăcea mama lui, cu hainele în flăcări, iar mai târziu, în zăpadă, îşi pusese capul la pieptul ei, iar sânii îi îngheţaseră. Acolo era Berndt, iar dincolo domnul Jakov, cu creierii îngheţaţi pe zăpadă, printre paginile împrăştiate. Tatăl lui cu faţa în jos, în apropiere de trepte, ucis de propria decizie.

Nu mai era nimic pe pământ.

Uşa din faţă era făcută ţăndări şi atârna într-o balama. Urcă treptele şi o împinse în întuneric. Înăuntru, un mic animal fugi să se ascundă. Hannibal ridică lanterna şi intră.

Încăperea era pe jumătate carbonizată şi se afla în parte sub cerul liber. Scările erau rupte, iar grinzile acoperişului din lemn căzuseră peste ele. Masa era şi ea zdrobită. În colţ, pianina stătea răsturnată, cu clapele descoperite ca un rând de dinţi. Câteva cuvinte în rusă erau mâzgălite pe pereţi. LA NAIBA CU PLANUL CINCINAL şi CĂPITANUL GRENKO ESTE UN GĂOZAR. Două animale săriră pe fereastră.

Încăperea îl amuţi pe Hannibal. Temător, făcu zgomot cu o zăbrea curăţând şemineul ca să pună felinarul pe el. Cuptorul era gol, uşile lui dispăruseră, luate probabil împreună cu oalele, pentru ca hoţii să le folosească atunci când făceau focul pe câmp.

Lucrând la lumina felinarului, Hannibal îndepărtă cât mai multe resturi era posibil din jurul scării. Celelalte erau ţintuite de grinzile grele, un uriaş joc de Maroco.

Zorii apărură în ferestrele goale în timp ce lucra, iar ochiul unui trofeu pârlit, aflat pe perete, prinse o rază roşiatică a răsăritului.

Hannibal studie mormanul de lemne timp de mai multe minute, legă o sfoară în două în jurul unui lemn din mijlocul grămezii şi o trase după el în timp ce ieşi cu spatele pe uşă.

Hannibal îl trezi pe Cesar, care ba sforăia, ba păştea. Apoi îl plimbă câteva minute ca să se dezmeticească. O picătură de transpiraţie îi curse pe picior şi căzu în iarbă de unde se împrăştie pe pielea din aluminiu a bombardierului. În lumina zilei putu să vadă o viţă-de-vie care făcuse rădăcini în carlingă, iar acum se întindea peste tot. Pilotul încă stătea cuminte înăuntru, cu trăgătorul în spate, iar viţa crescuse prin el şi în jurul lui, încolăcită pe ciolane şi trecându-i prin craniu.

Hannibal legă sfoara de şa şi îl duse la pas pe Cesar până când acesta simţi greutatea. Scoase un plescăit din buze la urechea lui Cesar, sunet cunoscut încă din copilărie. Cesar se opinti, muşchii i se încordară şi începu să înainteze. Un trosnet din interiorul cabanei. Praful şi cenuşa ieşiră pe fereastră şi se întinseră printre pomi ca un întuneric zburător.

Hannibal opri calul bătându-l pe crupă. Nerăbdător, nu mai aşteptă ca praful să se aşeze şi, cu o batistă legată la gură, intră înăuntru, căţărându-se peste mormanul de dărâmături, tuşind, smucind ca să elibereze sforile pentru a le lega din nou. Încă două opinteli şi cele mai grele grinzi erau îndepărtate din locul în care căzuseră peste scară. Îl lăsă priponit pe Cesar şi, cu o pârghie şi o lopată, intră printre dărâmături, aruncând bucăţile de mobilă, pernele pe jumătate arse, un dop de termos. Luă de pe jos şi un trofeu, un cap de mistreţ pe jumătate ars.

Glasul mamei sale: Nu strica orzul pe gâşte.

Căpăţâna de mistreţ scoase un sunet când o scutură. Hannibal prinse limba vierului şi trase. Limba ieşi din locaşul ei. Scutură căpăţâna cu botul în jos şi bijuteriile mamei sale se împrăştiară pe maşina de gătit. Nu se opri ca să le studieze, ci se întoarse la săpat.

Când văzu cazanul de baie al lui Mischa, curăţă fundul de cupru cu mâinile goale, apoi se opri şi se ridică. Încăperea se văzu ca prin ceaţă o clipă şi se ţinu de colţul rece al sobei, apoi îşi puse fruntea pe metalul rece. Ieşi afară şi se întoarse cu un braţ de viţă-de-vie înflorită. Nu se uită în cazan, ci strânse viţa şi o puse în el, apoi îl puse pe sobă, dar nu putu să suporte imaginea, aşa că-l duse afară, pe tanc.

Zgomotul săpăturilor şi al rostogolirii grinzilor îi permiseseră lui Dortlich să înainteze mai uşor. Pândea din pădurea întunecată şi nu se vedea din el decât jumătate din binoclul pe care îl ridica atunci când auzea sunetul lopeţii şi trasul grinzilor.

Lopata lui Hannibal lovi şi scoase la iveală mâna unui schelet, apoi craniul bucătarului. Veşti bune îi dădea rânjetul craniului – dintele din aur demonstra că jefuitorii nu trecuseră pe acolo –, apoi descoperi, încă strânsă de mâna cadavrului, traista din piele a bucătarului. Hannibal o desprinse din mâna lui şi o duse la maşina de gătit. Conţinutul se răspândi pe placa de fier când o rostogoli: tot felul de brasarde militare, insigne ale poliţiei lituaniene, brasarde naziste, ale diviziei SS Totenkopf, însemne din aluminiu ale poliţiei lituaniene, brasarde ale Crucii Roşii şi, în sfârşit, şase tăbliţe de identificare din oţel.

Cea de deasupra era a lui Dortlich.

Cesar băga în seamă două categorii de obiecte aflate în mâinile oamenilor: merele şi traistele cu grăunţe formau prima categorie, iar biciurile şi beţele o formau pe a doua. Nimeni nu se putea apropia de el cu un băţ în mână ca urmare a bătăilor pe care le luase pe când era gonit din grădina de legume de bucătarul furios, pe când era doar un mânz. Dacă Dortlich nu ar fi ţinut în mână un baston atunci când ieşise din pădure, Cesar l-ar fi ignorat. Dar aşa, calul fornăi şi porni către el, trăgând, pe trepte, funia care ieşea din cabană, pentru a-l privi în faţă.

Dortlich se înapoie printre copaci şi dispăru în pădure. Ocoli cabana la o sută de metri distanţă, printre ferigile înalte, pline de rouă, departe de vederea ferestrelor goale. Îşi scoase pistolul şi îl armă. O latrină se afla la circa patruzeci de metri în spatele cabanei, iar cimbrul plantat cândva în apropierea ei crescuse acum sălbatic şi înalt şi se unise cu gardul viu care venea dinspre cabană, acoperind poteca. Dortlich cu greu putea trece pe acolo, crengile i se agăţau de guler, îi zgâriau gâtul, dar erau suficient de elastice ca să nu se frângă. Îşi ţinu bastonul în faţă şi împinse în tăcere. Cu bastonul pregătit într-o mână şi cu pistolul în cealaltă, mai avea de făcut doi paşi până la o fereastră laterală a cabanei când coada unei lopeţi i se lipi de spinare şi picioarele i se înmuiară . Trase un foc în pământ, apoi picioarele i se îndoiră, iar latul lopeţii i se izbi de ceafă, fiind conştient de iarba care i se lipea de obraji înainte ca totul să se cufunde în întuneric.

Ciripit de păsărele, ortolani zburând în stoluri, cântând prin copaci, şi lumina aurie a soarelui scăldând iarba înaltă când era îndoită de trecerea lui Hannibal şi a lui Cesar.

Hannibal îngenunche lângă carcasa arsă a tancului, stând cu ochii închişi timp de cinci minute. Se îndreptă către cazanul de baie şi dădu la o parte cu degetele viţa-de-vie ca să vadă resturile lui Mischa. În mod ciudat, faptul că mai avea toţi dinţii îl linişti – fusese împrăştiată o altă viziune îngrozitoare. Luă o frunză de dafin din cazan şi o aruncă departe.

Dintre bijuteriile de pe şemineu alesese o broşă pe care şi-o amintea purtată la piept de mama lui, un şirag de diamante împletite ca o bandă Möbius. Luă lanţul unui medalion şi legă broşa acolo unde Mischa purtase o panglică în păr.

Săpă un mormânt pe versantul cu faţa la răsărit aflat deasupra cabanei şi îl căptuşi cu toate florile sălbatice pe care le putu găsi. Puse cazanul de baie în mormânt şi-l acoperi cu grinzi din acoperiş.

Stătu la capul mormântului. Auzind glasul lui Hannibal, Cesar se opri din păscut.

– Mischa, ştim bine că nu există nici un Dumnezeu. Că nu eşti o sclavă în Ceruri, făcută să-l slujească pe vecie. Ce ai tu este mai bun decât Paradisul. O neuitare binecuvântată. Îmi lipseşti în fiecare zi.

Hannibal acoperi mormântul şi bătători pământul cu mâinile. Acoperi apoi cu ace de pin, frunze şi crengi până când nu se mai deosebi de restul pădurii.

Într-un mic luminiş aproape de mormânt, Dortlich era legat de un pom şi avea căluş în gură. Hannibal şi Cesar se apropiară de el. Stând pe pământ, Hannibal examină conţinutul raniţei lui Dortlich. O hartă, cheile unei maşini, un briceag de armată, un sandviş într-o pungă cerată, un măr, o pereche de corapi şi un portofel. Din portofel scoase o carte de identitate şi o compară cu tăbliţele de identificare din cabană.

– Herr... Dortlich. În numele meu şi al fostei mele familii, îţi mulţumesc pentru faptul că ai venit azi aici. Faptul că te afli aici înseamnă foarte mult pentru noi, mai ales pentru mine personal. Mă bucur că am şansa de a vorbi serios cu tine despre faptul că mi-ai mâncat sora.

Scoase căluşul şi Dortlich începu imediat să vorbească.

– Sunt un miliţian din oraş, calul a fost raportat ca furat, spuse Dortlich. Asta este tot ce doresc, promite-mi numai că înapoiezi calul şi o să uităm de toate astea.

Hannibal clătină din cap.

– Îmi amintesc de mutra ta. Am văzut-o de multe ori. Ca şi laba ta de raţă, cu pieliţele între degete, care ne pipăia să vadă care este mai gras. Îţi aminteşti de cazanul de baie care clocotea pe sobă?

– Nu, din război nu ţin minte decât că era frig.

– Azi plănuiseşi să *mă* mănânci, Herr Dortlich? Ai o gustare chiar aici. Hannibal examină conţinutul sandvişului. Prea multă maioneză, Herr Dortlich.

– Vor sosi în curând să mă caute, spuse Dortlich.

– Ne pipăiai braţele, şi Hannibal pipăi braţul lui Dortlich. Ne ciupeai de obraji, Herr Dortlich, şi Hannibal îl ciupi de obraji pe Dortlich. Îţi spun eu „Herr“, dar nu eşti german, nu-i aşa? Eşti lituanian, sau rus, sau altceva? Eşti propriul cetăţean – un cetăţean din Dortlich. Ştii unde sunt ceilalţi? Mai ţii legătura?

– Toţi sunt morţi, morţi în război.

Hannibal îi zâmbi şi dezlegă nodul batistei. Era plină cu ciuperci.

– Zgârciobul este o sută de franci sutimea de gram la Paris, iar aici cresc pe toate cioturile!

Luă una şi se duse la cal.

Dortlich se zbătu în legături când atenţia lui Hannibal se îndreptă în altă parte.

Pe spinarea calului se afla un colac de frânghie. Hannibal legă un capăt de şa. Celălalt era deja legat ca laţ de spânzurătoare. Hannibal apucă de laţ şi se întoarse la Dortlich. Desfăcu sandvişul lui Dortlich şi unse funia cu maioneză şi întinse maioneză şi pe gâtul lui Dortlich.

Ferindu-se de mâinile lui, Dortlich spuse:

– Unul mai este în viaţă! În Canada – Grentz –, uită-te la tăbliţele de identificare. Aş dori să depun mărturie.

– Pentru ce anume, Herr Dortlich?

– Pentru ceea ce spui! Nu am făcut-o eu, dar o să spun ce am văzut.

Hannibal fixă laţul în jurul gâtului lui Dortlich şi îl privi în ochi.

– Par a fi supărat pe tine?

Şi se întoarse la cal.

– Ăsta-i singurul, Grentz, care a prins un vas de refugiaţi din Bremerhaven, pot să depun mărturie...

– Bine, atunci eşti gata să cânţi?

– Da, o să cânt.

– Să cântăm atunci pentru Mischa, Herr Dortlich. Cunoşti cântecul, lui Mischa îi plăcea enorm. Îl întoarse pe Cesar cu fundul la Dortlich. Nu vreau să vezi asta, şopti el în urechea calului.

Apoi începu să cânte:

– *Ein Mannlein steht im Walde ganz still und stumm...* Plescăi la urechea lui Cesar şi porni înaintea lui. Cântă mai cu vlagă, Herr Dortlich. *Es hat von lauter Purpur ein Mantlein um.*

Dortlich întorcea de colo-colo capul în laţul uns cu grăsime, privind cum funia se întinde prin iarbă.

– Nu cânţi, Herr Dortlich.

Dortlich deschise gura şi cântă dintr-o suflare:

– *Sagt, wer mag das Mannlein sein.*

Apoi cântară împreună:

– *Das da steht im Walde allein...*

Funia se ridicase din iarbă, făcând încă o burtă, iar Dortlich urlă:

– Porvik! Numele lui era Porvik! Îi spuneam Fluierici. Este mort în cabană. L-ai găsit acolo.

Hannibal opri animalul şi se întoarse la Dortlich, se aplecă deasupra lui şi îl privi în ochi.

– Leagă calul, leagă calul, l-ar putea înţepa o albină, spuse Dortlich.

– Da, sunt destule prin iarbă, recunoscu Hannibal şi se uită la tăbliţele de identificare. Milko?

– Nu ştiu, nu ştiu. Jur!

– Şi am ajuns la Grutas.

– Nu ştiu, nu ştiu. Lasă-mă să plec şi o să depun mărturie împotriva lui Grentz. O să-l găsim în Canada.

– Mai sunt câteva versuri, Herr Dortlich.

Hannibal conduse mai departe calul, în timp ce funia era acum aproape întinsă.

– *Das da steht im Walde allein...*

Şi se auzi urletul sugrumat al lui Dortlich:

– Este Kolnas! Cu Kolnas trebuie să vorbeşti.

Hannibal opri calul şi se întoarse la Dortlich.

– Unde-i Kolnas?

– La Fontainebleau, în apropiere de Place Fontainebleau, din Franţa. Are o cafenea. Îi las mesajele, este singura modalitate de a comunica cu el. Dortlich se uită în ochii lui Hannibal. Jur în faţa Domnului că era moartă. Era oricum moartă, o jur!

Privindu-l drept în faţă pe Dortlich, Hannibal plescăi către cal. Funia se întinse şi picăturile de rouă stropiră în jur. Strigătul sugrumat al lui Dortlich, apoi Hannibal cântându-i cântecul drept în faţă.

Das da steht im Walde allein
Mit dem purporroten Mantelein...

Un scârţâit şi fântâna arteziană a sângelui arterial. Capul lui Dortlich fu smuls de laţ şi aruncat şase metri în sus, apoi căzu cu ochii îndreptaţi către cer.

Hannibal fluieră şi calul se opri, cu urechile ciulite în urmă.

– *Dem purporroten Mantelein*, desigur.

Hannibal răsturnă conţinutul raniţei lui Dortlich şi îi luă cheile de la maşină şi actele. Făcu un rug din crengi verzi şi se căută prin buzunare de chibrituri.

În timp ce focul transforma totul în cărbuni folositori, Hannibal îi dădu lui Cesar mărul lui Dortlich. Nu mai avea nevoie de cal, aşa că nu avea rost să-l ţină în pădure şi îl conduse la poteca spre castel. Îl sărută pe coamă, apoi îl bătu pe crupă.

– Du-te acasă, Cesar, du-te acasă.

Cesar cunoştea drumul.

44

Ceaţa se adunase în zona despădurită prin care trecea linia de înaltă tensiune, iar sergentul Svenka îi spuse şoferului să încetinească de teamă să nu lovească un butuc. Se uită pe hartă şi verifică numărul unui pilon.

– Aici.

Urmele maşinii lui Dortlich se vedeau în continuare, dar aici stătuse mai mult timp şi lăsase o pată de ulei pe pământ.

Din cabina camionului coborâră miliţienii şi câinii, doi ciobăneşti germani fremătând de nerăbdare să intre în pădure şi o potaie mai liniştită. Sergentul Svenka le dădu să amuşine pijamaua lui Dortlich, apoi îi eliberă. Sub cerul încărcat, pomii păreau cenuşii, cu contururi neclare, iar ceaţa se ridica de prin luminişuri.

Câinii se învârtiră în jurul cabanei de vânătoare, acoperind tot perimetrul poienii, intrând şi ieşind de prin pădure, până când un miliţian îi chemă din pădure. Cum ceilalţi nu-l auziră imediat, suflă în fluier.

Căpăţâna lui Dortlich era pusă pe o buturugă, iar pe ea se aşezase un corb. Când miliţienii se apropiară, corbul îşi luă zborul luând cu el ce putea căra.

Sergentul Svenka inspiră adânc şi dădu un exemplu oamenilor săi apropiindu-se de căpăţâna lui Dortlich. Obrajii lui Dortlich lipseau, tăiaţi cu mare îndemânare, iar dinţii erau vizibili pe ambele părţi. Gura era ţinută deschisă de tăbliţa lui de identificare, fixată între dinţi.

Găsiră vatra focului şi frigăruia. Sergentul Svenka pipăi cenuşa din vatră. Rece.

– O frigăruie, falcă de om şi zgârciobi, spuse.

45

Inspectorul Popil mergea de la sediul central, de pe Quai des Orfèvres, către Place des Vosges, ducând un dosar subţire. Când se opri la un bar pentru un espresso, simţi mirosul de calvados şi îşi dori să fi fost deja seară.

Popil se plimbă înainte şi înapoi pe pietrişul din curte, privind ferestrele apartamentului lui Lady Murasaki. Draperiile erau trase. Din când în când pânza se mişca în curentul de aer.

Portăreasa de zi, o grecoaică bătrână, îl recunoscu.

– Doamna mă aşteaptă, spuse Popil. Tânărul a trecut aici?

Cu al cincelea simţ, portăreasa prinse tremurul vocii lui şi spuse ceva sigur.

– Nu l-am văzut, domnule, dar am avut câteva zile libere.

Şi îl primi pe Popil înăuntru.

Lady Murasaki stătea întinsă în baia aromată. Patru gardenii şi mai multe portocale pluteau pe apă. Chimonoul favorit al mamei sale era imprimat cu gardenii. Acum era cenuşă. Amintindu-şi, stârni un val care schimbă poziţia florilor. Mama ei fusese aceea care înţelesese căsătoria ei cu Robert Lecter. Rarele scrisori de la tatăl ei erau pline de răceală. În loc de flori presate sau ierburi frumos mirositoare, ultima scrisoare primită conţinea o nuia înnegrită de la Hiroshima.

Se auzea clopoţelul de la uşă? Zâmbi, gândindu-se: „Hannibal“, şi se aplecă după chimono. Dar el suna întotdeauna, sau trimitea un bilet înainte să vină şi suna înainte să-şi folosească cheile. Nu se auzi nici o cheie în broască, doar clopoțelul, din nou.

Ieși din baie și se îmbrăcă în grabă cu rochia de bumbac. Ochiul ei în dreptul vizorului de la ușă. *Popil.* Popil în cadrul vizorului.

Lady Murasaki mai luase din când în când masa cu Popil. Prima dată, la Le Pré Catalan, în Bois de Boulogne, fusese o întâlnire rigidă, dar celelalte, la Chez Paul, în apropiere de locul lui de muncă, fuseseră mai ușor de suportat, mai relaxate. El trimisese și invitații la cină, întotdeauna printr-un bilet, unul acompaniat de un haiku cu prea multe referințe de sezon. Respinsese întâlnirile la cină, tot în scris.

Descuie ușa. Părul îi era strâns, dar era în picioarele goale.

– Inspectore.

– Iartă-mă că am venit neanunțat, dar am încercat să sun.

– Am auzit telefonul.

– Din baie, cred.

– Intră.

Urmărindu-i privirea, îl văzu cum se uită imediat la armele din fața dulapului: pumnalul tanto, katana scurtă, katana lungă și securea de război.

– Hannibal?

– Nu-i aici.

Fiind atât de atrăgătoare, Lady Murasaki era un vânător tăcut. Se lipi cu spatele de draperie, își vârî mâinile în mâneci și așteptă să vadă jocul celuilalt. Instinctul îi spunea lui Popil să facă prima mișcare, să grăbească jocul.

Se așeză în spatele unui divan, atingând stofa cu mâna.

– Trebuie să-l găsesc. Când l-ai văzut ultima dată?

– Câte zile au trecut? Cinci. S-a întâmplat ceva rău?

Popil ajunse lângă armură. Șterse suprafața lăcuită a pieptarului.

– Știi unde este?

– Nu.

– Un indiciu despre unde ar fi plecat?

Indiciu. Lady Murasaki îl supraveghe pe Popil. Urechile îi erau ciulite acum. El se mişca de colo-colo, punând întrebări şi atingând lucrurile. Îi plăcea alternanţa texturilor, atingea ceva neted, apoi ceva pufos. Ea îl urmări cum se duce la masă. Aspru, apoi neted. Precum vârful şi baza limbii. Ştia că-l putea electriza cu acea imagine şi-i putea goli creierul de sânge.

Popil înconjură un ghiveci cu plante. Când se uită la ea printre frunze, ea îi zâmbi şi îi strică ritmul.

– A ieşit pe undeva, nu ştiu exact unde.

– Da, o ieşire, spuse Popil. O ieşire în care vânează criminali de război, presupun. O privi în faţă. Îmi pare rău, dar trebuie să vezi asta.

Popil puse pe măsuţa de ceai o poză neclară, încă umedă şi cutată de la faxul termic al ambasadei sovietice. Era imaginea căpăţânii lui Dortlich pe o buturugă, înconjurată de miliţieni şi de doi lupi alsacieni şi de încă un câine. O altă fotografie a lui Dortlich era dintr-o legitimaţie de miliţie sovietică.

– A fost găsit în pădurea pe care familia lui Hannibal o deţinea înainte de război. Ştiu că Hannibal era prin apropiere – trecuse graniţa cu Polonia cu o zi înainte.

– De ce trebuie să fie Hannibal? Omul ăla probabil că avea mulţi duşmani, spui că era un criminal de război.

Popil împinse fotografia din legitimaţie.

– Aşa arăta când era viu. Popil luă o schiţă din dosar, prima dintr-o serie. Aşa l-a desenat Hannibal şi l-a pus pe peretele camerei sale.

O jumătate a feţei din schiţă era disecată, cealaltă era clar a lui Dortlich.

– Nu ai fost invitat în camera lui.

Popil deveni brusc furios.

– Şarpele pe care îl ţii la sân a omorât un om. Probabil că nu este primul, aşa cum o ştii mult mai bine decât mine. Aici sunt ceilalţi, spuse el şi scoase celelalte schiţe. Era în camera lui, şi asta, şi asta. Mutra asta o ştiu de la Procesul de la Nürnberg, mi-o amintesc. Sunt fugari şi îi va ucide, dacă va putea.

– Şi poliţia sovietică?

– Fac şi ei pe tăcute o anchetă în Franţa. Prezenţa unui nazist precum Dortlich în poliţia sovietică este stânjenitoare. Au acum dosarul lui de la Stasi, din RDG.

– Dacă pun mâna pe Hannibal...

– Dacă pun mâna pe Hannibal în Răsărit, o să-l împuşte. Dacă scapă de acolo, s-ar putea să lase cazul nerezolvat şi să uite de el dacă-şi ţine gura.

– Vei lăsa şi tu cazul nerezolvat?

– Dacă se întoace în Franţa, ajunge la închisoare. S-ar putea să rămână fără cap.

Popil se opri din plimbare. Umerii i se lăsară în jos. Îşi puse mâinile în buzunare.

Lady Murasaki îşi scoase mâinile din mânecile chimonoului.

– Şi vei fi deportată, spuse el. O să fiu nefericit, îmi făcea plăcere să te văd.

– Crezi numai în ceea ce vezi cu ochii tăi, inspectore?

– Oare şi Hannibal? Ai face orice pentru el, nu-i aşa?

Ea începu să spună ceva, ceva să se apere, apoi spuse numai:

– Da.

Şi aşteptă.

– Ajută-l. Ajută-mă. Pascal. Nu-i mai spusese până atunci pe numele mic.

– Trimite-l la mine.

46

Râul Essone, domol şi întunecat, curgea pe lângă depozit şi pe lângă pontonul plutitor ancorat de un chei din apropiere de Vert le Petit. Hublourile cabinelor erau acoperite. Pontonul era legat la telefon şi la curent. Frunzele din grădina de pe punte erau umede şi strălucitoare.

Gurile ventilatoarelor erau deschise pe punte. Un ţipăt se auzi venind dinspre ele. Faţa unei femei agonizând apăru la un hublou, cu obrazul lipit de sticlă, apoi o mână păroasă o îndepărtă şi trase perdeaua. Nimeni nu văzu nimic.

Luminile de pe chei făceau halouri în ceaţă, dar chiar deasupra se vedeau câteva stele pe cer. Lumina lor era mult prea slabă ca să-ţi dai seama care erau.

Pe drum, un gardian de la poartă lumină cu lanterna duba pe care era scris *Café de l'Este* şi, recunoscându-l pe Petras Kolnas, îl lăsă să intre în parcarea înconjurată cu gard de sârmă.

Kolnas intră repede în depozitul unde un muncitor scria etichetele de pe cutiile marcate U.S. POST EXCHANGE, NEUILLY. Depozitul era ticsit cu cutii, iar Kolnas îşi croi drum printre ele ca să iasă pe chei.

Un paznic stătea lângă pasarela vasului, la o masă făcută din resturile unor cutii din lemn. Tăia cu briceagul şi mânca un cârnat în timp ce fuma. Îşi şterse mâinile pe un ştergar, gata să se repeadă, apoi îl recunoscu pe Kolnas şi îl lăsă să treacă făcându-i semn cu capul.

Kolnas nu se întâlnea foarte des cu ceilalţi, având viaţa lui. Stătea toată ziua în bucătăria restaurantului său, cu strachina în mână, şi gusta din toate, drept care luase în greutate după război.

Zigmas Milko, zvelt ca întotdeauna, îl primi în cabină.

Vladis Grutas stătea pe o banchetă de piele şi o femeie cu o vânătaie pe obraz îi făcea pedichiura. Era îndobitocită şi prea bătrână să mai facă trotuarul. Grutas avea o privire deschisă, plăcută, adeseori un semn al furtunii la el. Căpitanul vasului juca o carte la masa de joc cu un individ butucănos, Mueller, din fosta Brigadă SS Dirlewanger, ale cărui ceafă şi mâini erau acoperite cu tatuaje din închisoare până sub mâneci, unde nu se mai vedeau. Când Grutas îşi întoarse ochii spălăciţi către jucători, aceştia aruncară cărţile pe masă şi părăsiră cabina.

Kolnas nu pierdu vremea cu formule de politeţe.

– Tăbliţa de identificare a lui Dortlich a fost găsită între dinţii lui. Oţel german, bun, nu rugineşte, nu se topeşte. Băiatul probabil că o are şi pe a ta, şi pe a mea, şi pe a lui Grentz.

– I-ai spus acu' patru ani lui Dortlich să cotrobăie prin cabană, spuse Milko.

– S-a învârtit degeba pe acolo, un nemernic leneş, replică Grutas.

O împinse pe femeie cu piciorul, fără să se uite la ea, iar aceasta fugi din cabină.

– Unde-i otrava asta mică de l-a ucis pe Dortlich? întrebă Milko.

Kolnas ridică din umeri.

– Student în Paris. Nu ştiu cum de a primit viza. Dar aşa a intrat. Nu mai am nici o informaţie despre el. Nimeni de acolo nu ştie unde se află.

– Dacă se duce la poliţie?

– Cu ce? întrebă Grutas. Cu amintirile din copilărie, cu coşmarele, cu tăbliţele de identificare vechi?

– Poate că Dortlich i-a spus cum îmi telefonează ca să ia legătura cu tine, spuse Kolnas.

– Băiatul o să încerce să ne facă neplăceri.

– *Neplăceri?* hohoti Milko. Cred că i-a făcut destule neplăceri lui Dortlich. Nu cred că a fost uşor să-l omoare pe Dortlich, probabil că l-a împuşcat pe la spate.

– Ivanov îmi este dator, interveni Grutas. Securitatea de la Ambasada Sovietică îl va descoperi pe micul Hannibal, iar noi o să ne ocupăm de restul. Kolnas, nu-ţi face griji.

Ţipete înăbuşite se auziră din celălalt capăt al vasului. Cei doi nu dădură atenţie.

– Svenka ar putea să preia sarcinile lui Dortlich, afirmă Kolnas, ca să demonstreze că nu este îngrijorat.

– Îl vrem noi pe el? întrebă Milko.

Kolnas ridică din umeri.

– Trebuie să-l luăm pe el. Svenka lucra de doi ani cu Dortlich. Are lucrurile noastre. Este singura legătură pe care o mai avem cu tablourile. Are contact şi cu deportaţii, poate să-i aleagă pe cei potriviţi să meargă la Bremerhaven. De acolo le putem lua noi.

Speriat de potenţialul Planului Pleven de reînarmare a Germaniei, Iosif Stalin curăţa Europa de Est prin deportări în masă. Trenuri pline porneau în fiecare săptămână, către moarte în lagărele de muncă din Siberia, sau către o viaţă de mizerie în taberele pentru refugiaţi din Vest. Deportaţii disperaţi erau o sursă importantă de femei şi tineri pentru Grutas. El se ocupa de marfa asta. Iar morfina lui era de producţie germană. El furniza marfă pentru piaţa neagră a aparaturii casnice şi făcea toate schimbările necesare în psihologia mărfii umane pentru a putea fi exploatată.

Grutas căzu pe gânduri.

– A fost pe front acest Svenka?

Nu considerau a fi de încredere o persoană care rămăsese neprihănită pe Frontul de Est.

Kolnas ridică din umeri.

– Părea tânăr la telefon. Dortlich aranjase lucrurile.

– Scoatem totul de acolo, acum. Este prea devreme să vindem, dar trebuie să le scoatem. Când sună iar?

– Vineri.

– Spune-i să o facă acum.

Vrea să iasă şi el de acolo. Vrea acte.

– Putem să-l aducem la Roma. Nu ştiu dacă îl vrem aici. Promite-i orice, înţelegi?

– Tablourile alea frig, avertiză Kolnas.

– Du-te înapoi la restaurant, Kolnas. Continuă să-i hrăneşti pe gratis pe curcani, iar ei îţi vor acoperi spatele. Şi adu nişte profiterol când mai vii pe aici să te plângi.

– E în regulă cu el, îl asigură Grutas pe Milko, după ce Kolnas plecă.

– Sper să fie aşa, spuse Milko. Nu vreau să conduc un restaurant.

– Dieter! Unde este Dieter?

Ca să o deschidă, Grutas dădu de perete uşa cabinei de pe puntea de jos.

Două tinere femei speriate stăteau pe priciurile lor, fiecare legată cu cătuşe de marginea priciului. Dieter, de douăzeci şi cinci de ani, o ţinea de păr pe una din ele.

– Dacă le umpli mutra de vânătăi şi le spargi buzele, rămânem fără bani, spuse Grutas. Iar aceea este a mea acum.

Dieter dădu drumul la părul femeii şi căută cheia prin talmeş-balmeşul din buzunarele lui.

– Eva!

Femeia mai în vârstă intră în cabină şi se lipi de perete.

– Îngrijeşte-te de ea, iar Mueller să o ducă mai târziu acasă, spuse Dieter.

Grutas şi Milko traversară depozitul în drum spre maşină. Mai ales în zona separată printr-o frânghie se aflau colete inscripţionate APARATURĂ CASNICĂ. Grutas zări printre aparate un frigider englezesc.

– Milko, ştii de ce beau englezii berea caldă? Pentru că au frigidere Lucas. Astea să nu le văd în casa mea. Vreau Kelvinator, Frigidaire, Magnavox, Curtis-Mathis. Vreau numai lucruri din America. Grutas ridică capacul unei pianine verticale şi cântă câteva note. Este un pian de doi bani. Nu-l vreau. Kolnas, găseşte-mi un Bosendorfer. Cel mai bun. Ia-l de la Paris, Milko... când te ocupi de celelalte lucruri.

47

Ştiind că el nu va veni până când nu va fi spălat perfect, ea îl aşteptă în cameră. Nu o mai invitase acolo, aşa că nu-şi băgase niciodată nasul peste tot. Se uită la desenele de pe pereţi, la ilustraţiile medicale care acopereau jumătate din cameră. Se întinse pe patul lui aflat într-o desăvârşită ordine japoneză. Pe o poliţă de deasupra patului era o pictură înrămată şi acoperită cu un văl de mătase. Culcându-se pe o parte, Lady Murasaki ajunse la ea şi ridică pânza. Acoperea o superbă imagine a ei, goală în baia de la castel, realizată în peniţă şi cărbune şi colorată cu acuarele. Era semnată cu ştampila „Eternităţii din opt trăsături de penel“ şi cu un simbol japonez nu tocmai corect pentru „floare de apă“.

Se uită o vreme la tablou, apoi o acoperi şi închise ochii în timp ce în minte îi răsuna un poem de Yosano Akiko:

Printre notele de pe koto
este una misterioasă
un sunet care vine
direct din pieptul meu.

A doua zi, la scurt timp după ivirea zorilor, auzise sunetul paşilor pe trepte. O cheie în broască, apoi Hannibal stătea lângă ea, murdar şi obosit, cu o raniţă în mână.

Lady Murasaki se ridicase în picioare.

– Hannibal, vreau să-ţi ascult inima, spusese. Inima lui Robert a tăcut. Inima ta s-a oprit în visele mele. Se dusese la el şi îşi lipise urechea de pieptul lui. Miroşi a fum şi a sânge.

– Tu miroşi a iasomie şi a ceai verde. Miroşi a pace.

– Eşti rănit?

– Nu.

Faţa ei se lipise de tăbliţele de identificare pe care Hannibal le avea atârnate la gât. I le scosese din cămaşă.

– Ai luat astea de la morţi?

– Despre ce morţi vorbeşti?

– Poliţia sovietică ştie că este vorba de tine. Inspectorul Popil m-a vizitat. Dacă te duci direct la el, o să te ajute.

– Oamenii ăştia nu sunt morţi. Ba chiar sunt prea vii.

– Sunt în Franţa? Predă-i atunci inspectorului Popil.

– Să-i dau pe mâna poliţiei franceze? De ce? Scutură din cap. Mâine este duminică, pot să mă bucur de ziua asta?

– Da, e duminică.

– Vino cu mine mâine. Trec să te iau. Vreau să ne uităm împreună la bestie şi să-mi spui dacă se teme cumva de poliţia franceză.

– Inspectorul Popil...

– Când o să-l vezi pe inspectorul Popil, spune-i că ai corespondenţă pentru el.

– Unde te speli?

– Duşul de serviciu din laborator, spusese. Cobor chiar acum acolo.

– Vrei ceva de mâncare?

– Nu, mulţumesc.

– Atunci să te culci pe urmă, spuse ea. O să vin cu tine mâine. Şi în toate zilele care vor urma.

48

Motocicleta lui Hannibal era un BMW cu motor boxer lăsată în urmă de armata germană care se retrăgea. Fusese revopsită în negru, avea ghidonul jos şi două locuri. Lady Murasaki stătea în şa în spatele lui, bentiţa şi cizmele dându-i aerul de gangster parizian. Se ţinea de Hannibal, mâinile ei înconjurându-i cu delicateţe pieptul.

Plouase peste noapte, iar pavajul era acum curat şi uscat, aderent când luau curbele pe drumul spre pădurea Fontainebleau, sclipind printre umbrele lăsate de copacii din pădure, iar aerul era rece, apoi cald când treceau prin poieni.

Poziţia pe şaua motocicletei i se păruse exagerată, aşa că Hannibal o simţise cum încerca să-l corecteze pe primii kilometri, apoi căpătase şi ea gustul, se aplecase şi deveniseră una în timp ce goneau prin pădure.

Trecură pe lângă o pajişte cu caprifoi, iar aerul fu suficient de dulce ca să simtă gustul pe buze. Asfalt şi caprifoi.

Café de l'Este se afla pe malul vestic al Senei, la un kilometru de satul Fontainebleau, având în faţă peisajul plăcut al pomilor aplecaţi peste apă. Motocicleta tăcu şi începu să ticăie pe măsură ce motorul se răcea. În apropierea intrării, pe terasa cafenelei, era o volieră, iar înăntru erau numai ortolani, ingredientul principal al unei specialităţi servite. Ordonanţele împotriva consumului de ortolani veneau şi treceau. În meniu erau trecuţi drept ciocârlii. Ortolanii în general cântau frumos, iar aceştia chiar se bucurau de razele soarelui.

Hannibal şi Lady Murasaki făcură o pauză să se uite la ei.

– Atât de mici, atât de frumoşi, spuse ea, încă îmbujorată de pe drum.

Hannibal îşi lipi fruntea de colivie. Păsărelele întoarseră capetele să se uite la el, folosindu-şi ba un ochi, ba pe celălalt. Cântecul lor era în dialectul baltic pe care el îl cunoştea din pădurea copilăriei.

– Sunt exact ca noi, spuse el. Simt cum fierb tovarăşele lor, dar tot mai doresc să cânte. Vino.

Trei sferturi din mesele de pe terasă erau ocupate, o amestecătură de orăşeni şi de săteni în straie de duminică, luând prânzul mai devreme. Ospătarul găsi un loc şi pentru ei.

La o masă din apropiere, la care erau aşezaţi doar bărbaţi, se comandaseră numai ortolani. La sosirea păsărelelor fripte, îşi lăsară privirile în farfuriile lor, se apropiară de ele şi se acoperiră cu şervete, să păstreze toată aroma.

Hannibal mirosi vinul aflat la masa lor şi stabili că avea miros de dop. Privi fără nici o expresie pe chip cum ei îl băură oricum.

– Vrei o îngheţată?

– Perfect.

Hannibal intră în restaurant. Se opri în faţa specialităţilor scrise cu creta pe tabla neagră în timp ce citi licenţa restaurantului, afişată lângă casă.

Pe coridor era o uşă pe care scria *Privé*. Coridorul era gol. Uşa nu era încuiată. Hannibal o deschise şi coborî treptele spre subsol. Într-o cutie deschisă pe jumătate se afla o maşină de spălat vase americană. Se aplecă să citească eticheta.

Hercule, un picolo, coborî scările cărând după el un coş cu feţe de masă murdare.

– Ce faceţi aici, partea asta nu este pentru clienţi.

Hannibal se întoarse şi vorbi în engleză.

– *Well, where is it then? The door says* privy, *doesn't it?* Am coborât aici şi este numai beciul. Closetul, pisoarul, toaleta, unde sunt? Vorbeşte în engleză. Înţelegi ce înseamnă closet? Spune-mi repede, că de abia mă ţin!

– *Privé, privé!* şi Hercule gesticulă în susul scării. *Toilette!* şi, odată ajunşi sus, îl îndrumă pe Hannibal în direcţia bună.

Se întoarse la masă când sosiră îngheţatele.

– Kolnas foloseşte numele de „Kleber". Aşa scrie pe licenţă. Monsieur Kleber, care locuieşte pe Rue Juliana. Ah, priveşte!

Petras Kolnas sosi pe terasă cu familia îmbrăcată ca pentru biserică.

Toate conversaţiile din jurul lui Hannibal se topiră într-un zumzet în timp ce îl privea pe Kolnas şi îi apăreau frânturi întunecate din amintire.

Costumul lui Kolnas era din postav de culoarea cernelei şi avea o insignă Rotary la rever. Soţia şi cei doi copii erau drăguţi, cu aer de nemţi. În soare, părul scurt, roşcat, şi favoriţii lui Kolnas păreau a fi ai unui porc mistreţ. Kolnas merse direct la casă. Îl urcă pe fiul lui pe un scaun de bar.

– Kolnas cel Prosper, spuse Hannibal. Proprietarul de restaurant. Gurmandul. A venit să verifice încasările în drum spre biserică. Ce ordonat este.

Şeful de sală luă registrul de lângă telefon şi i-l prezentă lui Kolnas la inspecţie.

– Să nu ne uitaţi în rugăciunile dumneavoastră, domnule, spuse şeful de sală.

Kolnas aprobă printr-o mişcare a capului. Acoperindu-şi, cu trupul lui masiv, mişcarea faţă de clienţi, el luă un Webley de calibrul 0,455 de la betelia pantalonilor şi îl puse pe o poliţă cu perdea în spatele registrului de casă, apoi îşi îndreptă vesta. Alese apoi câteva monede strălucitore din sertar şi le şterse cu batista. Una o dădu băiatului cocoţat pe scaunul de bar.

– Asta o dai la biserică, pune-o în buzunar.

Se aplecă şi dădu o alta fetiţei sale mai mici.

– Pe asta o dai tu, *liebchen*. Nu o băga în gură. Pune-o bine în buzunar!

Câţiva consumatori de la bar îl abordară pe Kolnas şi trebui să-i salute. Îi arătă şi fiului cum să strângă mâna bărbăteşte. Fetiţa începu să alerge nesigură printre mese, adorabilă cu zulufii şi boneta ei dantelată, consumatorii zâmbind către ea.

Hannibal luă vişina din vârful îngheţatei sale şi o ţinu la nivelul mesei. Copilul veni să o ia, cu mâna întinsă, cu degetele gata să o apuce. Ochii lui Hannibal străluceau. Pentru o clipă i se văzu limba, apoi începu să-i cânte copilei.

– *Ein Mannlein steht im Walde ganz still und stumm*, ştii cântecelul ăsta? Cât timp mâncă vişina, Hannibal îi strecură ceva în buzunar. *Es hat von lauter Purpur ein Mantlein um.*

Deodată, Kolnas fu lângă masă. O luă de acolo pe fiica lui.

– Nu ştie cântecul ăsta.

– Dumneavoastră ar trebui să-l cunoaşteţi, nu-mi păreţi a fi francez.

– La fel gândesc şi eu, domnule, spuse Kolnas. Bănui că nici dumneavoastră şi nici soţia nu sunteţi francezi de origine. Dar acum cu toţii suntem francezi.

Hannibal şi Lady Murasaki priviră cum Kolnas îşi înghesuie familia într-un Citroën Traction Avant.

– Adorabili copii, spuse ea. Superbă fetiţă.

– Da, fu de acord Hannibal. Poartă brăţara lui Mischa.

Deasupra altarului Bisericii Mântuirii se află o ciudată reprezentare a lui Isus pe cruce, extrem de sângeroasă, jefuită prin secolul al XVII-lea de prin Sicilia. Sub Cristul atârnat, preotul ridică cupa cu împărtăşania.

– Beţi, spuse, acesta este sângele meu, care pentru mulţi se varsă pentru iertarea păcatelor. Ridică hostia. Acesta este trupul meu, care se frânge pentru voi.

Kolnas, ducându-şi copiii în braţe, primi hostia în gură, apoi se întoarse lângă soţia sa. După ce stătură cu toţii la coadă, începu să circule tava pentru colectă. Kolnas îi şopti fiului său.

Copilul scoase moneda din buzunar şi o puse pe tavă. Kolnas şopti fiicei sale, care, uneori, şovăia să pună pomana.

– Katerina...

Fetiţa simţi ce avea în buzunar şi puse pe tavă o tăbliţă de identificare cu numele *Petras Kolnas*. Kolnas nu o zări până când diaconul nu o luă de pe tavă ca să i-o înapoieze, aşteptând de la el zâmbitor să înlocuiască tăbliţa de identificare cu o monedă.

49

Pe terasa lui Lady Murasaki se afla un vişin cu crengile plecate deasupra mesei, crengile lui cele mai joase ciufulind părul lui Hannibal aşa cum stătea în faţa ei. Deasupra umărului ei, Sacré Coeur plutea pe cerul nopţii ca şi cum ar fi fost o picătură scursă din lună.

Ea cânta la lungul şi elegantul koto *Marea în primăvară*, de Miyagi Michio. Părul îi era despletit, iar lumina lămpii îi încălzea pielea. În timp ce cânta, se uita la Hannibal fără să clipească.

Era dificil să-i citeşti gândurile, o calitate pe care Hannibal o aprecia de cele mai multe ori. În timp, învăţase cum să rezolve asta, nu cu prudenţă, ci cu grijă.

Muzica se stinse treptat. Ultima notă răsună lung. Un greiere *suzumushi* răspunse din cuşca lui sunetelor scoase de koto. Ea puse o felie de castravete între bare şi greierele o trase înăuntru. Părea să privească prin Hannibal, la un munte îndepărtat, apoi el simţi cum se pogoară asupra lui întreaga ei atenţie în timp ce-i vorbea pe un ton familiar.

– Văd cum tu şi greierele cântaţi la unison cu inima mea.

– Inima mea speră când te vede, cine o fi învăţat-o să cânte?

– Dă-l pe mâna inspectorului Popil. Pe Kolnas ca şi pe ceilalţi.

Hannibal termină de băut sake-ul şi puse paharul jos.

– E vorba de copiii lui Kolnas, nu? Din cauza copiilor îţi faci griji.

– Din cauza ta îmi fac griji, Hannibal. Te-ai cufundat în întuneric.

– Nu cufundat. Când nu puteam să vorbesc, nu eram cufundat în tăcere, tăcerea mă capturase.

– Ieşit din tăcere, ai venit la mine şi ai vorbit cu mine. Te cunosc, Hannibal, nu-i un lucru uşor. Eşti atras spre limanuri întunecate, dar eşti atras şi de mine.

– Pe tărâmul viselor.

Lăuta scoase un sunet când fu aşezată jos. Întinse mâna către el. El se sculă în picioare, cu crengile vişinului în jurul gâtului, apoi ea îl conduse către baie. Apa era fierbinte. Lumânările ardeau în jurul apei. Îl invită să se aşeze pe un tatami. Stăteau îngenuncheaţi, unul în faţa celuilalt, cu feţele la o palmă distanţă.

– Hannibal, vino cu mine în Japonia. Ai putea să practici medicina în casa de la ţară a tatălui meu. Sunt multe de făcut. O să fim acolo împreună. Se apropie de el. Îl sărută pe frunte. În Hiroshima, mlădiţele verzi îşi croiesc drum către lumină prin cenuşă. Îi atinse faţa. Dacă ai fi pământul uscat de secetă, aş fi o ploaie caldă.

Lady Murasaki luă o portocală din bolul de lângă cadă. Îşi înfipse unghiile în ea, apoi atinse cu mâinile ei parfumate buzele lui Hannibal.

– O atingere reală este mai bună decât tărâmul viselor.

Stinse lumânarea de lângă ei cu paharul de sake, lăsând paharul să acopere lumânarea, ţinând mâna pe lumânare mai mult decât ar fi fost nevoie.

Împinse cu degetele portocala până când se rostogoli peste dale în cada îngropată. Îl cuprinse cu mâinile pe Hannibal şi îl sărută pe gură, un început de sărut, în grabă.

Cu fruntea lipită de buzele lui, începu să-şi descheie cămaşa. El o ţinu la lungimea braţului şi îi privi faţa atrăgătoare, strălucirea. Erau aproape şi erau departe unul de celălalt, aşa cu este o lampă pusă între două oglinzi.

Hainele ei căzură. Ochii, sânii, lumina de pe buzele ei, simetria simetriei, respirația ei accelerată.

– Hannibal, promite-mi!

O trase către el, o strânse în brațe, închizând ochii. Buzele ei, suflul respirației ei pe ceafa lui, pe scobitura gâtului, *pe claviculă. Balanța Arhanghelului Mihail.*

Vedea portocala săltând în apă. Pentru o clipă, fu țigva căprioarei în cazanul de baie, săltând în ritmul inimii sale, ca și cum ar fi încercat cu disperare să evadeze din moarte. Condamnații în lanțuri care urcau deasupra diafragmei pentru a ajunge la claviculă, la sternohioid, omohioid, tirohioid/jugulară, Amin.

Acum era momentul și ea știa.

– Hannibal, promite-mi!

Trecu o secundă, apoi el răspunse:

– I-am promis deja lui Mischa.

Ea rămase lângă cadă până când auzi ușa închizându-se. Își puse un halat și legă cu grijă cordonul. Luă lumânările din baie și le așeză în fața altarului. Străluceau pe chipurile morților, pe armura care supraveghea totul în jur, iar pe masca lui Date Masamune zări apropierea morții.

50

Doctorul își puse pe un umeraș halatul de laborator și își încheie nasturele de la gât cu degetele lui grăsuțe, rozalii. Rozalii îi erau și obrajii, iar hainele lui rămâneau apretate întreaga zi. Un fel de veselie nesănătoasă îl urmărise peste zi. Câțiva studenți mai rămăseseră în laborator, curățându-și mesele de disecție.

– Hannibal, mâine, în aulă, o să am bevoie de un subiect cu toracele deschis, cu coastele evidențiate și principalele vase pulmonare injectate, ca și principalele artere cardiace. Din culoarea pielii, bănui că numărul optzeci și opt a murit în urma unei ocluzii coronariene. Ar fi interesant de văzut, spuse el voios. Colorează cu galben latura anterioară descendentă. Dacă există un blocaj, injectează din ambele părți. Îți las instrucțiunile. Este mult de muncă. Dacă dorești, pot să-i spun lui Gravey să stea și să te ajute.

– Lucrez singur, profesore Dumas.

– Așa mă gândeam și eu. Vești bune, Albin Michel ne-a trimis primele gravuri. Le putem vedea mâine! Nu mai am nici un pic de răbdare.

Cu săptămâni în urmă, Hannibal predase desenele sale editorului din Rue Huyghens. Vederea numelui străzii îi amintise de domnul Jakov și de *Tratatul despre lumină* al lui Christiaan Huyghens. O oră după aceea stătuse în Grădina Luxembourg, privind corăbiile de jucărie pe heleșteu, determinând mental o furtună pe jumătate din suprafața acoperită cu flori. Desenele din noua carte de anatomie vor fi semnate Lecter-Jakov.

Ultimul student ieşi din laborator. Clădirea era acum pustie şi întunecată, cu excepţia luminii strălucitoare la care lucra Hannibal în laboratorul de anatomie. După ce opri fierăstrăul electric, singurele zgomote mai erau geamătul vântului în coşul de aerisire, clinchetul instrumentelor şi bolborositul retortelor unde erau încălzite substanţele colorate de injectat.

Hannibal cântări subiectul, un om de vârstă medie, îndesat, acoperit, cu excepţia toracelui deschis, cu coastele ridicate precum cele ale unei corăbii. Acolo erau zonele pe care doctorul Dumas dorea să le prezinte în timpul cursului, urmând să facă singur ultimele incizii şi expunerea unui plămân. Pentru ilustraţiile lui, Hannibal avea nevoie de imaginea posterioară a plămânului, scos din cadavru. Porni pe coridor, către Muzeul de Anatomie, pentru a se documenta, aprinzând luminile pe măsură ce înainta.

Zigmas Milko, stând într-un camion, vizavi, putea să vadă prin ferestrele înalte ale facultăţii de medicină şi să-l urmărească pe Hannibal cum înaintează pe coridor. Milko avea o rangă în mâneca hainei şi un pistol cu amortizor în buzunar.

Se uită bine în jur când Hannibal aprinse luminile din muzeu. Buzunarele halatului de laborator purtat de Hannibal erau plate, nu părea să fie înarmat. Ieşi din muzeu ducând un recipient, iar luminile se stinseră treptat pe măsură ce se întorcea în laboratorul de anatomie. Acum numai laboratorul mai era luminat, geamul mat şi cerul strălucind de stele.

Milko nu se gândi că ar fi nevoie de mai multă pândă, dar, pentru orice eventualitate, se decise să fumeze o ţigară mai întâi – numai să-i mai fi lăsat una omul de legătură de la ambasadă, înainte să o şteargă. Părea că şmecherul ăla nenorocit nu văzuse în viaţa lui o ţigară bună. O fi luat cu el întregul pachet? La naiba, cel puţin cincisprezece ţigări mai erau în pachetul de Lucky Strike. Să termine treaba, va găsi el ţigarete americane la un bal de mahala. Pe Grutas îl prindea dimineaţa atunci când se desfăşura în faţa fetelor din bar, cu amortizorul pistolului în buzunarul de la pantaloni, privindu-le drept în faţă când se lipea de ele, ca să-l simtă.

Băiatul ăsta îl omorâse pe Dortlich. Milko îşi aminti că Dortlich, cu o rangă în mânecă, îşi scosese singur un dinte când încercase să-şi aprindă o ţigară. „*Scheisskopf*, ar fi trebuit să vii cu noi", îi spuse lui Dortlich, oriunde ar fi fost acesta, probabil în iad.

Milko, ducând după el o scară de sfoară într-o găleată, drept acoperire, traversă strada şi intră în magazia grădinarului de lângă facultatea de medicină. Puse piciorul pe prima treaptă şi bombăni: „Tu-i ferma". Era mantra lui atunci când fugea de acasă după miezul nopţii.

Hannibal termină injecţiile cu albastru, în vene, apoi schiţă cu creioane colorate, pe o planşetă de desen de lângă cadavru, munca lui, uitându-se şi la plămânul păstrat în alcoolul din recipient. Câteva hârtii de pe planşetă fluturară uşor, apoi se aşezară la loc. Hannibal ridică privirea de la munca lui, se uită în lungul culoarului, în direcţia aerisirii, apoi termină de colorat vena.

Milko închise în urma lui fereastra Muzeului de Anatomie, îşi scoase ghetele şi, în ciorapi, trecu printre vitrinele din sticlă, pe lângă exponatele cu sistemul digestiv, apoi se opri în faţa unor picioare enorme, aflate într-un recipient. Era suficientă lumină ca să meargă. Nu dorea să-l împuşte aici şi să facă mizerie peste tot. Îşi ridică gulerul. Încetul cu încetul scoase capul pe coridor, uitându-se cu coada ochiului, cu urechea încă ascunsă.

Deasupra planşetei de desen, nările lui Hannibal fremătară, iar lumina la care lucra se reflectă roşie în ochii lui.

Privind în lungul coridorului şi prin uşa laboratorului, Milko putu vedea spatele lui Hannibal, aşa cum lucra deasupra cadavrului, injectând trasorii coloraţi cu o seringă mare. Era puţin prea departe ca să tragă, deoarece amortizorul bloca sistemul de ochire al pistolului. Dar nici nu dorea să-l alerteze şi să fie nevoit să-l alerge prin tot locul, dând lucrurile peste cap. Dumnezeu ştie ce putea să cadă pe tine din toate vasele alea.

Milko îşi reglă bătăile inimii, aşa cum făcea mereu înainte să ucidă.

Hannibal ieşi din raza vederii lui şi Milko nu-i mai văzu decât mâna continuând să deseneze pe planşetă, desenând, desenând, ştergând ceva.

Brusc, Hannibal puse jos creionul, veni pe coridor şi aprinse lumina. Milko se retrase în muzeu, apoi lumina se stinse iar. Milko apăru de după tocul uşi. Hannibal lucra deasupra cadavrului acoperit.

Milko auzi fierăstrăul pentru autopsie. Când se uită iar, Hannibal era din nou în afara razei vederii. „Desenează iar. Să-l ia naiba. Mergi acolo şi împuşcă-l. Spune-i să-l salute pe Dortlich când o ajunge în iad." Păşind pe coridor, în şosete, fără să facă zgomot pe podeaua din piatră, supraveghind mâna care desena pe planşetă, Milko ridică pistolul şi păşi prin cadrul uşii, văzu mâna şi mâneca, halatul de laborator pus pe un scaun – „Unde o fi restul?" –, iar Hannibal sări în spatele lui Milko şi înfipse seringa plină cu alcool în gâtul lui, prinzându-l când picioarele acestuia cedară şi îşi dădea ochii peste cap, ca să-l aşeze încet pe podea.

Să facă lucrurile în ordine. Hannibal puse mâna cadavrului la loc şi o fixă cu câteva copci în piele.

– Scuze, îi spuse. O să includ mulţumiri pentru asta în notă.

Arsuri, tuse, iar acum faţa îngheţată în timp ce Milko îşi revenea, camera dansându-i în faţa ochilor, apoi oprindu-se. Începu să-şi lingă buzele şi să scuipe. Apa curgându-i pe faţă.

Hannibal puse ulciorul cu apă rece pe marginea tancului cu cadavre şi se aşeză, gata de discuţie. Milko purta harnaşamentul de la scripetele pentru cadavre. Fusese cufundat până la gât în formalină. Ceilalţi ocupanţi roiau în jurul lui, privindu-l cu ochii tulburi prin soluţia pentru îmbălsămare, iar el încerca să le îndepărteze mâinile zbârcite.

Hannibal cercetă portofelul lui Milko. Luă din buzunarul său o tăbliţă de identificare şi o puse lângă cartea de identitate a lui Milko, pe marginea bazinului.

– Zigmas Milko. Bună seara.

Milko tuşi şi gâfâi.

– Am discutat despre asta. Ţi-am adus bani. Să facem o înţelegere. Dorim să ai aceşti bani. I-am adus cu mine. Lasă-mă să ţi-i dau.

– Sună ca un plan venit de sus. Ai omorât mulţi oameni, Milko. Mult mai mulţi decât sunt aici. Îi simţi în bazin? La picioare, ai un copil scos dintr-un incendiu. Mai bătrân decât sora mea şi în parte copt.

– Nu înţeleg ce vrei.

Hannibal îşi puse o mânuşă de cauciuc.

– Să aud ce ai de spus despre faptul că ai mâncat-o pe sora mea.

– Nu am făcut-o!

Hannibal îl cufundă pe Milko în fluidul de îmbălsămare. După câteva secunde lungi, prinse lanţul scripetelui şi îl trase afară, îi stropi faţa cu apă, spălându-l la ochi.

– Să nu mai spui asta, spuse Hannibal.

– Ne-am simţit rău, foarte rău, şopti Milko imediat ce putu vorbi. Ne îngheţau mâinile şi ne degerau picioarele. Orice am făcut, am făcut ca să supravieţuim. Grutas era repezit, ea niciodată... pe tine te-am ţinut în viaţă, noi...

– Unde este Grutas?

– Dacă îţi spun, mă laşi să te duc la bani? Sunt mulţi, dolari. Sunt foarte mulţi bani acolo, putem să-i şantajăm cu ce ştim, cu dovezile tale.

– Unde este Grentz?

– Canada.

– Corect. Primul adevăr. Unde este Grutas?

– Are o casă în apropiere de Milly-le-Forêt.

– Ce nume foloseşte acum?

– Numele firmei cu care a intrat în afaceri este Satrug.

– Mi-a vândut tablourile?

– Unul, mai demult, ca să cumpere un lot de morfină. Nu-l putem lua înapoi.

– Ai încercat mâncarea de la restaurantul lui Kolnas? Îngheţata nu-i rea.

– Am banii în camion.

– Ultimele cuvinte? Ceva la despărţire?

Milko deschise gura să vorbească, dar Hannibal trânti cu zgomot capacul greu. Mai puţin de trei centimetri de aer rămâneau între capac şi suprafaţa lichidului de îmbălsămare. Părăsi încăperea în timp ce Milko se zbătea ca un homar în oală. Închise uşa în urma lui, puse sigiliul.

Inspectorul Popil stătea în spatele biroului, privind desenul.

Hannibal întinse mâna după întrerupător şi ventilatorul cel mare porni cu un zăngănit.

Popil căută cu privirea ventilatorul, sursa zgomotului. Hannibal nu ştia ce altceva mai auzise. Arma lui Milko se afla între picioarele cadavrului, acoperită de cearşaf.

– Inspectore Popil, spuse Hannibal luând o seringă cu colorant şi injectând cadavrul. Te rog să mă scuzi o clipă, trebuie să fac asta înainte să devină din nou rigid.

– L-ai ucis pe Dortlich în pădurea familiei.

Expresia de pe faţa lui Hannibal nu se schimbă. Rupse vârful acului de la seringă.

– Faţa i-a fost mâncată, afirmă Popil.

– I-aş bănui pe corbi. Pădurile alea sunt pline de aşa ceva. Furau şi mâncarea câinilor de cum se întorceau aceştia cu spatele.

– Corbii nu fac frigărui.

– I-ai spus asta lui Lady Murasaki?

– Nu. Canibalismul a fost întâlnit pe Frontul de Răsărit, şi nu numai odată, pe când erai copil. Popil îi întoarse spatele lui Hannibal, supraveghindu-l în uşa de sticlă a unui dulap. Dar tu ştii asta, nu-i aşa? Ai fost acolo. Şi ai mai fost în Lituania acum patru zile. Ai plecat cu o viză în regulă, dar te-ai întors pe altă cale. Cum? Popil nu mai aşteptă răspunsul. Îţi spun eu cum, ai cumpărat acte false de la un nemernic din Fresnes, iar asta este o infracţiune.

În încăperea cu tancul, scripetele se ridică uşor şi degetele lui Milko apărură sub capac. Îşi lipi buzele de metal sugând aerul din cei câţiva centimetri, un val îl îneca, apoi îşi apropie iar capul de crăpătura capacului şi trase o gură serioasă de aer.

În laboratorul de anatomie, privind spatele lui Popil, Hannibal puse ceva sub plămânul cadavrului, provocând un gâlgâit şi un gâfâit mulţumitor.

– Scuze, spuse. Mai fac asta.

Aprinse un bec Bunsen sub o retortă ca să sporească şi zgomotul bulelor.

– În desenul ăsta nu este faţa subiectului. Este faţa lui Vladis Grutas. Ca şi în cele de acasă. L-ai ucis şi pe Grutas?

– În nici un caz.

– L-ai găsit?

– Dacă îl voi găsi, ai cuvântul meu că o să ţi-l predau.

– Nu mă prosti! Ştii că a tăiat capul rabinului din Kaunas? Că a împuşcat copii de ţigani în pădure? Că a scăpat de la Nürnberg când un martor s-a trezit cu acid pe gât? Din când în când îi prind urma, dar dispare. Dacă află că-l vânezi, te va ucide. El ţi-a ucis familia?

– Mi-a ucis sora şi a mâncat-o.

– Ai văzut asta?

– Da.

– Poţi să depui mărturie?

– Desigur.

Popil se uită lung la Hannibal.

– Hannibal, dacă îl ucizi în Franţa, o să-ţi văd căpăţâna într-un coş. Lady Murasaki va fi deportată. O iubeşti pe Lady Murasaki?

– Da. Tu?

– Există fotografii de-ale lui în arhivele de la Nürnberg. Dacă sovieticii le pun în circulaţie, dacă îl găsesc, Siguranţa va avea pe cineva să dea la schimb. Dacă pun mâna pe el, am nevoie de mărturia ta. Mai există şi alte dovezi?

– Urme de dinţi pe oase.

– Dacă mâine nu te prezinţi în biroul meu, pun să fii arestat.

– Noapte bună, inspectore.

În tanc, mâinile bătătorite, de ţăran, ale lui Milko, căzură în lichid, undele îl acoperiră, iar el îşi rosti ultimele cuvinte unei feţe zbârcite: „Tu-i ferma..."

Noaptea, în laboratorul de anatomie, Hannibal lucrând singur. Era aproape gata cu schiţele, lucrând lângă cadavru. Pe masă era o mânuşă de cauciuc umflată, plină cu un fluid şi legată la gură. Mânuşa era suspendată deasupra unui pahar cu pudră. Un cronometru ticăia lângă ea.

Hannibal acoperi desenul cu o foaie de calc. Acoperi cadavrul şi îl duse în aulă. Din Muzeul de Anatomie aduse ghetele lui Milko şi le puse lângă hainele acestuia pe o brancardă de lângă incinerator, cu tot cu conţinutul buzunarelor: un pumnal, cheile şi portofelul. Portofelul era plin cu bani şi conţinea un prezervativ rupt pe care Milko îl folosea pentru a păcăli femeile în semiîntuneric. Hannibal scoase banii. Deschise incineratorul. Căpăţâna lui Milko se vedea în flăcări. Arăta ca un pilot de bombardier cuprins de flăcări. Hannibal aruncă şi ghetele, iar una din ele lovi capul şi îl rostogoli în afara razei vederii.

51

Un camion din stocurile armatei, cu prelată nouă, era parcat vizavi de laboratorul de anatomie, blocând jumătate din stradă. În mod surprinzător, nu era nici un tichet de amendă pus la parbriz. Hannibal încercă cheia lui Milko la uşa şoferului. Se deschise. Un plic de hârtie era pus pe parasolarul din partea şoferului. Îl cercetă în grabă.

O rampă din carcasa camionului îi permise să-şi urce motocicleta sub prelată. Conduse camionul la Porte de Montempoivre, în apropiere de Bois de Vincennes, şi puse camionul într-o parcare aflată în apropierea căii ferate. Încuie numerele de înmatriculare în cabină, sub banchetă.

Hannibal Lecter stătea călare pe motocicletă într-o livadă din vârful dealului, mâncând şuncă şi câteva smochine africane foarte gustoase, descoperite în piaţa din Rue de Buci. Putea să vadă cum drumul cobora dealul şi, la jumătate de kilometru mai departe, intrarea în casa lui Vladis Grutas.

Livada era plină de albine şi mai multe bâzâiseră în jurul smochinelor până le acoperise cu un şervet. Garcia Lorca, care se bucura din nou de succes la Paris, spunea că inima este ca o livadă. Hannibal se gândea la imaginea asta şi se gândea, ca orice tânăr, la formele piersicilor şi perelor, când camionul unui zidar trecu pe lângă el şi se opri la poarta lui Grutas.

Hannibal ridică binoclul militar al tatălui său.

Casa lui Vladis Grutas era un conac în stil Bauhaus, ridicat în 1938 pe terenul unei ferme, având vederea către râul Essone. Fusese părăsită în anii de război şi, fără streşini, apa se infiltrase în şiroaie cenuşii pe pereţii albi. Întreaga faţadă principală şi una din cele laterale fuseseră revopsite într-un alb strălucitor, iar pe celelalte erau înălţate schelele. În timpul Ocupaţiei, servise germanilor drept sediu de stat-major, iar ei o protejaseră suplimentar.

Cubul din sticlă şi beton fusese înconjurat cu un gard de sârmă. Intrarea era supravegheată dintr-o gheretă care arăta ca o cazemată. Vizorul gheretei fusese acum mascat cu un ghiveci cu flori. Prin fereastră, o mitralieră putea acoperi drumul, spulberând totul până departe.

Doi bărbaţi ieşiră din gheretă, unul blond, celălalt brunet şi acoperit de tatuaje. Foloseau o oglindă cu un mâner lung pentru a vedea ce-i sub camion. Zidarii fură nevoiţi să coboare şi să-şi arate actele. Au urmat strângeri de mână şi bătăi pe umeri. Paznicii lăsară camionul să intre.

Hannibal merse cu motocicleta până la un pâlc de copaci şi o ascunse în tufişuri. Făcu praf aprinderea cu un fir de sârmă bine ascuns şi puse un bilet pe şa, în care spunea că e plecat după piese de schimb. Merse o jumătate de oră pe drumul de coastă, apoi făcu autostopul până la Paris.

Rampa de încărcare de la Gabrielle Instrument Co. se află pe Rue de Paradis, între un negustor de corpuri de iluminat şi un atelier de reparat cristale. În ultima lor sarcină pe ziua în curs, oamenii încărcau un Bosendorfer în camionul lui Milko, împreună cu un scaun ambalat separat. Hannibal semnă factura Zigmas Milko, rostind numele încetişor în timp ce scria.

Camioanele companiei de aparatură de măsură soseau şi ele la sfârşitul zilei. Hannibal aşteptă până când o şoferiţă coborî dintr-un camion. Nu arăta rău în salopetă şi avea mersul nervos al franţuzoaicelor. Ea intră în clădire şi reapăru peste câteva minute în nişte pantaloni largi şi o bluză, ducându-şi salopeta sub braţ. O puse pe aceasta în portbagajul unei biciclete cu motor. Simţi privirea lui Hannibal asupra ei şi îşi întoarse faţa de fetiţă către el. Ea îşi alese o ţigară din pachet, el o aprinse.

– *Merci*, domnule... Zippo.

Femeia era o franţuzoaică de viaţă, animată, care-şi rotea tot timpul ochii în cap şi fuma cu gesturi exagerate.

Colegii care încărcau camionul se apropiară să audă conversaţia, dar nu-i auziră decât râsetul. În timp ce vorbeau, ea se uită la Hannibal şi, treptat, cochetăria se potoli. Părea fascinată de el, aproape hipnotizată. Porniră împreună în lungul străzii, spre un bar.

Mueller era de serviciu la poartă împreună cu un german, Gassmann, care tocmai îşi încheiase contractul cu Legiunea Străină. Mueller încerca să-i vândă un tatuaj când apăru pe drum camionul lui Milko.

– Uite minune, Milko se întoarce de la Paris, spuse Mueller.

Gassmann avea vederea mai bună.

– Ăsta nu-i Milko.

Ieşiră afară.

– Unde-i Milko? o întrebă Mueller pe femeia de la volan.

– De unde să ştiu eu? Mi-a plătit să vă aduc pianul ăsta. Spunea că va fi plecat câteva zile. Musculoşilor, daţi-mi jos motoreta din spate.

– Cine te-a plătit?

– Domnul Zippo.

– Vrei să spui Milko.

– Corect, Milko.

O maşină de aprovizionare se opri în spatele camionului de cinci tone şi aşteptă, în timp ce şoferul bătea darabana pe volan.

Gassmann ridică prelata camionului. Văzu cutia unui pian şi încă un colet mai mic pe care scria: PENTRU PIVNIŢA DE VINURI – PĂSTRAŢI LA LOC RECE. Motoreta era legată de aripa camionului. Camionul avea şi o rampă mobilă, dar îi era mai uşor să o ia pe sus.

Mueller sosi să-l ajute pe Gassmann cu motoreta. Se uită la femeie.

– Bei ceva?

– Nu aici, spuse ea, încălecând pe motoretă.

– Motoreta aia parcă scoate vânturi, strigă Mueller după ea, în timp ce se îndepărta.

– O să o cucereşti sigur cu aşa cuvinte drăguţe, spuse celălalt neamţ.

Acordorul de piane era un bărbat scheletic, cu dinţii rari şi un rictus pe faţă aşa cum avea Lawrence Welk. Când termină de acordat Bosendorfer-ul negru, se schimbă în costumul lui alb, demodat, şi cântă la el în timp ce soseau oaspeţii lui Grutas. Sunetul pianului părea fragil aşa cum stătea pe podeaua de gresie şi era înconjurat de suprafeţele vitrate mari ale clădirii. Rafturile de sticlă şi oţel ale unei biblioteci din apropierea pianului bâzâiau la si bemol până când mută cărţile, apoi bâzâiră la si. Cât timp făcuse acordajul, folosise un scaun de bucătărie, dar nu dori să stea pe el atunci când cântă.

– Unde să stau? Unde este scaunul pianului? întrebă el o servitoare, care îl întrebă pe Mueller.

Mueller îi găsi un scaun de înălţimea potrivită, dar care avea braţe.

– O să cânt cu coatele pe sus, spuse acordorul.

– Taci şi cântă muzică americană, îl repezi Mueller. Muzică pentru cocktail vrea, solo.

La bufet se aflau treizeci de oaspeţi, epave ale războiului. Ivanov, de la ambasada sovietică era şi el acolo, mult prea bine îmbrăcat pentru un funcţionar al statului. Vorbea cu un sergent american care ţinea contabilitatea la depozitul armatei americane în Neuilly. Sergentul purta un mufti, un fel de robă într-o culoare ce-i scotea în evidenţă tumoarea în formă de paianjen de pe nas.

Iar episcopul din Versailles era însoţit de un acolit care-şi rodea unghiile.

În lumina neiertătoare, costumul negru al episcopului strălucea verzui, observă Grutas când îi sărută inelul. Vorbiră câteva clipe despre cunoştinţele comune din Argentina. Mulţi dintre musafiri păreau veniţi direct de la Vichy.

Pianistul zâmbi scheletic publicului şi începu să aproximeze câteva melodii ale lui Cole Porter. Nu prea ştia engleza şi de multe ori era obligat să improvizeze.

– *Night and day, you are the sun. Only you beneese the moon, you are the one.*

Subsolul era cufundat în întuneric. Un singr bec lumina lângă scări. Se auzea încet muzica de sus.

Un perete al beciului era acoperit de un stelaj cu vinuri. În apropiere erau mai multe colete, unele deschise, cu talaşul ieşit pe afară. O chiuvetă din inox zăcea pe jos lângă un tonomat cu fise Rock-Ola Luxury Light-Up, cu ultimele noutăţi. Lângă peretele cu vinuri era coletul pe care scria PENTRU PIVNIŢA DE VINURI – PĂSTRAŢI LA LOC RECE. Din el se auzea un scârţâit uşor.

Pianistul cântă ceva mai tare ca să acopere câteva versuri de care nu era sigur.

– *Wheter me or you depart, no matter darling I'm apart, I think of you Night and Dayyy...*

Grutas trecea printre musafiri, strângându-le mâinile. Cu o mişcare delicată a capului îl invită pe Ivanov în bibliotecă. Totul era extrem de modern, o masă cu picioare metalice şi blat de sticlă şi o sculptură după Picasso, de Anthony Quinn, intitulată *Logic Is a Woman's Behind.* Ivanov evaluă sculptura.

– Îţi place? întrebă Grutas.

– Tatăl meu era curator la Sankt Petersburg, pe când mai exista Sankt Petersburg.

– Poţi să o atingi, dacă vrei, spuse Grutas.

– Mulţumesc. Aparatura pentru Moscova?

– Şase frigidere sunt în tren spre Helsinki. Kelvinator. Tu ce ai pentru mine? întrebă Grutas neputând să se abţină să pocnească din degete.

Din cauza pocniturii, Ivanov îl făcu pe Grutas să aştepte cât timp studie bucile din piatră.

– La ambasadă nu există nici un dosar al băiatului, spuse el într-un târziu. A făcut rost de viză pentru Lituania propunând să scrie un articol pentru *L'Humanité*. Se presupunea că va fi despre cât de bună este colectivizarea după ce fermele familiei au fost naţionalizate şi cât de încântaţi sunt ţăranii să se mute la oraş şi să lucreze la uzina de apă. Un aristocrat care susţinea revoluţia.

Grutas râse zgomotos.

Ivanov puse o fotografie pe birou şi o împinse spre Grutas. Lady Murasaki şi Hannibal în faţa clădirii în care se afla locuinţa ei.

– Când a fost făcută?

– Ieri-dimineaţă. Milko era împreună cu omul meu când a fost făcută. Tânărul Lecter este student, munceşte mult noaptea, doarme undeva în clădirea facultăţii de medicină. Omul meu i-a arătat totul lui Milko – altceva nu vreau să ştiu.

– Când l-ai văzut ultima dată pe Milko?

Ivanov îl privi pătrunzător.

– Ieri. Ceva rău?

Grutas ridică din umeri.

– Poate că nu. Cine este femeia?

– Mama vitregă, sau ceva de genul ăsta. E frumoasă, spuse Ivanov atingând bucile din piatră.

– Are un fund ca ăsta?

– Nu cred.

– Poliţia franceză îşi face şi ea veacul pe acolo?

– Un inspector, Popil.

Grutas strânse din buze şi, pentru o clipă, păru să uite de prezenţa lui Ivanov.

Mueller şi Gassmann se uitau la mulţime. Luau paltoanele şi aveau grijă ca nimeni să nu fure nimic. În garderobă, Mueller îl trase pe Gassmann de papion, întinzând elasticul, apoi îi dădu drumul la loc.

– Ai putea să-l foloseşti drept elice şi să zbori ca un elf? întrebă Mueller.

– Mai trage tu o dată şi o să descoperi că eşti pe drumul către iad, îl avertiză Gussmann. Uită-te la tine. Cămaşa mototolită. Nu ai făcut niciodată armata?

Fură nevoiţi să-l ajute să descarce pe omul de la firma de catering. Ducând în subsol o masă de banchet demontată, nu văzură cum era mascată sub scară o mânuşă de cauciuc, umflată, suspendată deasupra unei farfurii cu o pulbere, cu o capsă care ducea la un recipient metalic de trei kile. Reacţiile chimice sunt mai lente când temperatura coboară. În subsolul lui Grutas, erau cu cinci grade mai puţin decât în laboratorul facultăţii de medicină.

52

Servitoarea întindea pe pat pijamaua de mătase a lui Grutas când el o strigă să-i mai aducă prosoape.

Nu-i făcea nici o plăcere să-i ducă prosoape lui Grutas, în baie, dar era mereu obligată să o facă. Trebuia să meargă acolo, dar nu trebuia şi să privească. Baia lui Grutas era toată în faianţă albă şi oţel inox, cu o cadă mare în mijloc, iar boilerul se afla într-o încăpere separată, de acolo ieşind ţeava care intra în cabina duşului.

Grutas zăcea în cadă. Prizoniera pe care o adusese de pe vas îi rădea pieptul cu un aparat de ras de închisoare, cu lama blocată cu o cheie. Jumătate din faţa ei era tumefiată. Servitoarea nu dorea să-i întâlnească privirea.

Ca într-o cameră destinată spălării creierului, baia era în întregime albă şi suficient de mare cât să încapă patru oameni deodată. Acustica ei ciudată amplifica toate sunetele. Hannibal putea să audă scârţâitul părului lui între cap şi faianţă aşa cum stătea lipit de podeaua albă a cabinei duşului. Acoperit cu câteva prosoape albe era aproape invizibil din camera de baie prin geamul mat al uşii. Sub prosoape, îşi putea auzi propria respiraţie. Ca atunci când fusese înfăşurat în carpetă împreună cu Mischa. Doar că, în locul respiraţiei ei calde, simţea mirosul pistolului, al uleiului special de armă şi al pulberii cartuşelor.

Putea să audă glasul lui Grutas, dar nu-i zărise faţa decât prin geam. Tonalitatea vocii nu se schimbase – melancolia care precede furtunile.

– Încălzeşte-mi halatul flauşat, îi ordonă Grutas servitoarei. Pe urmă aş vrea o baie de aburi. Să dai drumul.

Ea intră în camera boilerului şi deschise robinetul. În încăperea albă, singurele lucruri colorate erau ramele roşii ale termometrului şi ale manometrului. Păreau să fie instrumente de pe un vapor, aşa cum aveau cifrele inscripţionate mai mari, ca să poată fi văzute prin aburi. Acul manometrului se îndrepta deja către zona roşie.

Grutas stătea cu mâna sub cap. Sub braţ, avea tatuat însemnul naziştilor din SS. Brusc, îşi încordă muşchii şi stropi în jur.

– Bum! Donnerwetter! şi râse când prizoniera lui sări în lături. Nu, nu te mai lovesc. Îmi place cum arăţi acum. O să-ţi repar dintele cu o proteză pe care poţi să o ţii într-un pahar, în spatele patului, să nu stea în drum.

Hannibal ieşi prin uşa de sticlă într-un nor de aburi, cu arma îndreptată către inima lui Grutas. În cealaltă mână avea o sticlă cu alcool.

Pielea lui Grutas scârţâi când se ridică în cadă, iar femeia se feri de el înainte să realizeze că Hannibal era în spatele ei.

– Mă bucur că eşti aici, spuse Grutas. Se uită la sticlă, sperând că Hannibal este beat. Mereau am simţit că-ţi datorez ceva.

– Am discutat asta cu Milko.

– Şi?

– A propus o soluţie.

– Banii, desigur! I-am trimis prin el, iar el ţi i-a dat ţie? Foarte bine!

Hannibal i se adresă femeii, fără să o privească.

– Udă-ţi prosopul în cadă. Du-te în colţ, stai jos, şi acoperă-ţi faţa cu el. Hai! Udă-l în cadă.

Femeia înmuie prosopul şi se duse în colţul camerei cu el.

– Ucide-l, şuieră ea.

– Atât de mult mi-am dorit să-ţi revăd mutra, spuse Hannibal. Mutra ta am pus-o pe toţi cei pe care am lucrat. Credeam că eşti mai solid.

Servitoarea intră în cameră cu halatul. Prin uşa deschisă a băii putu să vadă amortizorul pistolului. Se retrase din cameră, papucii ei nescoţând nici un sunet pe covoraş.

Grutas se uita şi el la armă. Era pistolul lui Milko. Avea o culată adaptată pentru amortizor. Dacă tânărul Lecter nu era obişnuit cu arma, era limitat la un singur foc. Pe urmă avea să se chinuie cu ea.

– Ai văzut ce lucruri am în casă, Hannibal? Chilipiruri din timpul războiului! Eşti obişnuit cu lucrurile frumoase şi poţi să le ai. Suntem la fel! Noi suntem oamenii noi, Hannibal. Tu, eu, crema, mereu o să rămânem la suprafaţă! şi se jucă cu clăbucii din apă, pentru ca tânărul Lecter să se obişnuiască cu mişcările lui.

– Tăbliţele de identificare nu plutesc, spuse Hannibal aruncând în cadă tăbliţa lui Grutas, care căzu pe fundul căzii ca o frunză. Alcoolul pluteşte.

Hannibal aruncă sticla, iar ea se sparse pe dale lângă Grutas, stropindu-l pe cap, cioburi ajungându-i în păr. Hannibal luă bricheta Zippo din buzunar ca să-i dea foc lui Grutas. În timp ce-i deschidea capacul, Mueller îi lipi ţeava armei în spatele urechii.

Gassmann şi Dieter se repeziră din ambele părţi la arma lui Hannibal. Mueller îndreptă gura ţevii în jos şi i-o luă din mână. Apoi şi-o puse la centură.

– Nu trageţi, spuse Grutas. Să nu spargeţi faianţa pe aici. Vreau să stau niţel de vorbă cu el. Pe urmă poate să moară într-un cazan, aşa cum a murit şi sora lui.

Grutas ieşise din cadă şi stătea pe un prosop. Făcu semn femeii, acum disperată să-i facă pe plac. Ea îl stropi cu sifon prin locurile rase în timp ce el se rotea cu braţele desfăcute.

– Ai idee ce senzaţie îţi dă sifonul? întrebă Grutas. Te simţi ca şi cum te-ai naşte din nou. Sunt cu totul nou, într-o lume nouă, în care nu este loc şi pentru tine. Nici nu-mi vine să cred că l-ai ucis de unul singur pe Milko.

– Cineva mi-a dat o mână de ajutor, spuse Hannibal.

– Ţineţi-l deasupra căzii şi tăiaţi-i gâtul când vă spun eu.

Cei trei oameni se luptară cu Hannibal să-l pună la podea şi să-l ţină cu capul şi gâtul deasupra căzii. Mueller avea un cuţit cu buton. Puse lama pe gâtul lui Hannibal.

– Uită-te la mine, conte Lecter, prinţul meu, întoarce-ţi capul şi uită-te la mine, o să-ţi taie repede beregata şi o să sângerezi masiv. Nu o să doară prea mult.

Prin uşa de la camera boilerului, Hannibal putea vedea acele manometrului mişcându-se.

– Răspunde-mi la asta, spuse Grutas. Dacă micuţa ar fi murit de foame, i-ai fi dat să mănânce din mine? Pentru că ţineai la ea?

– Desigur.

Grutas zâmbi şi-l ciupi de obaz pe Hannibal.

– Uite. Uite că o simţi. Iubirea. Şi eu mă iubesc la fel de mult. Niciodată nu o să-mi cer iertare. Ţi-ai pierdut sora în război, spuse Grutas râzând şi râgâind. Râgâitul ăsta este părerea mea. Cauţi simpatie? Este în dicţionar, după sifilis. Taie-l, Mueller. Este ultimul lucru pe care-l vei auzi, îţi spun pentru ce ar fi trebuit să trăieşti. Tu...

Explozia zgâlţâi baia şi boilerul sări din perete, cu apa ţâşnind prin toate ţevile, iar luminile se stinseră. Luptându-se pe întuneric, la podea, Mueller, Gassmann, Dieter se aruncaseră peste el încurcaţi fiind de femeie. Cuţitul ajunse în braţul lui Gassmann făcându-l să înjure şi să ţipe. Hannibal izbi puternic cu cotul pe cineva, drept în faţă, şi fu imediat în picioare, lumina unei împuşcături izbucni în camea cu pereţii de faianţă, iar schijele îi atinseră faţa. Fum, fum greu acoperind pereţii. O armă era jos, pe dale, Dieter se repezi după ea. Grutas ridică arma în timp ce femeia sărea pe el şi-l zgâria cu unghiile pe faţă, iar el o împuşcă de două ori în piept. În picioare, cu pistolul înainte. Hannibal aruncă furtunul umed în ochii lui Grutas. Dieter sări în spatele lui Hannibal, Hannibal aruncându-se pe spate şi impactul cu marginea căzii care-i termină rinichii lui Dieter şi acesta îi dădu drumul. Mueller sărind peste el în timp ce încerca să se ridice, încercând să-şi înfigă degetele în beregata lui. Hannibal îl pocni pe Mueller în faţă, îşi cobori mâna printre ei, găsi pistolul pus la centura acestuia şi apăsă pe trăgaci cu arma încă în pantalonii acestuia, masivul neamţ rostogolindu-se şi urlând, Hannibal fugind cu pistolul. Încetini în dormitorul cufundat în întuneric, apoi merse mai repede pe culoarul plin de fum. Luă în drum găleata servitoarei şi o purtă cu el prin toată casa, auzind un singur foc de armă în urma lui.

Portarul ieşise din gheretă şi era la jumătatea drumului spre intrarea principală.

– Adu apă! strigă Hannibal la el. Îi dădu omului găleata şi se grăbi mai departe. Mă duc după furtun!

Alergând pe alee se strecură printre pomi imediat ce avu ocazia. Auzi focuri de armă în urma lui. În susul dealului, către livadă. Repară în grabă aprinderea, pipăind după firul ascuns.

Acceleră uşor, apăsă demarorul. Un şoc. Încă unul. BMW-ul se trezi cu un bubuit, iar Hannibal ţâşni din tufişuri, pe o alee printre copaci, lovi ţeava de eşapament de un ciot, apoi dispăru cu zgomot în noapte în timp ce ţeava ruptă scotea scântei pe şosea.

Pompierii stătură până târziu, scoţând tăciunii din subsolul casei lui Grutas, stropind pereţii cu apă. Grutas stătea la marginea grădinii, cu fumul şi aburii în spate, scrutând în direcţia Parisului.

53

Eleva de la şcoala sanitară avea părul roşcat-închis şi ochii căprui, cam de aceeaşi culoare cu ai lui Hannibal. Când se ridică de la ţâşnitoare ca să o lase pe ea să bea prima, ea se apropie de el şi îl mirosi.

– Când te-ai apucat de fumat?

– Încerc să mă las, spuse el.

– Şi sprâncenele îţi sunt arse!

– Am aprins mai neîndemânatic bricheta.

– Dacă eşti atât de neîndemânatic cu focul, nu ar trebui să găteşti. Îşi linse degetul şi îi netezi sprâncenele. Eu şi colegele mele facem o tocăniţă de vită diseară, o să fie destulă...

– Mulţumesc. Sincer. Dar am o obligaţie.

În biletul trimis la Lady Murasaki întreba dacă poate să o viziteze. Biletul era însoţit de o ramură de glicină, în semn de iertare. Biletul ei de răspuns fusese însoţit de două rămurele, una de mirt, alta de pin, cu un con minuscul pe ea. Pinul nu se trimite prea des. Uluitoare şi neţărmurite sunt posibilităţile acestuia.

Arta culinară nu avea să o trădeze pe Lady Murasaki. Avea patru arici de mare aduşi în apă de mare, din Bretagne. În următoarea prăvălie, măcelarul avea el momiţe gata înmuiate în lapte şi presate între două farfurii. Se opri şi la Fauchon, pentru o tartă cu pere, iar la sfârşit cumpără o plasă cu portocale.

Se opri în faţa florarului, cu braţele pline. Nu, desigur că Hannibal va aduce flori.

*

Hannibal aduse flori. Lalele, liliac de Casablanca şi ferigi, într-un buchet mare, legat de şaua din spate a motocicletei. Două tinere care traversau strada îi spuseră că buchetul seamănă cu o coadă de cocoş. Le făcu semn cu ochiul, apoi, când se schimbă culoarea semaforului, porni mai departe cu un sentiment de uşurare în piept.

Parcă în aleea de lângă clădirea în care locuia Lady Murasaki şi dădu colţul, apoi se apropie de intrare cu florile în mână. Suna la portăreasă când Popil şi încă doi poliţişti vânjoşi ieşiră pe uşă şi puseră mâna pe el. Popil luă florile.

– Nu sunt pentru tine, spuse Hannibal.

– Eşti arestat, îl anunţă Popil. După ce lui Hannibal îi fură puse cătuşele, Popil îşi puse buchetul de flori la subraţ.

În biroul lui de pe Quai des Orfèvres, inspectorul Popil îl lăsă pe Hannibal singur, să aştepte o jumătate de oră în atmosfera secţiei de poliţie. Se întoarse în birou şi-l găsi pe tânăr aşezând ultima floare într-un aranjament în carafa de apă aflată pe biroul lui Popil.

– Cum îţi place? întrebă Hannibal.

Inspectorul Popil îl pocni cu bastonul de cauciuc şi el se aşeză.

– Asta cum îţi place?

Cel mai solid din cei doi poliţişti se strecură în birou după Popil şi se aşeză în spatele lui Hannibal.

– Răspunde-mi la toate întrebările: te-am întrebat cum ţi-a plăcut asta!

– A fost mai cinstită decât strângerea ta de mână. Şi, cel puţin, bastonul este curat.

Popil luă două tăbliţe dintr-un plic, legate cu o sfoară.

– Le-am găsit în camera ta. Aceste două persoane sunt judecate în lipsă la Nürnberg. Întrebare: unde sunt?

– Nu ştiu.

– Nu vrei să-i vezi spânzuraţi? Călăul unge şi el laţul, dar nu într-atât încât să le smulgă capetele. Nu-şi fierbe funia. Se zbat destul. Asta ar trebui să fie pe gustul tău.

– Inspectore, niciodată nu o să ştii ceva despre gustul meu.

– Justiţia nu contează, totul este să-i ucizi cu mâna ta.

– La fel şi pentru tine, inspectore. Şi tu îi priveşti mereu cum mor. Asta-i pofta ta. Crezi că putem vorbi singuri? Scoase din buzunar un bilet însângerat, învelit în celofan. Ai o scrisoare de la Louis Ferrat.

Popil făcu semn poliţistului să iasă din încăpere.

– Când am tăiat hainele de pe cadavrul lui Louis, am găsit acest bilet ce-ţi este adresat. Citi cu voce tare partea care se vedea din biletul împăturit. „Inspectore Popil, de ce mă torturezi cu întrebările şi nu răspunzi singur la ele? Te-am văzut în Lyon." Şi o ţine tot aşa. Hannibal dădu biletul lui Popil. Dacă vrei să-l deschizi, să ştii că e uscat acum. Nu miroase.

Biletul trosni când Popil îl deschise şi fulgi negri căzură din foaia împăturită. Când termină, se aşeză ţinând biletul la tâmplă.

– Ţi-au făcut semn cu mâna unii dintre membrii familiei tale aflaţi în trenuleţ? întrebă Hannibal. Încotro ai dirijat traficul din depou în ziua aceea?

Popil ridică mâna.

– Nu vrei să faci asta, spuse Hannibal încet. Dacă ştiu, la ce bun să-ţi spun? E o întrebare corectă, inspectore. Poate că i-ai ajutat să plece în Argentina.

Popil clipi din ochi.

– Pétain a fost întotdeauna eroul meu. Tatăl meu, unchii mei au luptat sub conducerea lui în Primul Război Mondial. Când a făcut guvernul, ne-a spus: „Să păstrăm pacea până scăpăm de germani. Vichy o să salveze Franţa". Eram deja poliţişti, părea să avem de făcut acelaşi lucru.

– I-ai ajutat pe nemţi?

Popil ridică din umeri.

– Am păstrat pacea. Poate că asta i-a ajutat. Pe urmă am văzut unul dintre trenurile lor. Am dezertat şi am intrat în Rezistenţă. Nu au avut încredere în mine până nu am omorât pe unul din Gestapo. Germanii au omorât opt săteni ca represalii. M-am simţit ca şi cum i-aş fi ucis eu. Ce fel de război este ăsta? Am luptat în Normandia, în tranşee, pocnind din astea ca să ne recunoaştem. Şi luă un clicker de cricket de pe birou. I-am ajutat pe aliaţi să iasă de pe plajă. Clicăi de două ori. Asta însemna „sunt prieten, nu trage“. Nu-mi pasă de Dortlich. Ajută-mă să-i găsesc. Cum ai dat de Grutas?

– Prin rudele din Lituania, prin relaţiile din biserică.

– Aş putea să te reţin pentru acte false, doar pe baza mărturiei acelui nemernic. Dacă te las să pleci, juri că-mi vei spune tot ceea ce descoperi? Juri în faţa Domnului?

– În faţa Domnului? Da, jur. Ai o Biblie?

Popil avea în sertar un exemplar din *Pensées*. Hanibal îl luă.

– Sau îl putem folosi pe Pascal, Pascal.

– Ai jura pe viaţa lui Lady Murasaki?

Un moment de ezitare.

– Da, pe viaţa lui Lady Murasaki. Hannibal luă clicker-ul şi clicăi de două ori.

Popil scoase tăbliţele de identificare şi i le înapoie lui Hannibal.

Când Hannibal ieşi din birou, intră asistentul lui Popil. Popil făcu un semn de la fereastră. Când Hannibal ieşi din clădire, un poliţist în civil îi luă urma.

– Ştie ceva. Sprâncenele lui sunt arse. Verifică toate incendiile din Ile de France, din ultimele trei zile, spuse Popil. După ce ne va duce la Grutas, vreau să-l arestez pentru măcelarul din copilăria lui.

– De ce măcelarul?

– Este o crimă juvenilă, Etienne, o crimă pasională. Nu vreau să fie condamnat, vreau să fie declarat nebun. Într-un azil îl pot cerceta şi afla ce-i cu el.

– Ce crezi că este?

– Micuţul Hannibal a murit în 1945, acolo, în zăpadă, încercând să-şi salveze sora. Inima lui a murit odată cu Mischa. Cine-i el acum? Încă nu s-a inventat cuvântul. În loc de ceva mai potrivit, o să-i spunem monstru.

54

În clădirea în care locuia Lady Murasaki, în Place des Vosgés, cabina portăresei era cufundată în întuneric şi uşa cu geamul ei mat-închisă. Hannibal intră în clădire cu cheile lui şi fugi în sus pe scări.

În cabina ei, stând pe scaun, portăreasa avea toată corespondenţa împrăştiată pe masă înaintea ei, ca şi cum ar fi jucat solitaire. Cablul de siguranţă al unei biciclete era îngropat aproape de tot în carnea moale a gâtului ei, iar limba îi atârna afară.

Hannibal bătu la uşa lui Lady Murasaki. Putea să audă telefonul sunând în interior. I se păru extrem de strident. Uşa se deschise imediat când doar încercă să bage cheia în broască. Fugi prin apartament căutând, căutând, tresărind de durere când deschise uşa dormitorului ei, dar încăperea era goală. Telefonul suna, suna. Ridică receptorul.

În bucătăria de la Café de L'Este, ortolanii dintr-o colivie aşteptau să fie înecaţi în Armagnac şi opăriţi în oala mare cu apă clocotită de pe maşina de gătit. Grutas o apucă de gât pe Lady Murasaki şi îi apropie faţa de oala clocotindă. Cu cealaltă mână ţinea receptorul telefonului. Mâinile ei erau legate la spate. Mueller o ţinea de mâini din spate.

Când auzi glasul lui Hannibal în aparat, Grutas vorbi:

– Ca să ne continuăm conversaţia, vrei să o mai vezi vie pe japoneză? întrebă Grutas.

– Da.

– Atunci ascult-o şi ghiceşte dacă mai are obraji.

Ce se auzea dincolo de vocea lui Grutas? Apa clocotind? Hannibal nu avea de unde să ştie dacă sunetul era real; uneori auzea apa clocotind şi în visele sale.

– Voresc cu tine, fiu de căţea.

Lady Murasaki spuse:

– Dragul meu, nu..., înainte de a fi smulsă de lângă telefon.

Se luptă în strânsoarea lui Mueller şi ei o izbiră de colivia cu ortolani. Păsărelele ţipară şi se agitară.

Grutas îi vorbi lui Hannibal.

– Dargul meu, ai omorât doi oameni pentru sora ta şi mi-ai aruncat în aer casa. Îţi ofer să facem schimb, viaţă pentru viaţă. Adu totul, toate tăbliţele de identificare, inventarul, toate nenorocirile alea. Simt nevoia să o fac să sufere.

– Unde...

– Taci. Kilometrul treizeci şi şase, pe drumul spre Trilbardou, unde este o cabină telefonică. Să fii acolo la răsărit şi vei primi un telefon. Dacă nu eşti acolo, o să primeşti colet obrajii ei. Dacă îl văd pe Popil, sau pe oricare alt poliţist, o să primeşti inima ei. Poate o poţi folosi în cercetările tale. Viaţă pentru viaţă?

– Viaţă pentru viaţă, spuse Hannibal. Se auzi tonul.

Dieter şi Mueller o duseră pe Lady Murasaki într-o dubă din faţa localului. Kolnas schimbă tăbliţa cu numărul de înmatriculare de la maşina lui Grutas.

Grutas deschise portbagajul şi scoase o lunetă Dragunov. I-o dădu lui Dieter.

– Kolnas, adu un borcan.

Grutas dorea ca Lady Murasaki să audă. Se uită într-un fel pofticios la ea în timp ce dădea instrucţiunile.

– Ia maşina. Ucide-l când vorbeşte la telefon, îi spuse Grutas lui Dietrich. Îi întinse borcanul. Pune-i coaiele în ăsta şi adu-le pe vas, mai jos de Nemours.

*

Hannibal nu voia să se uite pe fereastră; copoiul lui Popil cu siguranță că-l supraveghea. Merse în dormitor. Se așeză o clipă pe pat cu ochii închiși. Sunetul din fundal răsuna în mintea luiHannibal. „Cip, cirip. Dialectul baltic al ortolanilor."

Cearșafurile lui Lady Murasaki aveau miros de lavandă. Strânse pânza în pumn, o duse la frunte, apoi o smulse de pe pat și o înmuie în cadă. Întinse o sfoară pentru rufe de-a latul sufrageriei și atârnă de ea un chimonou, puse un ventilator pe podea și îi dădu drumul, încet, cât să miște chimonoul și umbra acestuia pe draperii.

Stând în fața armurii, luă pumnalul tanto și se uită lung la masca Lordului Date Masamune.

– Dacă poți să o ajuți, ajut-o acum!

Puse șnurul tecii pe după gât și strecură pumnalul pe spate.

Hannibal răsuci și legă cearșafurile ude așa cum fac deținuții care vor să se sinucidă, iar când termină cu toate le legă de o bară a balustradei de la terasă și le dădu drumul în jos, unde ajungeau cam la patru metri de pavajul aleii.

Coborî cu grijă. Când dădu drumul cearșafurilor, căderea prin aer păru să dureze mult, apoi picioarele lui atinseră pământul și se rostogoli.

Împinse motocicleta pe alee, afară din curtea clădirii, apoi pe strada din spate, prinse ghidonul și sări pe ea imediat ce porni motorul. Avea nevoie de mult noroc ca să găsească pistolul lui Milko.

55

În voliera din fața Café de L'Este, ortolanii se agitau și murmurau în lumina strălucitoare a lunii. Umbrarul verandei era strâns și umbrelele închise. Sala de mese era cufundată în întuneric, dar luminile mai erau aprinse în bucătărie și la bar.

Hannibal îl putea vedea pe Hercule spălând podeaua barului cu mopul. Kolnas stătea pe un scaun de la bar, cu un registru în față. Hannibal înaintă în întuneric, porni motocicleta și merse fără să aprindă farul.

Parcurse ultima jumătate de kilometru către casa de pe Rue Juliana. Un Citroën Deux Cheveaux era parcat pe alee; omul de la volan trăgea ultimul fum dintr-o țigară. Șoferul se întinse apoi pe scaun și își lăsă capul pe spate. Probabil că dorea să doarmă.

Dintr-o grădiniță din fața bucătăriei, Hannibal putea vedea în casă. Doamna Kolnas trecu prin dreptul ferestrei vorbind cu cineva prea scund ca să-l poată vedea. Ferestrele cu obloane erau deschise în noaptea caldă. Ușa bucătăriei dădea în grădină. Pumnalul tanto intră ușor între ușă și toc și ridică cârligul. Hannibal își lăsă pantofii pe preș și pătrunse în casă. Ceasul din bucătărie bătea greu. Putea să audă cum curge apa în baie. Trecu pe lângă ușa băii, aproape lipit de perete, pentru ca podeaua să nu scârțâie. Putea să o audă pe doamna Kolnas în baie, vorbind unui copil.

Următoarea ușă era pe jumătate deschisă. Hannibal putu vedea mormane de jucării și un elefant de pluș. Privi prin cameră. Două paturi gemene. Katerina Kolnas dormea în cel din apropiere. Capul ei era întors într-o parte, degetul mare îi atingea fruntea. Hannibal putea să-i vadă pulsul la tâmplă. Putea să-i audă inima. Purta brățara lui Mischa. Clipi la lumina lămpii de veghe. Putea să audă cum clipește. Putea să audă respirația copilului. Putea să audă vocea doamnei Kolnas de undeva de pe coridor. Mici sunete în furtuna din jurul lui.

– Vino, dragule, trebuie să te șterg, spuse doamna Kolnas.

Pontonul lui Grutas, negru și amenințător, era legat de chei într-un val de ceață. Grutas și Mueller o duseră pe Lady Murasaki, legată și cu căluș la gură, pe pasarelă, apoi printr-un culoar într-o cabină de la pupa. Grutas deschise cu piciorul ușa cabinei de pe puntea de jos, care era camera lui de tortură. Un scaun se afla în mijlocul cabinei, cu o cârpă însângerată atârnată de el.

– Scuze, cabina nu este pregătită, spuse Grutas. O să vorbesc cu cei de la room-service. Eva!

Merse mai departe pe culoar, până la următoarea cabină, și izbi ușa, ca să o deschidă. Trei femei legate de priciurile lor se uitară la el cu priviri pline de ură. Eva strângea lucrurile.

– Vino încoa'!

Eva intră în camera de tortură, stând la depărtare de Grutas. Luă cârpa însângerată și puse o alta, curată, pe scaun. Strânse cârpa însângerată ca să o ia de acolo, dar Grutas îi spuse:

– Las-o. Pune-o undeva să o poată vedea.

Grutas și Mueller o legară de scaun pe Lady Murasaki.

Grutas îl trimise de acolo pe Mueller. Se așeză pe un scaun lipit de perete, cu picioarele întinse, masându-și coapsele.

– Ai idee ce o să pățești dacă nu-mi aduci o clipă de fericire? spuse Grutas.

Lady Murasaki închise ochii. Simți cum vasul tremură și începe să se miște.

*

Hercule ieşi de două ori din cafenea cu coşul de gunoi. Dezlegă lanţul bicicletei şi porni pe drum.

Lumina din spate încă mai era vizibilă când Hannibal se strecură pe uşa de la bucătărie. Ducea un obiect voluminos într-o sacoşă însângerată.

Kolnas veni în bucătărie ducându-şi registrul cu el. Deschise uşa cuptorului, alese câteva chitanţe şi le aruncă în foc.

În spatele lui, Hannibal spuse:

– Herr Kolnas, mereu înconjurat de străchini.

Kolnas se roti ca să-l vadă pe Hannbal sprijinit de perete, cu un pahar de vin într-o mână şi un pistol în cealaltă.

– Ce vrei? Am închis.

– Kolnas în paradisul străchinilor. Înconjurat de străchini. Mai porţi tăbliţa de identificare, Herr Kolnas?

– Sunt Kleber, un cetăţean francez, şi o să chem poliţia.

– Lasă-mă pe mine să-i chem în numele tău. Hannibal puse jos paharul şi ridică receptorul telefonului. Te deranjează dacă îi chem tot acum şi pe cei de la Comisia pentru Anchetarea Crimelor de Război? Plătesc eu convorbirea.

– Să te ia naiba. Sună la cine vrei. Poţi să-i chemi chiar şi pe ăia, vorbesc serios. Sau o fac eu. Am acte, am prieteni.

– Am copii. Pe ai tăi.

– Ce înseamnă asta?

– Îi am pe amândoi. Am fost la locuinţa ta din Rue Juliana. Am intrat în camera cu elefantul de pluş şi i-am luat.

– Minţi!

– „Ia-o pe ea, o să moară oricum", aşa spuneai.

Hannibal se aplecă şi aruncă pe masă sacoşa însângerată. Putem să gătim împreună, ca-n vremurile de odinioară. Aruncă pe masa din bucătărie şi brăţara lui Mischa. Se învârti îndelung până să se oprească.

Kolnas scoase un sunet nedefinit. Pentru o clipă nu putu să atingă sacoşa cu mâinile tremurânde, apoi se repezi la ea, rupse hârtia însângerată din ea şi rostogoli pe masă carnea şi oasele.

– Friptură de vacă, Herr Kolnas, şi un pepene. Le-am luat de la Hale. Dar vezi cum te simţi?

Kolnas se întinse peste masă, mâinile lui însângerate atingându-i faţa lui Hannibal, dar se ridicase prea mult pe vârfurile picioarelor şi Hannibal îl doborî pe masă şi-i înfipse pistolul la baza capului, nu foarte tare, iar Kolnas leşină.

Chipul lui Hannibal, mânjit de sânge, semăna cu chipurile demonice din propriile vise. Îl stropi cu apă pe Kolnas până când acesta deschise ochii.

– Unde-i Katerina, ce ai făcut cu ea?

– Este în siguranţă, Herr Kolnas. Este rozalie şi în bună stare. Poţi să vezi pulsul la tâmpla ei. O să o primeşti înapoi când mi-o dai pe Lady Murasaki.

– Dacă fac asta sunt un om mort.

– Nu. Grutas va fi arestat, iar eu nu o să-mi amintesc chipul tău. Ai o şansă de dragul copiilor.

– Cum ştiu că sunt în viaţă?

– Jur pe sufletul surorii mele că le vei reauzi vocile. Teferi. Ajută-mă, sau te ucid şi copiii vor muri de foame. Unde este Grutas? Unde este Lady Murasaki?

Kolnas înghiţi greu, şocat de sângele din gura lui.

– Grutas are un ponton plutitor, un vas cu care se merge pe canale, cu care se mişcă de colo-colo. Acum este în Canal de Loing, la sud de Nemours.

– Numele vasului?

– *Christabel*. Ţi-ai dat cuvântul, unde-mi sunt copiii?

Hannibal îl lăsă pe Kolnas să se ridice. Luă telefonul din spatele registrului de casă, formă numărul şi-i dădu receptorul lui Kolnas.

Pentru o clipă, Kolnas nu recunoscu vocea soţiei sale, apoi spuse:

– Alo, alo! Astrid? Vezi unde sunt copiii, dă-mi-o pe Katerina la telefon! Fă ceea ce-ți spun și nu pune întrebări!

Când Kolnas auzi glasul adormit al copilului trezit din somn, expresia feței i se schimbă. Mai întâi ușurare, apoi înțepenire când mâna i se strecură către arma de pe etajera din spatele casieriei. Umerii îi căzură.

– M-ai păcălit, Herr Lecter.

– M-am ținut de cuvânt. Te las în viață de dragul...

Kolnas se repezi cu enormul Webley în pumn, mâna lui Hannibal îl lovi, pistolul sări departe de ei, iar Hannibal înfipse adânc pumnalul tanto sub bărbia lui Kolnas, iar vârful acestuia ieși prin creștetul capului.

Firul receptorului se smulse din aparat. Kolnas căzu cu fața în jos. Hannibal îl rostogoli cu fața în sus și stătu o vreme pe scaunul din bucătărie, uitându-se la el. Ochii lui Kolnas erau deschiși, dar deja își pierdeau strălucirea. Hannibal îi puse o strachină pe față.

Duse afară colivia cu ortolani și o deschise. Pe ultimul trebui să-l prindă el cu mâna și să-l arunce în sus, în lumina lunii. Deschise și ușa volierei și goni păsărelele afară. Acestea se adunară stol și dădură roată o dată, mici umbre deasupra terasei, urcând să testeze direcția vântului și să ia direcția Stelei Polare.

– Fugiți! spuse Hannibal. Baltica este în direcția aceea. Stați acolo toată vara.

56

Prin noapte, un singur punct luminos se vedea peste câmpiile întunecate din Ile de France, farul motocicletei pe care Hannibal mergea aplecat peste rezervorul de benzină. După şoseaua betonată de la sud de Nemours, apoi după vechiul drum pentru tras la edec care urma Canal de Loing, parte asfaltat, parte pietruit, ajunsese pe un drum cu o singură bandă, asfaltat, fiind nevoit să facă slalom în mare viteză printre vacile de pe drum, simţind loviturile crengilor din tufişurile de pe margine, derapând, intrând pe acostament, cu roţile muşcând din pietriş, apoi din nou pe şosea, cu motocicleta ridicată pe roata din spate în timp ce accelera.

Luminile din Nemours deveniseră tot mai slabe în urma lui, era în plin câmp acum, totul cufundat în întuneric înainte, dar pietrişul şi buruienile extrem de clare în lumina farului, pentru ca întreg conul de lumină să fie înghiţit de întuneric undeva în faţa lui. Se întreba dacă nu cumva ajunsese la canal mult prea spre sud – oare vasul era în urma lui?

Se opri, stinse luminile, ca să stea în întuneric şi să ia o decizie în timp ce motocicleta vibra sub el.

Mult înainte, departe în întuneric, i se păru că două case plutesc peste mlaştini, pontoane plutitoare care de abia se vedeau pe deasupra malurilor acestui Canal de Loing.

Pontonul lui Vladis Grutas era uimitor de silenţios în timp ce naviga spre sud, valurile stârnite de el spărgându-se de ambele părţi ale canalului, vacile dormind în continuare de o parte şi de alta. Mueller se legăna pe punte într-un balansoar, cu arma proptită de balustrada de lângă el. La pupa, Gassmann deschise o ladă şi scoase din ea baloane de acostare.

La trei sute de metri mai în spate, Hannibal încetini, BMW-ul mergând aproape la ralanti, în timp ce crengile îi zgâriau pielea. Se opri şi luă din portbagaj binoclul militar al tatălui său. Pe întuneric, nu putea citi numele vasului.

Erau aprinse doar luminile de drum ale vasului şi se vedea ceva lumină din spatele draperiilor de la ferestre. Canalul era prea larg aici ca să poată sări pe punte.

De pe mal, ar fi putut să-l împuşte cu pistolul pe căpitanul de la timonă – asta l-ar fi îndepărtat cu siguranţă de la cârmă –, dar s-ar fi dat alarma pe vas şi ar fi trebuit să-i înfrunte pe toţi deodată când ar fi ieşit pe punte. Şi puteau să vină din ambele părţi deodată. Putea să vadă scara de tambuchi de la pupa, cât şi ceva negru spre prova, probabil o altă intrare către puntea inferioară.

Lumina compasului dădea o aură ferestrelor timonei de la pupa, dar nu ştia câţi ar putea fi acolo. Trebuia să vadă la faţa locului. Drumul pentru tras la edec era prea aproape de apă, iar câmpul era mult prea denivelat ca să ocolească ceva mai departe.

Hannibal continuă să meargă pe drumul de tras la edec, simţind cum îl furnică partea corpului dinspre vas. O licărire pe vas. Gassmann, la pupa, scotea baloane de acostare dintr-o ladă. Privi la motocicleta care trecea. Fluturii de noapte se învârteau în lumina unei cabine.

Hannibal se stăpâni şi merse cu o viteză moderată. La un kilometru înainte zări farurile unei maşini care traversa canalul.

Canalul Loing se îngusta la o ecluză până la de două ori lăţimea unui vas. Din ecluză făcea parte integrantă un pod din piatră, una din porţile ecluzei fiind montată în arcul podului, iar sasul ecluzei arăta ca o cutie dincolo de pod, nu cu mult mai lung decât *Christabel*.

Hannibal coti la stânga peste pod şi mai merse câteva sute de metri, pentru cazul în care căpitanul vasului l-ar fi urmărit cu privirea. Stinse farul, coti şi se întoarse în apropierea podului, ascunzând motocicleta în tufişurile de lângă drum. Merse apoi pe jos prin întuneric.

Câteva bărci erau puse cu chila în sus pe malul canalului. Hannibal se piti între ele şi privi peste corpul lor la vasul care se apropia, aflat încă la jumătate de kilometru distanţă. Era foarte întuneric. Putea să audă un aparat de radio în căsuţa de la celălalt capăt al podului, probabil locuinţa paznicului ecluzei. Strecură pistolul în buzunarul ainei.

Luminile slabe ale pontonului plutitor se apropiau încet, cu lumina roşie, de poziţie, către el şi cu o lumină albă mai în spate, pe un catarg de lângă cabină. Vasul trebuia să se oprească aşteptând să coboare un metru la ecluză. Rămase pe mal, înconjurat de tufişuri. Era prea devreme să se audă greierii.

Aşteptând în timp ce vasul se apropia, încet, încet. Timp de gândire. Era neplăcut să-şi amintească parte din ceea ce făcuse în localul lui Kolnas: era dificil să iei viaţa chiar şi unuia precum Kolnas şi dezgustător să-l asculţi cum vorbeşte. Minunată însă senzaţia pe care o simţise în mână atunci când lama pumnalului tanto trecuse prin ţeasta lui Kolnas ca un corn. Mult mai multă satisfacţie decât în cazul lui Milko. Lucruri de care să se bucure: demonstraţia teoremei lui Pitagora făcută cu dalele, smulgerea capului lui Dortlich. Lucruri de aşteptat: o va invita pe Lady Murasaki la un iepure la tavă la Restaurant Champs de Mars. Hannibal era calm. Pulsul îi era de 72 de bătăi pe minut.

Întuneric dincolo de ecluză şi cerul limpede, plin de stele. Lumina de pe catarg va fi printre cele mai joase stele atunci când vasul va ajunge la ecluză.

Nu a ajuns printre stele pentru că a fost coborât catargul şi lumina a părut a fi aceea a unei stele căzătoare, ce cobora urmând o traiectorie în arc de cerc. Hannibal văzu filamentul strălucitor al reflectorului vasului şi se azvârli la pământ când raza acestuia trecu peste el către porţile ecluzei şi se auzi sirena vasului. Se aprinse lumina în ghereta paznicului şi în mai puţin de un minut omul fu afară, trăgându-şi şapca pe cap. Hannibal înşurubă amortizorul la arma lui Milko.

Vladis Grutas urcă scara şi apăru pe punte. Îşi aruncă ţigara în apă. Îi spuse ceva lui Mueller şi puse puşca pe punte, printre plante, în aşa fel încât să nu fie văzută de paznicul ecluzei, şi coborî iar sub punte.

Gassmann, la pupa, lăsă pe copastie baloanele de acostare şi întinse parâma. Poarta din amonte a ecluzei era deschisă. Paznicul intră în gheretă şi aprinse luminile în capetele ecluzei. Vasul alunecă pe sub pod, în sasul ecluzei, căpitanul inversând sensul de rotaţie al elicelor pentru ca vasul să se oprească. În zgomotul făcut de motor, Hannibal alergă ghemuit către pod, încercând să rămână sub nivelul balustradei din piatră.

Privi în jos, la ponton, în timp ce aluneca pe sub el, pe punte şi prin tambuchiuri. Un tambuchi alunecând pe sub el şi imaginea fugară a lui Lady Murasaki legată de un scaun, vizibilă de sus numai pentru o clipă.

Dură aproape zece minute egalizarea nivelului apei din sasul ecluzei cu acela al apei din aval, apoi porţile se deschiseră şi Gassmann şi Mueller traseră de parâmele întinse pe peretele sasului. Paznicul se întoarse la el acasă. Căpitanul ambală motorul şi apa începu să clocotească în spatele pontonului.

Hannibal ochi pe deasupra balustradei. De la mică distanţă îl împuşcă pe Gassmann în cap, urcă pe balustradă şi sări, aterizând pe Gassmann şi rostogolindu-se pe punte. Căpitanul simţi bufnitura căderii lui Gassmann şi se uită mai întâi la parâmele de la pupa, să vadă dacă sunt libere.

Hannibal încercă uşa scării de la pupa. Încuiată.

Căpitanul ieşi de la timonă.

– Gassmann?

Hannibal se întinse lângă cadavrul de la pupa, pipăindu-i pieptul. Gassmann nu fusese înarmat. Trebuia să treacă pe lângă cabina timonei pentru a ajunge în faţă, iar Mueller era la prova.

Înaintă pe partea dreaptă. Căpitanul ieşi din cabina timonei pe stânga şi-l văzu pe Gassmann lat pe punte, cu o gaură în ţeastă.

Hannibal ţâşni înainte, ghemuit prin faţa cabinelor joase de pe punte.

Simţi cum motorul vasului trece în ralanti şi, în timp ce alerga, auzi focul unei arme în urma lui, glonţul lovi parapetul şi schijele îl înţepară în umăr. Se întoarse şi-l văzu pe căpitan pitit în spatele cabinei de la pupa. Lângă tambuchiul scării de la prova fură vizibile o clipă o mână tatuată şi un pistol, apoi puşca fu luată dintre ghivece. Hannibal trase, fără nici un rezultat. Umărul îi era fierbinte şi umed. Merse ghemuit între cele două cabine de pe punte, alergă spre prova unde Mueller, care stătea ghemuit, se ridică auzindu-l pe Hannibal, ridică arma, ţeava puştii lovi colţul tambuchiului, o ridică iar, dar Hannibal îl împuşcă de patru ori în piept, cât de rapid putu să apese pe trăgaci, iar puşca se descărcă făcând o gaură neregulată în rama tambuchiului. Mueller se clătină şi se uită la pieptul lui, se prăbuşi pe spate şi căzu mort lângă balustradă. Uşa tambuchiului nu era închisă. Hannibal coborî scările şi o încuie în urma lui.

La pupa, căpitanul, pitit în spatele cadavrului lui Gassmann, îl căuta prin buzunare după chei.

Repede pe scări şi în lungul culoarului strâmt de pe puntea de jos. Se uită în prima cabină, goală, numai priciuri şi lanţuri. Izbi de perete uşa celei de-a doua, o văzu pe Lady Murasaki legată de scaun şi se repezi la ea. Grutas îl împuşcă pe la spate pe Hannibal, glonţul trecându-i pe lângă omoplat, iar el căzu pe spate, făcând baltă de sânge sub el.

Grutas zâmbi şi se apropie. Îşi puse pistolul sub bărbia lui Hannibal şi îl potrivi bine. Împinse departe arma lui Hannibal. Grutas apucă şi stiletul de la centură şi-i înfipse vârful în piciorul lui Hannibal. Acesta nu se mişcă.

– Împuşcat în coloană, micul meu Mannlein, spuse Grutas. Nu-ţi simţi picioarele? Mare păcat. Nu vei simţi când o să-ţi tai boaşele. Grutas zâmbi către Lady Murasaki. O să-ţi fac o gentuţă în care să le păstrezi.

Ochii lui Hannibal se deschiseră.

– Poţi să vezi? Grutas flutură lama lungă prin faţa lui Hannibal. Excelent! Uită-te la asta! Grutas ajunse în faţa lui Lady Murasaki şi-i trecu uşor cu vârful lamei pe faţă, de abia atingând-o. Aş putea să-i dau ceva culoare în obraji. Înfipse stiletul în spătarul scaunului, chiar lângă capul ei. Aş putea să descopăr noi metode de a face sex.

Lady Murasaki nu spuse nimic. Privirea ei era fixată pe Hannibal. Degetele lui tresăriseră, mâna lui urca încet către cap. Privirea i se muta de la Lady Murasaki la Grutas şi înapoi. Lady Murasaki se uită drept la Grutas, părând excitată şi speriată în acelaşi timp. Putea să fie atât de frumoasă cât dorea să fie. Grutas se aplecă şi o sărută apăsat, muşcându-i buzele cu dinţii, strivindu-i faţa de a lui, faţa lui pălind, ochii lui încetând să mai clipească atunci când începu să-i pipăie pe sub bluză.

Hannibal ajunse cu mâna sub cap, trase de sub guler pumnalul tanto, însângerat, îndoit şi cu o adâncitură de la glonţul lui Grutas.

Grutas privi chiorâş, cu chipul convulsionat, iar picioarele îl lăsară când Hannibal îi tăie tendoanele de la călcâie. Lady Murasaki, cu picioarele legate, îl pocni pe Grutas în cap. El încercă să ridice arma, dar Hannibal o prinse de ţeavă şi o răsuci, îi tăie încheietura mâinii şi arma căzu pe podea, departe. Grutas porni după armă, se împinse în coate, se ridică şi merse în genunchi, căzu iar, se împinse din nou în coate ca un animal călcat pe şosea, cu spinarea ruptă. Hannibal tăie şi eliberă mâinile lui Lady Murasaki, iar ea smulse stiletul din spătarul scaunului pentru a-şi elibera şi gleznele şi merse în colţul de lângă uşă. Hannibal, cu spatele însângerat, se puse între Grutas şi armă.

Grutas se opri, stând în genunchi, şi-l privi îndrăzneţ pe Hannibal. Sinistru de calm. Îl privi pe Hannibal cu ochii lui palizi, de om al Nordului.

– Vom merge împreună către moarte, spuse Grutas. Eu, tu, mama vitregă căreia i-o tragi, oamenii pe care i-ai ucis.

– Nu erau oameni.

– Ce gust avea Dortlich, de peşte? L-ai mâncat şi pe Milko?

Lady Murasaki vorbi din colţul cabinei.

– Hannibal, dacă Popil pune mâna pe Grutas, te va lăsa în pace. Hannibal, fii de partea mea. Predă-l lui Popil.

– Mi-a mâncat sora.

– Şi tu ai făcut asta, spuse Grutas. De ce nu te sinucizi?

– Nu. Este o minciună!

– O, chiar aşa ai făcut! Drăguţul de Fluierici te-a hrănit cu ea. Trebuie să-i ucizi pe toţi care ştiu asta, nu-i aşa? Acum, că femeia ta ştie asta, trebuie să o ucizi şi pe ea.

Hannibal îşi astupă urechile cu mâinile, ţinând strâns pumnalul însângerat. Se întoarse către Lady Murasaki, îi căută privirea şi o strânse la piept.

– Nu, Hannibal, este o minciună, predă-l lui Popil.

Grutas se târî mai departe, către armă, vorbind, vorbind.

– Ai mâncat-o, pe jumătate conştient, buzele tale căutau cu lăcomie lingura.

Hannibal urlă către tavan:

– Nu!

Şi alergă către Grutas cu pumnalul ridicat, dădu cu piciorul armei şi tăie un „M“ pe faţa lui Grutas, urlând:

– „M“ de la Mischa! „M“ de la Mischa! „M“ de la Mischa! în timp ce Grutas cădea pe podea şi Hannibal decupa un „M“ din el.

Un strigăt din spate. Neclar în ceaţa roşie de care era cuprins, un foc de armă.

Hannibal simţi glonţul lovind undeva deasupra lui. Nu ştia dacă a fost rănit. Se întoarse. Căpitanul era în spatele lui, cu spatele la Lady Murasaki, având mânerul stiletului lângă clavicula şi lama trecută prin aortă; arma căzu dintre degetele căpitanului, iar el căzu drept în faţă.

Hannibal se clătina pe picioare, faţa lui era o mască roşie. Lady Murasaki închise ochii. Tremura.

– Eşti rănită? întrebă el.

– Nu.

– Te iubesc, Lady Murasaki, spuse el. Se duse către ea.

Ea își deschise ochii și-i ținu departe mâinile însângerate.

– Ce a mai rămas din iubirea ta? spuse ea și fugi din cabină, pe scară și peste balustradă, plonjând în apa canalului.

Vasul se lovea ușor de malul canalului.

Pe *Christabel,* Hannibal era singur cu toți morții, cu privirile lor încremenite. Mueller și Gassmann erau sub punte acum, la picioarele scării tambuchiului. Grutas, cu zigzagurile roșii de pe el, zăcea în cabina în care murise. Fiecare ținea în mâinile lui o grenadă germană, de la aruncătorul de grenade antitanc, ca o păpușă cu capul uriaș. Hannibal luă din depozitul de muniție ultima grenadă antitanc și o lăsă în sala motoarelor, la doi pași de rezervorul de combustibil. Din tachelajul vasului luă o ancoră și legă saula de declanșatorul grenadei. Se urcă pe punte cu cârligul ancorei în mână în timp ce vasul înainta centimetru cu centimetru, lovindu-se de malul din piatră al canalului. De pe punte, putea să vadă luminile de veghe de pe pod. Auzi vociferări și un câine lătrând.

Aruncă ancora în apă. Saula șerpui ușor dincolo de bord în timp ce Hannibal sări pe mal și porni peste câmp. Nu se uită înapoi. Era la patru sute de metri când se auzi explozia. Simți suflul ei pe spate și zgomotul venit odată cu el. O bucată de fier ateriză pe câmp, lângă el. Vasul din canal se transformase într-o vâlvătaie și o coloană de schije se înălța către cer, în formă de spirală, din cauza suflului exploziei. Mai multe explozii spulberară cabina de lemn a timonei pe măsură ce explodau și celelalte grenade antitanc.

De la doi kilometri distanță văzu în dreptul ecluzei farurile mașinilor de poliție. Nu se întoarse. Merse peste câmp și îl descoperiră la ivirea zorilor.

57

În cadrul ferestrei dinspre răsărit a cartierului general al poliţiei se înghesuiau de obicei, la vremea gustării, când vremea era caldă, tinerii poliţişti care sperau să o vadă pe Simone Signoret bându-şi cafeaua de dimineaţă pe terasa ei din apropiere de Place Dauphin.

Inspectorul Popil lucra la birou, fără să-şi înalţe privirea nici măcar atunci când se ducea vestea că uşile actriţei erau deschise şi rămânea acolo, fără să-l deranjeze zgomotele, cu excepţia momentului în care femeia de serviciu venea să ude florile.

Fereastra era deschisă şi auzea din depărtare demonstraţia comunistă de pe Quai des Orfèvres şi de pe Pont Neuf. Demonstranţii erau în marea lor majoritate studenţi care scandau: „Eliberaţi-l pe Hannibal!“ Purtau pancarte cu MOARTE FASCISMULUI şi cereau eliberarea imediată a lui Hannibal Lecter, care devenise un mic subiect la zi. Articole publicate în *L'Humanité* şi *Le Canard Enchaîné* îl apărau, iar *Le Canard* publicase fotografia epavei arzânde a lui *Christabel* cu legenda: „Canibalii puşi la fiert“.

În *L'Humanité* mai apăreau şi amintirile din copilărie emoţionate referitoare la beneficiile cooperativizării, un articol semnat chiar de Hannibal, strecurat din închisoare, ceea ce îi aţâţa şi mai mult pe suporterii comunişti. Ar fi putut scrie la fel de bine şi pentru publicaţiile de extrema dreaptă, dar cei de dreapta nu mai erau la modă şi nu ar fi demonstrat în sprijinul lui.

În fața lui Popil era o notă de la procurorul public în care era întrebat ce dovezi avea el de fapt împotriva lui Hannibal Lecter. Dat fiind curentul general revanșard, *l'épuration sauvage*, o reminiscență a războiului, o condamnare pentru uciderea unor fasciști și criminali de război ar fi fost cu greu obținută și, chiar justificată, ar fi fost extrem de nepopulară.

Uciderea criminalului Paul Momund se petrecuse cu ani în urmă, iar dovezile constau în mirosul de ulei de cuișoare, nota procurorul. Ajuta asta la reținerea femeii Murasaki? Era ea complice? întreba procurorul. Inspectorul Popil recomandase ca ea să nu fie reținută.

Circumstanțele exacte ale morții patronului de restaurant Kolnas, *restauratorul criptofascist și contrabandistul Kolnas*, așa cum era cunoscut în dosar, nu puteau fi determinate. Da, exista o gaură de origine necunoscută în țeasta lui, în limbă și în cerul gurii, care fuseseră străpunse de o persoană necunoscută. Și el trăsese cu revolverul, așa cum demonstra testul cu parafină.

Oamenii uciși în canal ajunseseră pete de grăsime și cenușă. Era de notorietate că sunt răpitori și negustori de carne vie. Nu fusese descoperită oare o dubă în care se aflau două femei captive în urma indiciului referitor la numărul de înmatriculare furnizat de femeia Murasaki?

Tânărul nu avea cazier. Era cel mai bun din grupa lui de la facultatea de medicină.

Inspectorul Popil se uită la ceas și merse pe coridor până la camera *Audieri 3,* cea mai bună pentru interogatorii din cauză că primea câteva raze de soare, iar graffiti-urile fuseseră acoperite cu un strat gros de vopsea albă. Un gardian stătea în fața ușii. Popil făcu un semn din cap către gardian, iar acesta trase zăvorul ca să poată intra. Hannibal stătea la masa goală din centrul încăperii. Glezna îi era legată cu cătușe de piciorul mesei, iar încheieturile mâinii de un belciug din masă.

– Scoate-i fiarele, spuse Popil gardianului.

– Bună dimineața, inspectore, îl întâmpină Hannibal.

– Ea este aici, spuse Popil. Doctorii Dumas şi Rufin se vor întoarce după prânz.

Popil îl lăsă singur.

Acum Hannibal se putu ridica atunci când Lady Murasaki intră pe uşă.

Uşa se închise în urma ei, iar ea se lipi de uşă, cu palma lipită de ea.

– Dormi? îl întrebă ea.

– Da. Dorm bine.

– Chiyoh îţi trimite urări de bine. Spune că este foarte fericită.

– Mă bucur.

– Tânărul ei a terminat studiile şi s-au logodit.

– Mă bucur pentru ea.

O pauză.

– În parteneriat cu doi fraţi, au o fabrică de scutere, mici motorete. Au făcut deja şase. Speră să aibă succes.

– Cu siguranţă vor avea, o să cumpăr una chiar eu.

Femeile sesizează mult mai repede ce se întâmplă în jurul lor, parte din cauza instinctului de supravieţuire, şi recunosc imediat dorinţa. Recunosc, de asemenea, şi absenţa ei. Simţi o schimbare la el. Ceva lipsea din privirea lui.

Îi veniră în minte cuvintele strămoşului ei, Murasaki Shikibu, şi le spuse:

Apele tulburi
îngheaţă mai repede.
Sub cerul limpede,
lumina lunii şi umbrele,
fluxul şi refluxul.

Hannibal reproduse răspunsul clasic al Prinţului Genji:

Amintirea unei lungi iubiri
se adună ca o avalanşă.
Te chinuie precum raţele
care plutesc una lângă alta în vis.

– Nu, spuse Lady Murasaki. Nu. Acum, acolo este numai gheață. S-a dus. Nu-i așa că s-a dus?

– Ești persoana mea preferată, spuse el, destul de realist.

Ea își înclină capul, apoi părăsi încăperea.

În biroul lui Popil îi găsi pe doctorii Rufin și Dumas, discutând aprins. Rufin o prinse de mâini pe Lady Murasaki.

– Mi-ai spus că sufletul lui s-ar putea să înghețe pe vecie, spuse ea.

– Simți asta? întrebă Rufin.

– Îl iubesc, dar nu-l mai pot citi, răspunse Lady Murasaki. Tu poți?

– Niciodată nu am putut, recunoscu Rufin.

Ea plecă fără să-l mai vadă și pe Popil.

Hannibal se oferi să lucreze la dispensarul închisorii și făcu o cerere către curte să-i permită întoarcerea la facultatea de medicină. Doctorița Claire DeVrie, șefa Laboratorului de Medicină Judiciară al Poliției, o tânără inteligentă și atractivă, descoperi că Hannibal îi este extrem de util, realizând analize de bună calitate ale toxinelor, cu minimum de aparatură și reactivi. Scrise un referat apărându-i cauza.

Doctorul Dumas, a cărui susținere îl irita dincolo de orice limită pe Popil, depusese o scrisoare de sprijin răsunătoare în favoarea lui Hannibal și explicase că John Hopkins Medical Center din Baltimore, America, îi oferea o bursă după ce fuseseră văzute ilustrațiile pentru nou manual de anatomie. Și Dumas susținuse fără nici o ezitare și calitatea lui morală.

În trei săptămâni, dincolo de toate obiecțiile inspectorului Popil, Hannibal ieși din Palatul de Justiție și se întoarse în camera lui de la mansarda facultății de medicină. Popil nu-și luă rămas-bun, pur și simplu un gardian îi adusese hainele.

Dormi foarte bine în camera lui. Dimineaţa, sună în Place des Vosges şi descoperi că telefonul lui Lady Murasaki fusese deconectat. Merse acolo şi intră cu cheile lui. Apartamentul era gol, cu excepţia măsuţei de telefon. Lângă telefon, era un bilet pentru el. Era legat de o crenguţă carbonizată, din Hiroshima, primită de Lady Murasaki de la tatăl ei.

În bilet scria: „Adio, Hannibal. Am plecat acasă".

Mergând către cină, aruncă în Sena crenguţa arsă. La Restaurant Champ de Mars servi un iepure la tavă din banii lăsaţi de Louis pentru liturghii date pentru sufletul lui. Încălzit de vin, decise că ar fi cinstit să citească nişte rugăciuni în latină pentru Louis, ba chiar să cânte şi câteva melodii populare, gândindu-se că rugăciunile lui nu vor fi mai puţin eficace decât cele pe care le-ar fi putut plăti la Saint-Sulpice.

Mâncă singur, dar nu fu singur.

Hannibal intrase în lunga iarnă a inimii sale. Dormea adânc şi nu era vizitat în vise, aşa cum li se întâmplă oamenilor.

III

„Mai stă aci chiar pana cu cotor
Cu care diavolului – Faust s-a dat.
Mai stăruie în țeava-ngustă, închegat,
Un strop din sângele cu care-a iscălit.“

J.W. von Goethe, *Faust*

58

Lui Svenka i se părea că tatăl lui Dortlich nu va mai muri niciodată. Bătrânul trăgea din greu aerul în piept, tot mai greu, doi ani în care de abia respira în timp ce sicriul capitonat cu foaie de cort aştepta pe căpriori în apartamentul înghesuit al lui Svenka. Ocupa aproape toată sufrageria. Şi provoca bombănelile femeii care trăia cu Svenka, care interzisese utilizarea capacului sicriului fie şi numai ca bufet. După câteva luni, ea începu să ţină în sicriu mărfurile de contrabandă pe care Svenka le storcea de la cei întorşi de la Helsinki sau din vacanţe.

În cei doi ani ai epurărilor sângeroase ordonate de Iosif Stalin, trei dintre camarazii lui Svenka fuseseră împuşcaţi şi un al patrulea fusese spânzurat în închisoarea Lubianka.

Svenka vedea clar că este momentul să plece. Lucrările de artă erau ale lui şi nu avea să le lase. Svenka nu moştenise toate contactele lui Dortlich, dar putea să obţină acte bune. Nu avea contacte în Suedia, dar avea destule pe navele între Riga şi Suedia, cu care putea negocia odată aflat pe mare.

Lucrurile trebuiau făcute pe rând.

Duminică dimineaţa, la 6.45, fata în casă, Bergid, ieşi din clădirea în care trăia tatăl lui Dortlich. Cu capul descoperit, să nu se vadă că merge la biserică, şi avea cu ea o Biblie într-o eşarfă.

Plecase de aproape zece minute când, din patul lui, tatăl lui Dortlich auzi pe scară paşii unei persoane mai solide decât Bergid, care urca. De la uşă se auzi un râcâit, ca şi cum cineva ar fi spart broasca.

Uşa de la intrare se frecă de prag când fu deschisă. Scotoci în noptiera de lângă pat şi scoase un pistol Luger. Slăbit de efort, ţinu arma cu ambele mâini, sub cuvertură.

Închise ochi până ce uşa camerei se deschise.

– Dormiţi, Herr Dortlich? Sper că nu vă deranjez, spuse sergentul Svenka, în haine civile, cu părul dat cu briantină.

– A, tu eşti.

Chipul bătrânului era la fel de mândru ca întotdeauna, dar, din fericire, arăta mult mai slăbit.

– Vin în numele Sindicatului Miliţiei Vamale, spuse Svenka. Am făcut curat în dulap şi am mai găsit câteva lucruri ale fiului.

– Nu le vreau. Păstrează-le, zise bătrânul. Ai spart broasca?

– Dacă nu a venit nimeni să deschidă, am intrat singur. Mă gândeam să las cutia, dacă nu era nimeni acasă. Am cheile fiului dumneavoastră.

– Nu a avut niciodată cheie.

– Şperaclul lui.

– Înseamnă că poţi să şi încui când pleci.

– Locotenentul Dortlich mi-a încredinţat unele detalii despre... situaţia şi dorinţele dumneaoastră. Aţi scris? Aveţi documentele? Sindicatul consideră că este de datoria noastră acum să îndeplinim dorinţele menţionate în document.

– Da, spuse tatăl lui Dortlich. Semnate de mine şi de martori. Un exemplar a ajuns la Klapeida. Nu mai este nevoie să faceţi nimic.

– Ba da. Un lucru.

Sergentul Svenka puse cutia jos.

Zâmbind, se apropie de pat, luă o pernă de pe un scaun, trase de marginile ei şi o puse pe faţa bătrânului, suindu-se în pat, peste el, cu genunchii pe umerii lui, cu coatele întinse, cu toată greutatea pe pernă. Cât va dura oare? Bătrânul nu tresări.

Svenka simţi ceva tare apăsându-l între picioare, cearşaful se ridică sub el şi Luger-ul se descărcă. Svenka simţi arsura pe piele, apoi adânc în el, şi căzu pe spate, în timp ce bătrânul ridică iar pistolul şi trase prin cearşafuri, lovindu-l în piept şi în faţă, apoi gura ţevii tremură şi ultimul glonţ lovi piciorul lui. Inima bătrânului bătu mai repede, tot mai repede, şi se opri la fel de brusc. Ceasul de deasupra lui începu să bată de ora şapte şi mai auzi primele patru bătăi.

59

Deasupra paralelei de 50°, zăpada acoperea întreaga emisferă, estul Canadei, Islanda, Scoţia şi Scandinavia. Ningea în rafale în Grisslehamm, Suedia, zăpada căzând în mare în timp ce feribotul care ducea sicriul intra în port.

Agentul de pe feribot le asigură un cărucior cu patru roţi oamenilor de la societatea de pompe funebre şi-i ajută să urce sicriul pe el, ajutându-i să ia viteză pe punte pentru a urca din prima pasarelă spre chei, unde aştepta un camion.

Tatăl lui Dortlich murise fără să mai aibă rude apropiate, iar dorinţele sale fuseseră clar exprimate. Asociaţia Mări Klaipeda şi Sindicatul Muncitorilor Portuari doriră ca acestea să fie îndeplinite.

Mica procesiune până la cimitir consta din dric, o dubă cu şase persoane de la firma de pompe funebre, şi o maşină în care se aflau două rude în vârstă.

Nu pentru că tatăl lui Dortlich ar fi fost uitat în întregime, dar majoritatea prietenilor săi din copilărie erau morţi şi puţine rude supravieţuiseră. Fusese un fiu rebel, iar entuziasmul lui faţă de Revoluţia din Octombrie îl înstrăinase de familie şi-l dusese în Rusia. Fiul unor constructori de nave, îşi petrecuse viaţa ca marinar de rând. Ce ironie, căzură de acord cele două rude în vârstă care mergeau după dric prin zăpada care cădea în după-amiaza târzie.

Cavoul familiei Dortlich era din granit cenuşiu, cu o cruce sculptată deasupra uşii şi o lucarnă cu vitralii, de bun gust, figuri geometrice colorate, nu un desen figurativ.

Îngrijitorul cimitirului, un om conştiincios, dăduse zăpada până la cavou şi ştersese treptele. Cheia mare de fier era rece chiar şi prin mânuşile lui şi o ţinu cu ambele mâini ca să o răsucească cu zgomot în broască. Oamenii de la pompele funebre deschiseră uşile mari, duble, şi duseră sicriul înăuntru. Urmară nişte bombăneli din partea rudelor apropo de sigla sindicatului comunist care se vedea pe capacul nişei mormântului.

– Gândiţi-vă la toate astea ca la un rămas-bun prietenesc de la cei pe care îi cunoştea cel mai bine, spuse directorul de la pompe funebre şi tuşi în mânuş. Era un sicriu extrem de luxos pentru un comunist, se gândi el, şi studie lucrătura.

Îngrijitorul avea în buzunar un tub cu unsoare albă. Unse două linii pentru ca picioarele sicriului să alunece atunci când va fi pus în nişă, apoi împinse dintr-o singură parte, fără să fie în stare să-l urnească.

Cei prezenţi se uitară unul la celălalt. Nici unul nu se oferi să spună o rugăciune, aşa că încuiară cavoul şi se grăbiră către maşini prin zăpada viscolită.

Deasupra stratului de lucrări de artă, tatăl lui Dortlich era liniştit şi minuscul, gheaţa cuprinzându-i inima.

Anotimpurile soseau şi treceau. Se auzeau voci de pe aleile cimitirului şi, uneori, se strecura acolo un cârcel de viţă-de-vie sălbatică. Culorile sticlei colorate a vitraliului slăbiră în intensitate pe măsură ce se depuse praful. Căzură iar frunzele, apoi zăpada, şi încă o dată tot aşa. Tablourile, atât de familiare lui Hannibal Lecter, erau rulate în beznă ca suluri ale amintirii.

60

Fulgi mari cad în aerul liniştit al dimineţii în lungul râului Lievre, Quebec, şi se aşează uşor pe pragurile atelierului de împăiere a vânatului de la Caribou Corner Outdoor.

Fulgi mari cad şi pe capul lui Hannibal Lecter în timp ce ridică bariera către cabana din lemn. Este deschis. Se poate auzi *O Canada!* de la un aparat de radio de undeva din spate, în deschiderea unui meci de hochei din campionatul liceelor. Trofee acoperă toţi pereţii. Un elan domină totul, iar sub el sunt aranjate ca în altar tablouri cu o vulpe arctică, un cocoş polar, o căprioară cu ochi blânzi, un linx şi o pisică sălbatică.

Pe tejghea este o cutie compartimentată cu ochi folosiţi la împăiere. Hannibal îşi lasă jos traista şi răscoleşte cu degetul printre ochi. Descoperă o pereche albastru palid numai bună pentru un husky drag, acum mort. Hannibal îi scoate din cutie şi-i pune unul lângă altul, pe tejghea.

Apare proprietarul. Barba lui Brony Grentz este sură acum, iar pe la tâmple a încărunţit.

– Mda, cu ce te pot ajuta?

Hannibal îl priveşte, caută iar prin cutie şi găseşte o pereche care se potriveşte cu ochii maro, mari, ai lui Grentz.

– Ce-i cu asta? întreabă Grentz.

– Am venit să iau un trofeu, spuse Hannibal.

– Ce fel de trofeu? Ai bonul?

– Nu-l văd pe pereţi.

– Probabil că este în spate.

Hannibal îi dă o mână de ajutor.

– Pot să intru? Aş putea să ţi-l arăt eu.

Hannibal îşi ia şi traista cu el. Conţine câteva haine, un topor şi un cordon de cauciuc etichetat „Proprietate a John Hopkins Hospital".

Era interesant de făcut comparaţia între agenda lui Grentz şi lista membrilor Totenkopf căutaţi de britanici după război. Grentz avea mai mulţi corespondenţi în Canada şi Paraguay, ca şi câţiva alţii în Statele Unite. Hannibal examina în voie documentele în tren, unde obţinuse un compartiment numai pentru el cu banii din casa lui Grentz.

Pe drumul înapoi către Baltimore, unde avea bursa, îşi întrerupse călătoria în Montreal, unde expedie căpăţâna lui Grentz unuia dintre prietenii taxidermistului, iar la expeditor puse numele altuia.

Nu mai fusese cuprins de mânie cu Grentz. De fapt nu se mai lăsa deloc pradă mâniei, nici nu mai era torturat de vise. Era în vacanţă, iar uciderea lui Grentz era mai plăcută decât să meargă la ski.

Trenul se clătina spre sud, către America, atât de cald şi cu suspensia perfectă. Atât de diferit de trenul cu care făcuse lungul drum către Lituania pe când era tânăr.

Urma să se oprească în New York peste noapte, să stea la Carlyle, tot pe banii lui Grentz, şi să vadă o piesă de teatru. Avea bilete atât pentru *Formează C pentru crimă*, cât şi pentru *Picnic*. Optă pentru *Picnic*, deoarece crimele puse în scenă nu erau convingătoare pentru el.

America îl fascina. O asemenea abunenţă de căldură şi de lumină electrică. Maşini atât de ciudate şi de mari. Chipurile americanilor, deschise, dar nu inocente, însă uşor de citit. În timp, urma să-şi folosească accesul în culise, ca Mecena, ca să se uite la public, la chipurile fermecate de luminile scenei, şi să le citească, să le citească, să le citească.

*

Căzu întunericul şi chelnerul din vagonul restaurant aduse o lumânare la masa lui, iar vinul roşu continuă să tremure în pahar în mişcarea trenului. Mai târziu, în noapte, se trezi la o oprire ca să-i audă pe muncitorii de la calea ferată cum îndepărtează cu un furtun cu aburi gheaţa adunată pe şasiul vagonului, norii de abur fiind măturaţi de vânt pe deasupra ferestrei sale. Trenul porni iar cu o smucitură, luminile gării alunecară în urmă, în noapte, iar trenul se legănă în continuare spre sud, către America. Fereastra lui era curată şi putea vedea stelele.

MULȚUMIRI

Mulţumirile mele membrilor Brigăzii de Criminalistică a Poliţiei din Paris, care m-au introdus în universul de pe Quai des Orfèvres şi mi-au împărtăşit cunoştinţele lor profunde şi delicioasele lor gustări.

Lady Murasaki este omonimul lui Murasaki Shikibu, care a scris primul mare roman, *Poveştile din Genji.* Lady Murasaki a noastră citează din Ono no Komachi şi aude în minte un poem de Yosano Akiko. Cuvintele prin care îşi lua rămas-bun de la Hannibal sunt din *Poveştile din Genji.* Noriko Miyamoto m-a ajutat enorm cu literatura şi muzica.

Aşa cum aţi remarcat, am împrumutat câinele lui S.T. Coleridge.

Pentru o mai bună înţelegere a Franţei din timpul Ocupaţiei şi din primii ani de după război, îi rămân dator lui Robert Gildea, pentru *Marianne in Chains,* lui Antony Beevor şi Artemis Cooper pentru *Paris After the Liberation, 1944–1949,* şi lui Lynn H. Nicholas pentru *The Rape of Europa.* Remarcabilele scrisori ale lui Susan Mary Alsop către Marietta Tree, adunate în *To Marietta from Paris, 1945–1960,* au fost şi ele de ajutor.

Şi, cel mai mult, mulţumirile mele se îndreaptă către Pace Barnes pentru sprijinul ei neobosit, pentru iubire şi răbdare.

În octombrie
va apărea

JOHN
TRENHAILE

UNEALTA RĂULUI

Pacea orășelului Paradise Bay, California, este zguduită când mai mulți tineri sunt uciși, trupurile lor mutilate, arse și lăsate să putrezească în cimitir – un loc preferat de drogații și de neadaptații locului. În vreme ce orașul este cuprins de panică și suspiciunile răsar la tot pasul, poliția apelează la psihologul Diane Cheung, specialist în delicvența juvenilă, pentru a face un portret al criminalului.

Diane este bucuroasă să vină în ajutor – însă numai până când descoperă că ancheta se centrează asupra lui Tobes Gascoin, cel mai ciudat și mai dificil dintre cazurile ei. Este Tobes doar un adolescent cu probleme sau un ucigaș schizofrenic? Ar trebui Diane să coopereze cu poliția sau să-și protejeze pacientul? Aceste întrebări trebuie să-și găsească raspunsul – cât mai rapid, înainte ca lucrurile să degenereze într-un vârtej al nebuniei.

CLUBUL CĂRŢII

Rao clasic

Harriet Beecher-Stowe	*Coliba unchiului Tom*
Henryck Sienkiewicz	*Prin foc și sabie* (2 vol.)
Herman Melville	*Moby Dick*
Laurence Sterne	*O călătorie sentimentală / Jurnalul pentru Eliza*
Lev Tolstoi	*Sonata Kreutzer*
Sei Shōnagon	*Însemnări de căpătâi*
Thomas Hardy	*Doi ochi albaștri*
William Thackerey	*Bâlciul deșertăciunilor* (2 vol.)

Opere XX / Clasici contemporani

Albert Camus	*Fața și reversul / Nunta / Mitul lui Sisif / Omul revoltat / Vara* ✸ *Străinul / Ciuma / Căderea / Exilul și împărăția*
André Malraux	*Antimemorii*, vol. 1 – *Oglinda limburilor* ✸ *Condiția umană*
Antoine de Saint-Exupéry	*Citadela*
Ernesto Sábato	*Înainte de tăcere*
Franz Kafka	*America* ✸ *Castelul* ✸ *Procesul*
Henry de Montherlant	*Fetele* ✸ *Îndurare pentru femei* ✸ *Demonul binelui* ✸ *Leproasele* ✸ *Visul*
Hermann Hesse	*Gertrude/ Rosshalde / Ultima vară a lui Klingsor*
Juan Rulfo	*Pedro Páramo* ✸ *Câmpia în flăcări*
Louis Guilloux	*Sângele negru*
Mario Vargas Llosa	*Conversație la Catedrala* ✸ *Războiul sfârșitului lumii*
Jean-Paul Sartre	*Teatru (Muștele / Cu ușile închise / Morți fără îngropăciune / Diavolul și bunul Dumnezeu / Sechestrații din Altona)*
Virginia Woolf	*Jurnalul unei scriitoare* ✸ *Doamna Dalloway* ✸ *Camera lui Jacob* ✸ *Anii* ✸ *Eseuri alese. Arta lecturii* ✸ *Între acte*

Rao contemporan

Andrzej Stasiuk	*Călătorind spre Babadag*
Antonio Skármeta	*Poștașul lui Neruda* ✸ *Neruda văzut de Skármeta*
Banana Yoshimoto	*N.P.*
Carlos María Dominguez	*Casa de hârtie*
Dominique Fernandez	*Îngerul destinului*
Don DeLillo	*Mao II*
E.L. Doctorow	*Labirintul apelor*
Enrique Vila-Matas	*Bartleby & Co* ✸ *Parisul nu are sfârșit*
Federico Andahazi	*Secretul culorii pure* ✸ *Anatomistul* ✸ *Mironosițele*
Javier Marias	*Inimă atât de albă*
Jean-Daniel Baltassat	*Tainele donei Isabel*
Joseph Heller	*Catch-22* ✸ *Ora închiderii*
Juan Carlos Somoza	*Peștera ideilor* ✸ *Clara și penumbra*
Julia Kristeva	*Samuraii* ✸ *Moarte la Bizanț*

- JULIAN BARNES — *O istorie a lumii în 10 capitole și jumătate* ✸ *Privind în soare*
- KAZUO ISHIGURO — *Nemângâiații*
- KENZABURŌ ŌE — *O experiență personală*
- LUIS GARCÍA JAMBRINA — *Vise paralele*
- M. VAZQUEZ MONTALBAN — *Pianistul*
- MARGARET DRABBLE — *Drumul strălucitor*
- MARGUERITE DURAS — *Amanta engleză* ✸ *Hiroshima dragostea mea* ✸ *India Song*
- PATRICK MODIANO — *Dora Bruder*
- PHILIPPE SOLLERS — *Steaua amanților*
- REGIS JAUFFRET — *Case de nebuni*
- ROSA MONTERO — *Ziua Inocenților* ✸ *Stăpân iubit*
- ROSE TREMAIN — *Restaurația*
- SANDRO VERONESI — *Haos calm*

Autori români contemporani

- ALEX MIHAI STOENESCU — *Misiunea Dominicană*
- ANA CALINA GARAȘ — *Masca norocului* ✸ *Jocul de-a viața* ✸ *Taina* ✸ *Broderii în vid*
- NICOLAE ROTARU — *Îngeri de oțel* ✸ *Trilogia de lut* ✸ *Trilogia de apă*

Thriller, aventuri, acțiune

- AGATHA CHRISTIE — *Crăciunul lui Poirot* ✸ *Întâlnire cu moartea* ✸ *O crimă anunțată* ✸ *Ucigașul ABC* ✸ *Mâna ascunsă* ✸ *Cei cinci purceluși* ✸ *Crimă la vicariat* ✸ *Moarte pe Nil*
- ANNE RICE — *Interviu cu un vampir* (vol. 1 – „Cronicile vampirilor") ✸ *Vampirul Lestat* (vol. 2 – „Cronicile vampirilor") ✸ *Regina damnaților* (vol. 3 – „Cronicile vampirilor") ✸ *Ora vrăjitoarelor* (vol. 1 – „Cronicile vrăjitoarelor") ✸ *Vampirul Vittorio* ✸ *Povestea hoțului de trupuri* (vol. 4 – „Cronicile vrăjitoarelor") ✸ *Lasher* (vol. 2 – „Cronicile vrăjitoarelor") ✸ *Mumia*
- ANTOINE B. DANIEL — *Prințesa soarelui* (vol. 1 – „Inca") ✸ *Aurul din Cuzco* (vol. 2 – „Inca") ✸ *Machu Picchu, Cetatea Secretă* (vol. 3 – „Inca") ✸ *Dansul zeilor* (vol. 1 – „Regina din Palmyra") ✸ *Lanțurile de aur*
- ANTONY HOROWITZ — *Un banc criminal*
- BARBARA VICTOR — *Coriander*
- BEN ELTON — *Popcorn* ✸ *Crimă în direct*
- BERNARD KNIGHT — *Dincolo de liman* ✸ *Potirul otrăvit* ✸ *Căutările coronerului John*
- BRIAN LOWRY — *Nu vă încredeți*
- CANDANCE BUSHNELL — *Totul despre sex*
- CHRIS CARTER — *Francezul* ✸ *Gheena* ✸ *Înfruntă viitorul*
- CHRISTIAN JACQ — *Nefer cel Tăcut* (vol. 1 – „Piatra luminii") ✸ *Femeia înțeleaptă* (vol. 2 – „Piatra luminii") ✸ *Paneb cel Zelos* (vol. 3 – „Piatra luminii") ✸ *Locașul Adevărului* (vol. 4 – „Piatra luminii") ✸ *Arborele Vieții* (vol. 1 – „Misterele lui Osiris") ✸ *Uneltirile Răului* (vol. 2 – „Misterele lui Osiris") ✸ *Calea de Foc* (vol. 3 – „Misterele lui Osiris") ✸ *Marele Secret* (vol. 4 – „Misterele lui Osiris") ✸ *Afacerea Tutankhamon* ✸ *Ce dulce e viața la umbra palmierilor!* ✸ *Marele Magician* (vol. 1 – „Mozart"), *Fiul Luminii* (vol. 2 – „Mozart")
- CHUCK HOGAN — *Încercuirea*
- CLIVE BARKER — *Cabal* ✸ *Everville*
- CLIVE CUSSLER — *Sahara* ✸ *Aurul incașilor*
- COLIN FORBES — *Fără cruțare* ✸ *Furia sângelui* ✸ *Rinocerul* ✸ *Înfruntarea* ✸ *Pe muchie de cuțit*

- DAN BROWN — *Fortăreața digitală* ✹ *Conspirația* ✹ *Codul lui da Vinci*
- DANIEL EASTERMAN — *Ziua mâniei*
- DAPHNÉ DU MAURIER — *Rebecca* ✹ *Verișoara mea Rachel*
- DAVID BALDACCI — *Ultima secundă* ✹ *Ultimul supraviețuitor* ✹ *Putere absolută*
- DAVID COPPERFIELD — *La limita imposibilului*
- DAVID GIBBINS — *Atlantida*
- DEAN KOONTZ — *Unicul supraviețuitor*
- DIDIER CONVARD — *Triunghiul secret*
- DOMINICK DUNNE — *Un anotimp în purgatoriu*
- DOUGLAS PRESTON — *Codicele*
- EMILI ROSALES — *Orașul invizibil*
- FREDERICK FORSYTH — *Fantoma din Manhattan* ✹ *Dosarul Odessa* ✹ *Răzbunătorul* ✹ *Alternativa diavolului*
- GIORGIO FALETTI — *Eu ucid*
- IAN CALDWELL & DUSTIN THOMASON — *Misterul manuscrisului*
- IAN FLEMING — *Bărbatul cu pistolul de aur* ✹ *Doar pentru ochii tăi* ✹ *Operațiunea Thunderball* ✹ *În Serviciul Secret al Majestății Sale* ✹ *Spionul care m-a iubit* ✹ *Trăiești numai de două ori* ✹ *Caracatița și alte povestiri*
- IGNACIO GARCÍA-VALIÑO — *Cele două morți ale lui Socrate*
- JAMES PATTERSON — *1-ul pe lista morții* ✹ *A 2-a șansă* ✹ *Al 3-lea caz* ✹ *4 Iulie*
- JAMES TWINING — *Vulturul cu două capete*
- JANET FITCH — *Leandrul alb*
- JEFFREY ARCHER — *Nici un ban în plus, nici un ban în minus* ✹ *O duzină de tertipuri* ✹ *O chestiune de onoare* ✹ *În linie dreaptă*
- JOHN CASE — *Întâiul călăreț al Apocalipsei* ✹ *A opta zi*
- JOHN BRUNNER — *Rețelele infinitului*
- JOHN GRISHAM — *Ultimul jurat* ✹ *Moștenitorii* ✹ *Mediatorul* ✹ *Partenerul* ✹ *Avocatul străzii* ✹ *Maestrul* ✹ *... Și vreme e ca să ucizi* ✹ *Firma* ✹ *Cazul Pelican* ✹ *Clientul*
- JOHN KATZENBACH — *Omul din umbră* ✹ *Războiul lui Hart* ✹ *Ziua răfuielii* ✹ *Analistul* ✹ *Povestea unui nebun*
- JOHN LE CARRÉ — *Experiment secret* ✹ *Omul nostru din Panama* ✹ *Spionul care a ieșit din joc* ✹ *Casa Rusia*
- JOHN LESCROART — *Audierea* ✹ *Justiție exemplară* ✹ *Vinovăția*
- JOHN SAUL — *Umbra* ✹ *Creatura* ✹ *Mâna dreaptă a diavolului* ✹ *Prezența* ✹ *Chinuiește-i pe copii*
- JOHN TRENHAILE — *Legile sângelui*
- JOSEPH FINDER — *Puteri excepționale*
- JORGE MOLIST — *Inelul*
- KATHERINE NEVILLE — *Opt*
- KENNETH ROYCE — *Președintele a murit*
- KEVIN J. ANDERSON — *Anticorpii*
- KEVIN GUILFOILE — *Joc de umbre*
- LINO ALDANI — *Crucea de gheață*
- MARCIA MULLER — *Trofee și lucruri moarte*
- MARGARET MITCHELL — *Insula pierdută*
- MAX GALLO — *Întru acest semn vei învinge* (vol. 1 – „Crucea Occidentului") ✹ *Parisul în rugăciune* (vol. 2 – „Crucea Occidentului")
- MICHAEL BADEN & LINDA KENNEY — *Tăcerea*
- MICHAEL LAWSON — *Cercul interior*
- MICHAEL TEITELBAUM — *Bărbații în negru II* ✹ *Aventurile Omului-Păianjen*
- MICHAEL TOLKIN — *Printre morți*
- MIREILLE CALMEL — *Camera blestemată* (vol. 1 – „Jocul lupoaicelor") ✹ *Răzbunarea lui Isabeau* (vol. 2 – „Jocul lupoaicelor") ✹ *Slujitorii regelui* (vol. 1 – „Femeia pirat") ✹ *Jocul umbrelor* (vol. 2 – „Femeia pirat")

- Jose Freches — *Eu, Buddha*
- Lynn Picknet, Clive Prince — *Conspirația Stargate*

Memorii, jurnale, biografii

- Marie-France Etchegoin & Frederic Lenoir — *Ancheta*
- Mihai Retegan — *1968 – Din primăvară până în toamnă*
- Vartan Arachelian — *Toamna pătimirii noastre*
- Yehuda Berg — *Puterea Kabbalei*
- Farah Pahlavi — *Memorii*
- Franz Kafka — *Jurnalul*
- Hillary Rodham Clinton — *Istorie trăită*
- Ilie Năstase — *Mr Năstase*
- Leila — *Măritată cu forța*
- Zlata Filipovic — *Jurnalul Zlatei*

Tiparul executat de
R.A. „Monitorul Oficial"
București, România